태학총서 39

현대 아시아 민속학

박환영 朴奐榮

중앙대학교 국어국문학과를 졸업하고, 영국의 리즈 대학교에서 몽골학 석사, 케임브리지 대학교에서 사회인류학 석사 및 박사 학위를 받았다. 몽골 국립대학교에서 객원교수를 역임했으며, 현재 중앙대학교 비교민속학과 교수, 한국몽골학회 이사, 비교민속학회 이사, 한국민속학회와 한국사상문화학회의 편집위원으로 활동하고 있다.
저서로『몽골 유목문화 연구』,『도시민속학』,『부탄의 문화민속 엿보기』,『몽골의 유목문화와 민속읽기』,『한국민속학의 새로운 지평』,『몽골의 전통과 민속보기』,『영상콘텐츠와 민속』,『현대민속학 연구』등이 있다

현대 아시아 민속학

초판 1쇄 인쇄   2013년 5월   1일
초판 1쇄 발행   2013년 5월 15일

지은이   박환영
펴낸이   지현구
펴낸곳   태학사
등 록   제406-2006-00008호
주 소   경기도 파주시 광인사길 223
전 화   (031) 955-7580~2(마케팅부) · 955-7585~90(편집부)
전 송   (031) 955-0910

전자우편   thaehak4@chol.com
홈페이지   www.thaehaksa.com

ISBN 978-89-5966-561-7 94380
     978-89-7626-500-5 (세트)

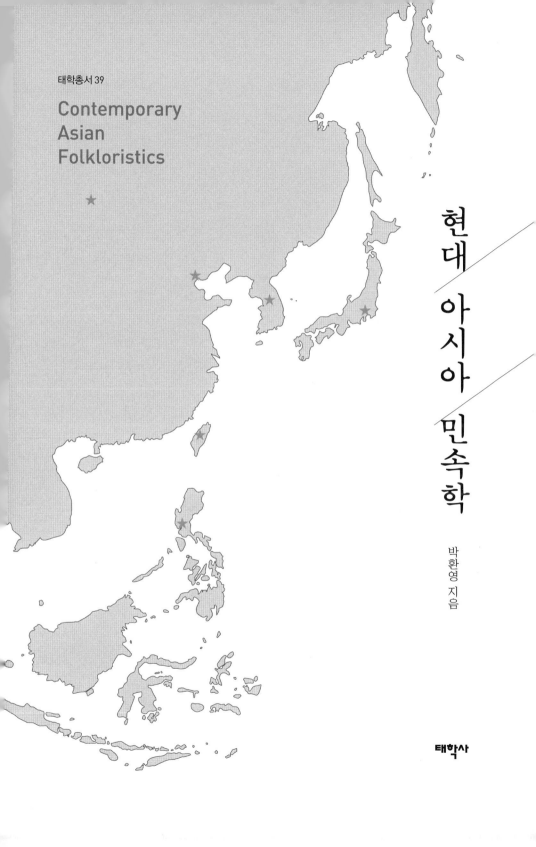

태학총서 39

Contemporary
Asian
Folkloristics

★

현대
아시아
민속학

박환영 지음

태학사

현대 아시아 민속학이란?

　오늘날 한국에서 한국인으로 생활한다는 것은 무엇을 의미할까? 2012년 10월 29일에는 인도네시아 자카르타에 있는 아세안(ASEAN) 한국 대표부가 문을 열었다. EU와 같은 경제 공동체를 지향하는 아시아의 경제 공동체인 아세안을 이제 우리는 가까운 이웃으로서 본격적으로 인식하기 시작한 것이다. 이웃인 아시아를 이해하지 못하면서 세계를 이해한다는 것은 자가당착에 빠진 어리석음을 보여 주는 것이다.

　이제까지 아시아는 냉전이라는 정치적인 대립 구도 속에서 분열되고 고립된, 그리고 서로 반목하고 대결하면서도 상대를 이해하기보다는 편견과 일방적인 잣대로만 인식했으며, 그러다 보니 오히려 구성원들 서로에게 무관심의 대상이 되어 온 지역이기도 하다. 아시안 게임이나 올림픽 경기의 입장식에서 아시아권의 다양한 나라가 소개될 때면 같은 아시아에서 생활하고 있으면서도 이웃에 대한 무관심과 무지함을 부끄럽게도 적나라하게 드러내기도 했던 것이 불과 10여 년 전의 일이기도 하다.

　이제 시대는 바뀌었다. 더 이상 정치적인 냉전도, 사회주의 블록과 같은 금지와 금기시되는 지역도 없다. 오늘날 우리는 거의 모든 아시아권을 여행할 수 있으며, 아시아권 각 지역의 문화에 대한 정보도 넘쳐난다. 더욱이 문화의 시대인 21세기를 맞이하여 아시아의 활력과 무한한 가능성 그리고 문화는 지구촌의 인류 문화를 더욱더 다채롭고 경이롭게 만드는 빛과 소금 같은 역할을 하기에 충분하다고 할 수 있다.

이러한 아시아 문화의 주요한 한 축을 이루고 있는 한국의 내부를 보자. 세계 여러 곳의 문화가 들어와 있으며, 관광객은 물론이고 외국인 이주 노동자들도 쉽게 만날 수 있다. 더구나 서울시 중구 광희동의 동대문역사문화공원역 주변, 대림역과 남구로역 주변 등에는 주로 아시아의 향기를 생생하게 맡을 수 있는 거리와 시장이 만들어져 있다. 다문화 시대에 걸맞게 아시아 여러 지역에서 한국에 시집온 이주 여성들도 이제는 한국의 새롭고 중요한 구성원으로 활동하고 있다. 이러한 추세는 앞으로 더욱더 가속화될 수 있으며, 아시아 지역의 문화와 민속에 대한 관심을 자연스럽게 고조시키고 있다. 또한 이전에는 경험할 수 없었던 새로운 시대적인 분위기 속에서 아시아 지역의 민속에 대한 연구도 본격적으로 진행되고 있으며, 앞으로 진행될 더욱더 많은 연구도 기대된다.

이러한 시점에서 이 책은 필자가 최근에 여러 학술지에 발표한 논문과, 학술지에는 발표하지 않았지만 외부 특강이나 학술대회에서 발표한 내용을 단행본의 형식에 맞게 재구성하고 대폭적인 보충과 수정을 한 것이다. 크게 세 부분으로 나뉜 이 책에서 필자는 현대 한국의 문화와 민속을 먼저 살펴보았는데, 여기에는 일본의 도시 민속학회에 소개된 한국 도시 민속학 경향에 대한 연구도 포함시켜 보았다. 그 다음으로 현대 아시아 지역의 문화와 민속을 고찰하면서 필자가 꾸준한 현지 조사를 통하여 연구에 몰두하고 있는 몽골과 부탄의 사례를 들었다. 그리고 마지막으로 한국과 여타 아시아 지역의 문화와 민속을 비교하면서 서로 간의 문화적 소통을 위해 한국과 일본 오키나와 지역의 민속 비교에 대한 내용도 수록했다.

현지 조사(fieldwork)라는 구실로 발품을 팔아 한국을 비롯하여 아시아의 여러 지역을 다니면서 아시아 지역의 문화와 민속에 대한 필자의 관심은 더욱더 배가되었다. 그러면서 부족하나마 기회가 주어질 때마다 조금씩 국내

외 여러 학술지와 학술보고서 또는 국제학술대회에서 발표한 내용을 부끄럽지만 대중에게 소개하기 위하여 용기를 낸 것은, 아시아에 대한 관심을 공유하기 위해서이다. 우리 문화를 비롯한 아시아 문화에 대한 체계적인 이해 없이는 세계의 문화에 대한 이해는 불가능하다. 다문화가 공존하고 나와 남이 곧 '우리'가 되는 지구촌 문화의 공존과 화해를 위하여 이제부터라도 가까운 이웃인 여타 아시아 지역의 문화에 대한 이해가 필요하다. 『현대 아시아 민속학』이라는 이 책의 제목이 말해 주듯이 '과거'의 전통에서 벗어나서 '현대'의 새로운 분위기 속에서 아시아의 문화와 민속에 대한 관심과 연구가 더욱더 풍성해지리라 확신한다.

끝으로 인문학과 사회과학의 가치를 높이 인정하시고 기꺼이 출판을 허락해 주신 태학사 지현구 사장님과 한병순 부장님, 그리고 이 책의 편집과 교정을 도맡아서 깔끔한 문장으로 다듬어 주신 편집부 분들에게 따뜻한 감사의 마음을 전한다. 또한 대학원 세미나와 논문 준비 그리고 조교일 등으로 바쁜 시간을 할애하여 꼼꼼하게 교정을 보아준 중앙대학교 비교민속학과 석사과정의 황무원 군과 김예슬, 최성희, 김지연 양에게 진심으로 고마움을 전한다.

2013년 봄
서울 흑석동 연구실에서
박환영

차례

I. 현대 한국의 문화와 민속

1. 한국 도시 민속학의 방법과 연구 영역

I. 들어가는 말

민속학에서 도시의 문제를 다루는 것은 이제 특별한 일이 아니다. 오히려 이전에 비하여 도시를 다루는 다양한 민속학적 접근[1]이 많이 시도되고 있으며, 또한 관심이 계속 집중되고 있는 민속학의 중요한 연구 분야인 것을 부인할 수는 없다. 다만 이러한 다소 새로운 연구 분야에 어떻게 접근할 것인가에 대한 고민과 논의가 현재도 조금씩 진행되고 있는 상황이라서 여전히 많은 과제를 가지고 있는 연구 분야이기도 하다.

민속학은 흔히 민중[2]들의 일상적인 생활 문화를 연구하는 학문 분야로 정

---

1 최근에 출간된 도시 민속 조사보고서는 다음과 같다. 국립민속박물관 엮음, 『아현동 사람들 이야기』(국립민속박물관, 2008a); 국립민속박물관 엮음, 『김종호 김복순 부부의 물건 이야기』(국립민속박물관, 2008b); 서울역사박물관 엮음, 『보광동 사람들, 보광동 1』(서울역사박물관, 2008a); 서울역사박물관 엮음, 『보광동 사람들, 보광동 2』(서울역사박물관, 2008b); 중앙대학교 한국 문화유산 연구소, 『흑석동의 과거와 현재』(중앙대학교 한국 문화유산 연구소: 동작구청, 2009).

2 민속학에서 민중은 주로 농민이나 상민으로 정의하는 경우가 많다. 예를 들어서 임재해, 「민속학의 새 영역과 방법으로서 도시 민속학의 재인식」, 『민속 연구』, 제6집(안동대 민속학 연구소, 1996b), 2쪽. 한편 미국의 도시 민속 연구에서 '도시 민중'이라는 용어도 사용되고 있기도 하다. 자세한 내용은 Richard Dorson, "Is There a Folklore in the City", In Folklore: Selected Essays(Indiana University Press, 1972), p. 217과 임재해, 「민속학과 도시 민속학」, 『한국민속학의 새로운 인식과 과제』(집문당, 1996a), 157쪽.

매년 강릉 단오제에서는 강원도 평창군의 대표적인 무형 문화재인 평창 황병산 사냥놀이(강원도 무형 문화재 제19호)가 평창군 도암초등학교 학생들에 의해 재현된다.

의할 수 있다. 그런데 시대가 바뀌고, 민중들이 거주하고 생업을 영위하는 생활 공간도 바뀌면서 민중들의 생활 문화에도 많은 변화와 변모가 생기는 것은 당연하다. 따라서 민속학도 이러한 시대적·공간적 변화 양상에 적극적으로 대응해야 하며, 이러한 생활 문화의 변모 양상을 조명해 봄으로써 과거와 현재의 생활 문화를 제대로 이해할 수 있고, 더 나아가서는 미래의 생활 문화를 진단해 볼 수 있다. 이러한 입장에서 도시라는 공간은 21세기를 살고 있는 대다수 민중들에게 중요한 생업의 공간이며 생활 터전으로서 중요한 가치와 기능을 가지고 있다.

먼저 도시 민속이라는 연구 영역을 제대로 조명하기 위하여 도시라는 공간을 설정해야 하는데, 이러한 피상적이고 인위적인 공간의 구분은 항상 명확하게 이루어질 수 없다. 다시 말해 도시 민속학에서 도시에 대한 좀 더 적절한 민속학적 접근 방법은 도시와 시골이라는 구분을 가지고 민속학에 접근하는 것이 아니라, 도시와 시골이 공존하는 오늘날의 현실을 인식하는 것이다.[3] 산업화와 도시화는 물론이고, 교통의 발전과 인터넷 등 다양한 대중 매체의 등장으로 이제 도시와 시골의 구분은 애매모호하다. 더욱이 시골에 살면서 도시로 출근하는 사람들이 늘어나고 있으며, 도시민들도 일주일에 5일은 도시에서 그리고 2일은 시골에서 생활하는 소위 5도 2촌 운동도 조금씩 활성화되고 있다. 따라서 부분적이지만 시골의 도시화에 못지않게 일부에서는 도시와 시골이 하나의 생활 문화권으로 상생하면서 공존할 수 있는 여건이 점차 활성화되고 있는 것이다.

다음으로 도시 민속학의 체계적인 논의를 위하여 공간적으로는 시골과 대비되는 도시에 대한 문제가 중요하듯이, 시간적으로는 과거나 근대와 대비되는 현재 혹은 현대라는 개념도 중요하다.[4] 즉, 중세나 근대의 도시와 관련된 민속 연구를 오늘날 도시 민속학에서는 거의 다루지 않는다. 즉, 민속학에서 읍치(邑治)와 관련된 민속[5]은 도시 민속학에서 다루기보다는, 공동체 민속이라든지 사회민속 분야에서 다루는 것이 더 적절한 것 같다.

도시 민속학에서 제기될 수 있는 공간적인 측면과 시간적인 측면을 고려한 이러한 논의와 같은 맥락에서 임재해는 도시 민속학의 논의를 위하여 '도시'라는 공간적인 관점과, '동시대'라는 시간적인 관점으로 구분한 바 있다.[6] 즉, '도시'라는 공간과 '현대'라는 시간은 최근에 논의가 본격화되고 있는 도시 민속학에 대한 심도 있는 접근과, 향후 진행될 수 있는 도시 민속학의 연구 방법과 연구 영역을 모색하기 위해 무엇보다도 선행하여 고찰해야 한다.

---

3 도시 민속학에서는 '도시'라는 개념을 도시와 시골이라는 두 개의 서로 다른 영역으로 이분하여 이해하기보다는 시골과 도시가 서로 영향을 주고받는 개념으로 볼 수도 있다. 따라서 도시 민속학에서 다루어지는 도시의 개념은 city라기보다는 urban에 가까운 것 같다. 도시 민속과 관련한 city와 urban에 대한 논의는 박환영, 『도시 민속학』(역락, 2006b), 16쪽.

4 민속학에 있어서 현재에 대한 관심이 없이 과거에 대한 연구를 하는 것보다는 현재와 과거를 서로 연관시키면서 연구를 진행하는 것이 민속학적 연구라는 주장도 있다. 강정원, 「민속학과 현대 사회, 도시」, 『한국 문화 연구』 7호(경희대학교 민속학 연구소, 2003), 50-51쪽.

5 이기태, 『읍치 성황제 주제집단의 변화와 제의 전통의 창출』(민속원, 1997).

6 임재해, 앞의 글(1996b), 25쪽.

2002년 연변 조선족 자치주 창립 50주년 민속 공연

　21세기 한국민속학에 접근하면서 이제 도시라는 공간은 더 이상 민속학의 관심 밖에 있는 공간이 아니다. 다시 말해서 오늘날 하루가 다르게 신속한 변화를 경험하고 있는 한국의 도시가 가지고 있는 각양각색의 문화와 다채로운 생활 환경을 고려한다면 "과연 도시에도 민속은 있을까?"라는 물음과 함께, "만약 도시에도 민속이 있다면 이러한 민속은 어떠한 민속일까?", 아울러 "이러한 민속에 어떻게 접근하고 연구할 것인가?" 같은 의문이 생길 수밖에 없다. 한국민속학에서 도시 민속학에 대한 종합적인 시론과 대략적인 발자취[7]는 부분적이지만 이미 본격적으로 진행되고 있다. 그러므로 이 글에서는 향후 도시 민속 연구의 가능한 연구 방법과 연구 영역에 초점을 두면서 제기될 수 있는 주요한 쟁점을 중심으로 도시 민속 연구를 꼼꼼하게 살펴보고자 한다. 이러한 분석을 위하여 이제까지 다루어진 도시 민속과 관련한 다양한 접근과 시도를 점검해 봄으로써, 도시 민속 연구를 위한 민속학 연구 방법

7　한국 도시 민속학에 대한 종합적인 시론과 연구 동향은 박환영, 앞의 책과 박환영, 「한국 도시 민속학의 연구 동향」, 『민속학 연구』, 23호(국립민속박물관, 2008b)에서 다루어졌으며, 서울·경기·인천 지역의 민속을 집중적으로 연구하는 경인민속학회의 지난 5년 동안의 연구 동향을 점검하면서 학회에서 발표된 도시 민속 관련 논문의 총체적 분석은 정형호, 「경인민속학회의 지향과 과제」, 『한국민속학』 51집(한국민속학회, 2010).

2002년 연변 조선족 자치주 창립 50주년 기념 행사와 대규모 카드 섹션

과 영역에 대하여 고찰해 보고자 한다.

한편 한국민속학에서 외국의 도시 민속학에 대한 논의는 주로 일본 민속학과 독일민속학[8]에서 도시 민속학에 대한 전통을 주로 살펴보거나, 부분적이지만 미국 민속학과 영국민속학[9]에서 도시 민속학의 동향을 살펴보는 선행 연구가 몇 편 있는 실정이다. 따라서 한국의 도시 민속학을 본격적으로 연구하기 위한 기초를 마련하기 위해서는 그동안 제시되었던 선행 논의를 먼저 참고할 수밖에 없다. 그러나 한국 사회는 나름대로의 특색이 있다. 그래서 이러한 서구의 다양한 도시 민속학의 경향과 구별될 수 있는 한국민속학에서

---

8 일본의 도시 민속학에 대한 논의는 박계홍, 「일본의 도시 민속학」, 『한국민속학』, 16집(한국민속학회, 1983a) 그리고 독일의 도시 민속학에 대한 소개는 이상현, 「독일 도시 민속학의 이론적 체계와 응용성」, 『비교민속학』 22집(비교민속학회, 2002)과 이정재, 「독일민속학의 연구 경향」, 『한국민속학』, 41집(한국민속학회, 2005b).

9 미국의 도시 민속학에 대한 논의는 Richard Dorson, "Introduction", in Richard Dorson(ed.) Folklore and Folklife: An Introduction(Chicago: The University of Chicago Press, 1982), pp. 41-43과 이두현, 「영미의 민속학」, 『한국민속학의 과제와 방법』(정음사, 1986), 32-43쪽을 그리고 영국의 도시 민속학에 대한 소개는 박환영, 「영국의 도시 민속학 경향에 대한 연구」, 『한국민속학』, 41집(한국민속학회, 2005a) 참조.

적용될 수 있는 독자적인 연구 방법과 연구 영역이 또한 필요한 것도 사실이다. 이러한 관점에서 주영하는 일본과 독일의 도시 민속학을 그대로 한국민속학에 적용할 수 없는 이유 중의 하나로 독일과 일본이 공통적으로 경험하지 못한 식민지의 경험을 한국 사회는 안고 있다는 점을 주장하고 있다.[10] 한편 최근 탈사회주의 사회에 대한 사회과학 분야의 관심[11]이 유라시아 지역을 연구 대상으로 고조되면서 향후 북한 사회에 대한 도시 민속학적 접근과 관련해서도 한국민속학은 도시 민속 연구에 있어서 새로운 방법과 영역을 모색할 가능성을 가지고 있다. 그러므로 한국민속학에서 도시 민속 연구의 연구 방법을 검토하고 방향을 제시하기 위하여 이제까지 제시되었던 다양한 접근 방법에 대하여 우선 논의할 수 있는데, 이 책에서는 도시라는 공간과 현대라는 시간에 대한 분석을 중심으로 도시 민속 연구에서 필요로 하는 다양한 연구 방법에 대하여 고찰해 보고자 한다.

II. 도시 민속의 연구 방법 검토와 모색

도시 민속 관련 연구 방법은 독일민속학에서 많이 논의된 바 있으며, 그동안 국내 민속학계에서도 제법 소개되기도 하였다. 예를 들어서 이상현은 독일 민속학의 연구 경향 중에서도 도시 민속학의 연구 성과를 자세하게 소개함으로써 한국민속학에서 다루어지거나 앞으로 본격적으로 다루어질 수 있는 도시 민속학 분야에 대한 방향을 설정하는 데 기여를 하고 있다.[12] 이러한 독일

---

10 주영하, 「출산의례의 변용(變容)과 근대적 변환(變換): 1940-1990」, 『한국 문화 연구』, 7호(경희 대학교 민속학 연구소, 2003), 226쪽.

11 유라시아 지역의 탈사회주의 사회의 문화 변동과 관련하여 문화인류학적인 접근을 하면서 정치, 경제, 의례(儀禮), 종교, 젠더(gender), 종교 등 다양한 분석을 시도한 최근 연구도 있다. C. M. Hann.(ed.), *Postsocialism: Ideas, Ideologies and Practices in Eurasia*(London and New York: Routledge, 2002).

12 이상현, 앞의 글.

민속학의 도시 민속과 관련한 연구 방법론을 구체적으로 열거해 보면 민속 자료에 초점을 두는 역사적 접근법, 동유럽의 이주민에 의한 새로운 주거지로서 도시의 일상생활과 정체성 그리고 하위 문화를 다루는 사회과학적 접근법, 미국 인류학과 도시 사회학에 기초한 도시 문화 연구 등이다.

그러나 한국 사회에서 다루어질 수 있는 도시 민속 관련 이론적 접근과는 구분해서 접근할 필요가 있다. 즉, 독일 사회와 달리 한국 사회가 경험한 1960년대와 1970년대의 급격한 경제 성장과 1980년대 정부 주도의 산업화 및 도시화 정책은 한국 사회에서 도시 민속에 접근할 때 중요한 요인이 될 수 있기 때문이다. 특히 도시의 주거 공간을 도시 민속학적으로 접근할 때 최근까지도 진행되고 있는 부동산과 연계한 지방의 택지 개발과 서울의 뉴타운 정책 등은 분명히 독일민속학과는 다른 한국민속학에 걸맞은 접근 방법을 필요로 한다. 같은 맥락에서 강정원은 도시 공간 속의 동제(洞祭) 연구[13]를 통하여 도시 공간 속에도 지방의 향우회 조직이라든지 친목회가 활성화되고 있는 문화 여건을, 그리고 김명자는 1979년 도시 미화 정책으로 인하여 송파 지역에서 짚은사랑과 같은 전통적인 움막집이 사라져 버린 시대적 상황 등을 제시[14]하고 있어서 한국의 도시 민속 연구가 독일의 도시 민속 연구와는 차별화해서 다루어져야 하는 이유를 잘 보여 주고 있다. 따라서 오늘날 한국 사회를 대상으로 도시 민속 연구를 진행함에 있어서 독일의 도시 민속학에서 제시되었던 여러 가지 연구 방법은 한국의 도시 민속을 연구하는 데 충분히 적용 가능한 연구 방법이기는 하지만, 한국의 도시 민속 연구가 가질 수 있는 그 나름대로의 문화 여건과 시대적 상황을 반드시 함께 고려해야 한다.

한편 한국 사회가 가지는 특징을 고려하여 도시 민속을 해석하는 방법으로 임재해는 세 가지를 제시하고 있다. 즉, 도시의 다양한 요소들을 집합체(직업

---

13 강정원, 「도시 동제의 창출과 지속 – 노량진 장승제 사례 연구」, 『제2차 학술대회발표논문집』(경인민속학회, 2009).

14 김명자, 「송파의 세시 풍속」, 『한국민속학』, 15집(민속학회, 1982).

별, 계층별, 영역별)로 이해하는 방법, 도시의 다양한 요소를 하나의 유기체로 보는 총체적인 이해 방법, 문화 변동론적인 관점에서 도시 민속을 이해하는 방법[15] 등이다. 이러한 입장에서 도시 민속학에 체계적으로 접근하기 위해서는 한국민속학에서 도시 민속을 접근하면서 제기될 수 있는 여러 가지 문제에 대한 이론적인 틀을 먼저 구성하는 것이 중요하다. 또한 여기에 덧붙여서 최근에 유행하고 있는 도시와 시골이라는 공간을 초월하여 소통하는 인터넷 문화라든지, 대중성을 가지고 있는 영화나 드라마와 같은 대중 문화[16]와 관련한 도시 민속학적 관심도 필요한 것 같다.

특히 한국민속학에서 도시 민속을 위한 연구 방법을 논의하려면 복잡 다양한 도시라는 공간과, 현대라는 시간의 설정이 우선적으로 다루어질 수 있다. 다시 말해서 민속학에서 도시 민속에 접근한다는 것은 곧 도시라는 복잡 다양한 공간에 민속학적으로 접근할 수 있어야 하며, 또한 현재학으로서 민속학을 설정하는 것이기 때문에 사회와 문화를 해석하는 다양한 이론이 필요한 것이다. 따라서 이러한 논의에 대해 한국민속학에서는 다음과 같이 접근하고 있다. 먼저 도시라는 공간에 대한 기본적인 논의를 살펴보면 다음과 같다.

첫째로, 도시라는 공간의 민속학적 설정을 이해하기 위하여 도시화와 산업화에 대한 사회적 변화 과정에 대한 이해가 필요하다. 오늘날 도시화와 산업화는 이제 세계적인 추세이며, 특히 한국 사회에서 도시화는 너무나도 빠르게 진행되고 있다. 따라서 도시에 거주하는 인구가 차지하는 비율이 점점 높

---

15 문화 변동론으로 도시 민속을 해석하는 입장을 임재해(1996b)는 다시 두 가지로 나누어서 분류하고 있다. 즉 적합성을 유지하면서 현재 문화적 전통으로서의 민속과 접합성을 상실한 과거의 전통적인 문화유산으로서의 민속으로 이분하여 설명하고 있다. 임재해, 앞의 글(1996b), 50-51쪽.

16 대중 문화 중에서 영화와 드라마에 대한 도시 민속학적 접근도 부분적으로 시도된 바 있다. 박환영, 「'왕꽃선녀님'의 드라마 소재와 구성의 학문적 적확성 고찰」, 『한국의 민속과 문화』, 10집 (경희대학교 민속학 연구소, 2005b)와 박환영, 『영상 콘텐츠와 민속』(중앙대학교 출판부, 2009b), 67-129쪽.

아지고 있는 실정이다. 예를 들어서 강정원은 2003년을 기준으로 도시에 거주하는 전체 한국인의 비율을 대략적으로 40% 이상으로 지적한 바 있다.[17] 최근의 수치를 보면 도시화는 더 가속화되어서 이제는 도시에 거주하는 인구가 전체의 80%이다. 더욱이 농촌과 같은 시골에 거주를 하는 20%의 인구 중에서도 주변 도시의 생업 현장으로 출퇴근하는 비율이 높기 때문에 실제로 시골에 거주하면서 농사와 같은 생업에 종사하는 비율은 더 줄어드는 것이다. 따라서 2011년을 기준으로 볼 때 이제는 도시에서 전승되거나 새롭게 만들어지고 있는 생활 문화를 민속학의 한 범주로 포함시킬 수밖에 없는 것이다.[18] 다시 말해서 전체의 아주 적은 일부만이 공유하는 소수자의 생활 문화를 민속으로 보기보다는 대다수 새로운 도시의 민중들이 공유하는 생활 문화에 대한 본격적인 관심이 필요한 실정이다.

한편 주영하는 여기에서 한 발 더 나아가서 도시에 대비되는 촌을 논의하면서 한국 사회를 한국인이 상상하는 상상 속의 공동체로 설정하고 그 속에서 지속되는 민속에 대하여 관심을 가져오다가 1980년대 이후 도시화가 본격적으로 진행되면서 도시화의 과정 속에서 전통의 잔존물이 전승되는 '촌'으로 받아들이게 되었다는 내용을 기술하고 있다. 예를 들어서,

종래 한국민속학 연구는 촌과 도시의 공간적 사회적 구분 속에서 진행된 적이 없다. 그보다는 촌이라는 공간을 기반으로 한 전통에 집중되어 온다. 마치 한국 사회를 상상 속의 공동체로 설정하고 이 속에서 지속되는 민속에 관심을 가져

---

17 강정원, 「민속학과 현대 사회, 도시」, 『한국 문화 연구』 7호(경희대학교 민속학 연구소, 2003).

18 같은 맥락에서 1960년대 초까지 한국 사회는 농업 인구가 70%이상을 차지한 농업국이자 농본 사회였다. 따라서 당시 도시도 농촌 문화의 영향권 아래에 놓여 있었는데, 서울의 동제(洞祭)와 같이 서울의 각 마을마다 도당굿이 전승된 것을 그 예로 들 수 있다. 또한 도시화와 관련해서 산업화로 인한 이농 현상과 특히 농촌에 젊은이들이 살지 않기 때문에 그리고 산업화의 영향과 대중 문화의 범람으로 도시에는 물론이고 농촌에서도 과거의 전통과 민속이 전승되기 어려운 형편에 놓여 있는 경우가 많다. 특히 도시만 도시화된 것이 아니라 시골도 도시화되어 있기 때문에 이제는 시골이 도시 문화의 영향권 아래에 편입되어 있다는 주장이 제기되기도 한다. 임재해, 앞의 글(1996b), 25쪽.

왔다. 1980년대 이후 도시화 과정에서 촌은 전통의 잔존물로도 이해되었다.[19]

한편 주영하의 이러한 주장은 실제로 존재하기보다는 상징적인 성격이 강하며 대개는 사람들의 상호작용에 의하여 사람들의 의식 속에서 구성되기도 한다. 다시 말해서 도시 민속학에서 농촌과 도시라는 이분법적인 공간적인 구분의 이면에는 이러한 '상상 속의 공동체'와 같은 사람들의 인식 속에서 만들어진 상징적인 공동체에 대한 측면도 포함될 수 있는 것이다.

이상의 다양한 입장을 종합해 보면 도시 민속은 과거의 전통이 도시라는 공간이나 도시화가 진행된 공간에서도 여전히 전승되고 있는 과거의 전통문화라고 볼 수 있다. 즉, 도시 민속 연구에서 도시라는 새로운 공간에서 새롭게 만들어지거나 형성되는 생활 문화라는 측면은 그렇게 강조되지 않은 것 같다. 또한 도시 민속이 과거의 전통문화가 도시라는 공간 속에서 여전히 전승되고 있다고 받아들이는 경우에도 문화 변동론적인 측면을 배제할 수는 없다. 즉, 과거의 전통이 현재에도 지속되고 전승되기도 하겠지만, 도시화가 되면서 도시라는 특수한 공간 속에서 나름대로 새롭게 변화를 가지면서 도시라는 공간에 맞게 바뀌어지거나 변모한 민속, 즉 민속의 변모 양상도 함께 살펴볼 수 있는 것이다.

둘째로, 필자가 지적하고 있는 바와 같이 21세기는 시골의 도시화와 함께 '도시의 도시화'도 빠르게 진행되고 있다.[20] 특히 도시의 도시화[21]는 서울을 중심으로 뉴타운 정책과 맞물려서 하루가 다르게 도시 지역의 전통과 생활 여건을 바꾸고 있다. 특히 서울에 뉴타운 정책이 진행되면서 나름대로 오랜 시

---

19 주영하, 앞의 글, 226쪽.

20 박환영, 「한국 도시 민속학의 연구 동향」, 『민속학 연구』, 23호(국립민속박물관, 2008b), 220쪽.

21 도시화는 이동성 도시화와 비이동성 도시화로 구분할 수 있으며, 특히 도시 공간 속에서 지속되는 동제와 공동체 세시는 비이동성 도시화로 인하여 가능하게 된다고 보는 견해도 있다. 자세한 내용은 강정원, 「비이동성 도시화와 공동체 민속」, 『제4차 학술대회 발표 논문집』(경인민속학회, 2010), 16쪽.

간 거주해 온 '토박이'들이 서울이나 수도권의 다른 지역으로 이주하게 되어서 지역의 민속 문화를 지속하는 데 일익을 담당했던 민속의 전승 주체가 흔들릴 수도 있다.[22] 이러한 입장에서 김종대는 뉴타운 정책의 일환으로 그동안 살아왔던 공간이 없어지면서 지역의 주민들이 다른 지역으로 이주하고, 그 지역에는 새로운 대형 주거 시설이 들어서는 대규모 개발이 진행 중인 서울 흑석동의 산신제를 연구하면서[23] 도시 공간 속에서 새롭게 만들어지는 동제를 통하여 지역민이 가지는 민속 전승 주체로서 기능과 속성이 어떻게 변화하고 있는지에 대하여 분석하고 있다.

셋째로, 임재해는 산업화와 함께 농촌 문화만 도시화된 것이 아니라 이농 현상에 의하여 도시 문화도 농촌 문화의 영향을 받게 되었다고 주장한다.[24] 즉, 농촌 문화의 전통을 전승하고 있던 다수의 농촌 민중들이 도시로 이주해가서 도시의 토박이를 제치고 도시에 큰 영향력을 형성함에 따라 그들의 민속을 도시 사회에 맞게 관철시키는가 하면, 도시 문화의 변화에도 일익을 담당했다고 보는 견해이다. 그러나 아쉽게도 오늘날 도시 민속 연구에 있어서 농촌의 도시화 과정에 비하여 도시의 농촌 문화적인 요소는 그렇게 큰 비중을 차지하지 않은 것 같다. 다시 말해서 현대 도시 민속 연구에 있어서 우선적으로는 시골의 도시화와 도시화 과정에서의 문화 변동, 그리고 도시 공간에서의 문화 전승과 새로운 문화 창출이라는 측면이 더 중요하게 다루어질 수밖에 없는 것이다. 아마도 도시화가 본격적으로 진행되고, 도시 민속 연구도 축적되면서 연구 방향이 좀 더 확대되면 도시의 농촌 문화적인 영향에 대한 접근도 가능할 것이다.

---

22 도시 공간에 거주하는 전승 집단에 따라서 도시 민속을 토박이 민속, 신도시 편입자 민속, 도시 이주자 민속, 시골 이주자 민속, 현대 민속 전승자 등 다섯 가지 유형으로 분류할 수 있다. 임재해, 「도시 속의 민속 문화 전승 양상과 도시 민속학의 새 지평」, 『실천민속학 연구』 9호(실천민속학회, 2007), 29쪽.

23 김종대, 「도시에서 새로이 만들어진 마을 신앙의 기능과 속성」, 『한국민속학』, 49집(한국민속학회, 2009).

24 임재해, 앞의 글(1996b), 27쪽.

한편 강정원은 노량진의 장승제를 현지 조사하면서 도시화로 인하여 노량진 장승제의 전승 주체가 바뀌는 과정을 잘 보여 준다.[25] 특히 도시라는 공간의 특성으로 인하여 토박이라는 개념이 약하고 한 지역에서 오랜 시간 동안 거주하는 집단 외에도 새롭게 이주하는 또 다른 집단의 영향력도 무시할 수 없다. 특히 도시라는 지리적인 특수성 때문에 새롭게 이주하는 집단은 전국적으로 각 지역에서 모여들 수도 있으며, 농촌 지역뿐만 아니라 주변의 다른 도시에서도 이주해 올 수 있기 때문에 전승 주체와 관련해서 좀 더 복합적인 논의가 필요하다. 다시 말해서, 도시화가 본격적으로 진행되면서 도시라는 편의성과 접근성으로 인하여 주변의 다른 도시에서 새롭게 이주하거나 전국의 어느 지역에서도 도시로 이주가 가능하기 때문에 도시 공간 속의 민속 문화에 대한 전승 주체의 문제는 기존에 다루어진 지역의 전승 주체라는 일반적인 틀보다는 좀 더 다각적인 측면에서도 다루어질 수 있는 것이다. 또한 노량진 장승제 외에도 서울·경기 지역에서 전승되고 있는 다양한 장승제에 대한 비교 연구를 통하여 도시 공간 속 동제와 관련한 전승 주체의 문제를 좀 더 객관적인 관점에서 접근해야 하는 과제가 남아 있다.

여기에 덧붙여서 21세기에 들어서면서 웰빙(Well Being)이라는 이름하에서 생태 환경과 전원 생활에 대한 동경 등을 포함한 '귀농 현상'이라든지 '전원 주택' 혹은 도시 근교의 전원 별장이 도시 거주자들에게 인기를 끌고 있다. 특히 5도 2촌 운동과 같이 주중에 5일은 도시에서 그리고 2일은 촌에서 생활하자는 캠페인이 공주를 비롯한 충청도권에서 활성화되고 있기도 하다. 도시민들에 의한 시골에 대한 이러한 관심 집중 현상은 도시와 시골의 구분을 점점 더 좁혀 주고 있다. 또한 오늘날 시골의 마을에서도 문화 관광과 생태 체험 관광의 측면에서 도시민들을 적극적으로 유치하고자 많은 노력을 기울이고 있기 때문에 시골의 도시화는 더욱더 가속화될 가능성이 높다. 그만

---

25 강정원, 「도시 동제의 창출과 지속 – 노량진 장승제 사례 연구」, 『제2차 학술대회 발표 논문집』 (경인민속학회, 2009).

큼 도시 민속학에서 도시라는 공간을 시골이라는 공간과 함께 이분화하여 설정할 때는 문화를 전승하고 만들어 내는 두 공간이 가질 수 있는 민속 문화의 변모 양상과 관련해서 여러 가지 측면[26]들이 고려될 수 있기 때문에 다양한 각도에서 논의할 수 있는 문제이기도 하다.

현재학으로서 현재와 과거를 연계해서 민속학에 접근한다면 아마도 이미 사라져 버렸거나 사라지고 있거나 혹은 사라질 위기에 처한 도시 민속을 제대로 수집하고 연구하는 한 방법 중에서 구술생애사가 중요하게 다루어질 수 있다.[27] 이러한 이론적 틀이 정형호에 의하여 본격적으로 제안된 바 있는데,[28] 기존의 민속학 연구에서도 구술생애사적 접근이 전혀 배제된 것은 아니었다. 부분적이지만 기존의 민속학 연구 중에서, 특히 무속 연구에서 신병 체험이나 신내림 등과 같은 무당의 부리와 집안 내력 등과 같은 무속인 관련 연구에서 구술생애사적 접근[29]이 부분적으로 이루어졌다. 또한 일생 의례 연구에서도 자료제공자가 경험하고 겪었던 일상생활에서의 의례를 분석해 내

---

26 교통이 발달하고 전국의 대부분이 일일 생활권으로 분류되면서 도시와 시골의 지역적인 구분이 점차로 줄어들고 있으며, 일부 시골의 마을에서는 도시민을 위한 다양한 문화 관광 프로그램이 활성화되고 있기도 하다. 특히 농촌 지역에서는 여가 문화와 관련해서 농촌 문화 관광 자원을 활성화하고 있는데, 이러한 측면은 전통적인 농촌의 생활 문화에 기초한 농촌 문화의 현대적인 문화 관광 자원화의 사례로, 농촌에서 진행되고 있는 도시화와는 또 다른 측면에서 다루어질 수 있다. 농촌 문화 관광 자원의 민속학적 측면에 대한 구체적인 내용은 박환영, 「여가 문화와 농촌 문화 관광의 민속학적 고찰」, 『한국사상과 문화』, 56집(한국사상문화학회, 2010e).

27 특히 현지 조사를 토대로 생활 문화를 연구하는 민속학에서 구술생애사적 연구 방법은 구술자와의 라포 형성과, 구술자의 일상생활을 실제로 참여하면서 현지 조사를 수행하는 참여 관찰을 전재로 이루어지기 때문에 도시 민속을 조사하는 데 가장 적합한 방법이며, 따라서 중요한 민속학연구방법론으로 다루어질 수 있다. 구술생애사적 연구 방법에 대한 자세한 내용은 윤택림, 『문화와 역사 연구를 위한 질적 연구 방법론』(아르케, 2004). 한편 민속학연구방법론과 관련해서 한국민속학이 사회나 문화에 대한 관심보다는 특정 민속 현상을 중심으로 연구하는 학문으로 인식되어 있어서 기능주의나 진화주의, 맥락론, 상징주의 등 특정 이론에 대한 천착이나 이를 현실에 적용시키는 것에 대한 관심이 상대적으로 적었음을 지적하는 견해도 있다. 강정원, 앞의 글(2003), 50-51쪽.

28 정형호, 「개인생애사를 통한 도시 민속학의 접근 방법의 모색」, 『실천민속학 연구』 9호(실천민속학회, 2007).

29 조정호, 『무속 현지 조사 방법과 연구사례』(민속원, 2002)와 김은희, 『여성무속인의 생애사』(신아출판사, 2004).

는 민속학적 작업 중에서 구술생애사의 내용이 포함되어 있기도 하다.[30] 따라서 도시 민속을 연구하면서 구술생애사적 접근이 필요한 것은 기존의 민속학에서 다루어졌던 연구 방법의 연장선상에서, 그리고 기존에서 다루어졌던 것보다는 좀 더 강조하여 연구할 수 있다는 입장에서 파악할 수 있는 문제이기도 하다.

도시 민속학에서 자료제공자는 시골에서 만나는 자료제공자보다 훨씬 다양하고 복잡한 문화 환경에 노출되어 있는 경우가 많다. 예를 들어서 도시 민속 연구를 위하여 도시 공간에서 자료제공자를 선별하기가 시골에 비하여 복잡하고 어려운 것이 사실이다. 다시 말해서 도시라는 공간은 도시 지역의 토박이건 다른 지역에서 이주해 온 이주민이건 간에 도시라는 복합적인 문화 환경 속에서 함께 생활하고 있는 경우가 많아서 도시에서의 민속 조사를 할 때 자료제공자를 선정하는 문제는 그렇게 용이하지가 않다. 따라서 복합적인 도시 지역에서 체계적인 민속을 연구하기 위해서는 적절한 자료제공자를 찾아서 한 개인을 중심으로 깊이가 있고 제대로 된 민속 조사를 해야 한다. 이러한 측면에서 개인을 중심으로 하는 개인구술생애사는 도시 민속 연구에서는 중요한 연구 방법으로 취급될 수 있는 것이다. 다만 도시 민속 연구에서 개인의 구술생애사적 방법이 가지는 문제점도 제기될 수 있는데, 그것은 과연 어떻게 적절한 자료제공자를 확보할 수 있는가 하는 점이다. 예를 들어서 사회언어학적인 입장에서 방언 연구를 진행할 때 토박이의 개념이 중요하듯이,[31] 한 지역에서 경험한 살아 있는 생활 문화를 한 개인의 구술생애사로 도시 민속을 구연해 줄 수 있는 자료제공자를 선정하는데 객관성이 충분히 반영되어야만 도시 지역이 가지는 민속의 가치를 부여할 수 있는 것이다.

또한 새롭게 생겨나는 도시의 축제가 도시의 문화로 자리매김하는 과정 속

---

30 박환영, 앞의 책(2006b), 205–220쪽.

31 방언 연구에서 토박이는 대체로 3, 4대(代)가 한곳에 살아야 한다는 조건을 제시하기도 한다. 이익섭, 『방언학』(민음사, 1987). 한편 민속학의 현지 조사에서 자료제공자와 관련한 내용은 박환영, 『한국민속학의 새로운 지평』(역락, 2007c), 173–180쪽.

에서 기존의 전통문화와 외부에서 유입된 새로운 문화가 서로 영향을 주고 받음으로써 파생하는 여러 가지 측면 중에서 축제의 이벤트성에 대한 연구도 도시 민속을 연구하는 데 좋은 하나의 방법론을 제시해 주고 있다. 예를 들어서 임경택의 연구는 이벤트성 축제를 분석하면서 부분적이기는 하지만 도시의 세시 풍속에 접근하는 하나의 방법론을 제시해 주고 있다.[32] 여기에서 좀 더 나아간다면 도시의 세시 풍속이 가지는 나름대로의 규칙성을 이항 대립(binary opposition)이나 색깔 상징 등과 같은 구조주의적인 연구 방법[33]을 동원하여 분석을 시도한 경우도 있다.

덧붙여서 최근에는 영상 문화와 대중 문화 그리고 매스미디어가 발달하면서 시골과 도시의 구분이 더욱더 모호해지고 있다. 특히 인터넷의 발달로 도시이든 시골이든 순식간에 전승되는 도시 민속이 가질 수 있는 신속성과 익명성[34]은 과학과 최첨단 테크놀로지를 지향하는 21세기에 직면한 민속학에 있어서 새로운 연구 방향을 제시해 주고 있다.[35] 즉 과학과 테크놀로지를 비

32 도시민의 세시 풍속 중에서 밸런타인데이와 짝을 이루는 화이트데이는 선물의 교환과 색깔 상징으로 분석할 수 있는데, 화이트라는 의미는 밸런타인데이의 초콜릿과 대비하여 사탕이나 마시멜로를 주는 것에서 유래한 것으로 볼 수 있다. 또한 색깔이 흰색이라는 것도 도시의 세시 풍속이 가지는 상징성이 될 수 있다. 자세한 내용은 임경택, 「이벤트성 외래축제를 통해서 본 일본의 소비 문화 양상」, 『비교 문화 연구』, 12권 2호(서울대학교 비교 문화 연구소, 2006), 131-135쪽.

33 구조주의적 방법과 제의학파적 방법(통과 의례)은 박환영, 『현대민속학 연구』(역락, 2009b), 19쪽과 박환영, 「'왕꽃선녀님'의 드라마 소재와 구성의 학문적 적확성 고찰」, 『한국의 민속과 문화』, 제10집(경희대학교 민속학 연구소, 2005b), 50-51쪽.

34 같은 맥락에서 도시 민속의 특징으로 익명성과 신속성이 제시되기도 한다. 김정하, 「한국 도시 민속학의 연구 방법론 정립에 대한 연구」, 『시학과 언어학』, 1호(시학과 언어학회, 2001), 464쪽.

35 특히 현대의 도시 전설은 인터넷이 널리 보급되면서 신속성과 익명성이라는 새로운 속성을 가지게 되었다. 이러한 도시 전설이 가지는 특징과 관련한 영국의 도시 민속학의 연구 동향을 부분적으로 소개한 바 있다. 예를 들어서 신속성과 관련해서 도시 전설은 인터넷을 통하여 유포되면서 좀 더 생동감을 느끼고 실감나게 믿도록 만들기 위하여 사진을 합성하거나 조작하기도 한다. 또한 익명성과 관련해서 전통적인 전설이 자연에 대한 외경심과 두려움 그리고 초자연적인 힘의 위대함을 통하여 인간이 접근할 수 없는 어떠한 세계에 대한 동경을 다루었다면, 현대의 도시 전설은 익명성을 가지고 있기는 하지만 최첨단 과학기술의 단단한 기반 위에서 모든 것이 가능하다는 믿음 속에서 내용이 진실이라고 현대인들이 쉽게 받아들이도록 만들기도 한다. 따라서 도시 전설을 제대로 분석하기 위해서는 전통적인 전설의 연구에서 주요하게 다루어졌던 모티프(motif)와 유형(type) 분석 외에도 신속성과 익명성을 중심으로 하는 새로운 민

롯한 최첨단 영상과 대중 문화는 오늘날 도시 민속학과 같이 도시의 문화를 다루는 학문 분야와 깊은 연관성이 있기 때문에 민속학과 관련해서 향후 좀 더 많은 관심과 연구가 필요한 것 같다.

Ⅲ. 도시 민속의 연구 영역 검토와 모색

도시 민속의 연구 방법과 관련해서 앞장에서는 도시 민속 연구에서 기본적으로 우선 검토해야 하는 도시와 같은 공간적인 요소와 현대 혹은 현재와 같은 시간적인 요소를 기초로 하여 도시 민속 연구의 몇 가지 방법에 대하여 살펴보았다. 도시 민속 연구는 도시라는 공간과 현대라는 시간으로 초점을 맞추더라도 기존의 민속 연구에 못지않게 연구 영역이 다양하고 복합적일 가능성이 높다. 특히 다양한 구성원들의 일상적인 생활과 생업 공간인 도시가 현대라는 동시대에서 만들어 내는 복합적인 문화와 이전의 전통이 이러한 공간과 시간 속에서 전승되거나 변모하는 과정은 더욱더 많은 연구 영역을 가질 수도 있는 것이다. 이러한 입장을 견지(見地)하면서 이제부터 앞에서 논의한 도시 민속 관련 방법론을 가지고 도시의 생활 문화를 분석하기 위한 도시 민속 연구에서 주목할 수 있는 연구 영역에 대하여 고찰해 보고자 한다.

도시 지역의 민속에는 어떠한 내용이 포함될 수 있을까? 라는 질문은 도시라는 공간에서 전승되는 것과 새롭게 만들어진 것, 그리고 이전의 전통이 전승되는 과정에서 도시라는 공간에서 변화되고 변모한 것 등을 모두 포함하는 내용으로 이해할 수 있다. 임재해는 도시 민속으로 분류할 수 있는 것으로 도시 본디의 전통적인 것, 동시대에 생성된 것, 시골의 것이 도시에서 변용된 것, 외래의 문화가 변용된 것, 도시 주변 지역에 영향을 미치고 있는 도시 민

속학적 연구가 필요한 실정이다. 박환영, 앞의 글(2005a), 133-135쪽.

속 등 다섯 종의 도시 민속을 언급하고 있다.[36] 여기에 덧붙여서 오링(Oring)은 도시라는 공간에서 만들어지거나 새롭게 형성되는 문화가 민속이 되기 위해서는 일상적인 생활 공간에서 도시의 대다수 민중들에 의한 공통적인 경험이 필요하기 때문에 일정한 적응기를 가져야 함을 주장하고 있다. 예를 들어서,

> 어떤 의미에서 보면, 도시 속에 있는 어떤 것이 민속이 되기 위해서는, 일반인들의 일상적인 생활이라 할 공통적인 경험에 의해서 다루어지는 적응기를 거쳐야 한다.[37]

이상의 내용을 보면 새롭게 도시에서 오늘날 만들어지는 문화가 모두 민속으로 취급될 수는 없으며, 도시의 대다수 민중들이 일상적인 생활 문화로 공감할 수 있는 어느 정도의 적응할 수 있는 시간이 필요함을 강조하고 있다. 그렇다면 도시 민속의 연구 대상으로 다루어질 수 있는 도시 문화로는 어떠한 것이 있는지 미국 도시 민속학에서 일찍이 다루어졌던 내용을 통하여 살펴볼 수 있다. 도슨(Dorson)이 제시한 도시 민속의 대표적인 연구 영역을 보면 '관광의 사회적 영향(social effects of tourism), 자원봉사 협회와 단체(voluntary associations), 작은 단위의 예술과 공예 제조자들(small-scale arts and crafts), 도시에서 민요의 재생(the urban folksong revival), 대중적인 공연장(popular theater), 대중문학(mass literature), 휴가와 관련한 습속(holiday customs)' 등이다.[38] 미국의 도시 민속학에서 다루어질 수 있는 도시 민속의 연구 영역을 참조하면서 오늘날 한국의 도시 민속학에서 접근할 수 있는 연구 영역에 대하여 몇 가지 입장에서 살펴보고자 한다.

첫째, 도시 민속도 기존의 민속에서 다루는 대상과 마찬가지로 마을 공동

---

36 임재해, 앞의 글(1996b), 50쪽.

37 엘리오트 오링(Elliott Oring),「민중과 민속의 장르」,『민속의 개념』, 나경수 옮김(전남대학교 출판부, 2004), 23쪽.

38 Dorson, 앞의 책(1982), p. 43.

체를 중심으로 하는 사회민속의 측면에서 연구 대상을 찾을 수 있다. 예를 들어서 도시 속의 마을 조사는 여전히 도시 속의 동제(洞祭)[39]를 연구하는 입장에서부터 뉴타운과 같은 도시 속의 도시화가 진행되면서 개발되기 이전에 남아있는 도시 속의 마을 공동체[40]와 민속을 조사할 수 있다. 후자의 경우는 뉴타운화되면서 사라질 위기에 처한 도시의 공동체 문화를 발굴하여 새롭게 조성되는 뉴타운이라는 도시의 도시화 속에 보존할 수 있는 계기를 마련해 주며, 도시의 도시화로 인하여 사라져 가는 도시의 민속 문화[41]를 일부분이라도 지속적으로 남겨 두기 위한 민속학적 작업으로 큰 의의를 가지고 있다. 큰 틀속에서는 같은 맥락이지만 조금 다른 입장에서도 접근할 수 있는 도시 민속 연구를 위한 사회민속의 연구 영역도 논의할 수 있다. 예를 들어서 서울과 같은 도시 공간의 역사적 복원을 통하여 전통과 민속 문화를 재생하고 새롭게 창출하는 작업에서 도시 민속이 대두되기도 하는데, 이러한 사례로는 최근에 복원이 완료된 청계천의 민속[42]이 속할 수 있다.

둘째 도시의 소규모 집단이 공유하거나 특수한 공간에서 만들어지는 그네들만의 문화가 있는데, 특히 오늘날 특수 집단이 사용하는 은어(隱語)와 낙서를 비롯하여 특수한 공간에 대한 다양한 연구도 포함할 수 있으며, 영화와 같은 현대의 대중 문화에서 전승되는 은어도 연구 대상이 될 수 있다. 이러한 도시의 문화는 도시에서 새롭게 만들어지거나 생성되는 특수한 집단(대학생,

---

39 도시 속의 동제(洞祭)와 관련한 연구로는 정형호, 「20c 용산 지역의 도시화 과정 속에서 동제당의 전승과 변모 양상」, 『한국민속학』 41집(한국민속학회, 2005); 강정원, 「도시 동제의 창출과 지속 – 노량진 장승제 사례 연구」, 『제2차 학술대회발표논문집』(경인민속학회, 2009); 김종대, 「도시에서 새로이 만들어진 마을 신앙의 기능과 속성」, 『한국민속학』, 49집(한국민속학회, 2009).

40 도시 속의 마을 공동체는 도시 사회학에서 자주 사용되는 도시 마을(urban village) 및 도시촌락민(urban villager)과 연계해서 고찰할 수 있다. 자세한 내용은 Herbert Gans, *The Urban Villagers: Group and Class in the Life of Italian-Americans*(Erich Lindemann Free Press, 1962).

41 시골의 도시화로 인하여 빠르게 사라져 가는 시골의 전통문화를 발굴하고 보존하려는 이전의 민속학적 접근 방법과 비교해서 도시의 도시화는 도시의 민속을 발굴하고 보존하기 위한 민속학적인 접근 방법이다.

42 이기태, 「'청계천 사람들'의 과거에 대한 이해와 청계천 복원」, 『한국 문화 연구』 7호(경희대학교 민속학 연구소, 2003).

장애인, 초등학생 등)에서 사용되는 은어[43]를 비롯하여 지하철과 같은 도시를 대표하는 특수한 공간에서 생성되는 여러 가지 민속 등이 포함될 수 있다.

셋째로 도시에도 여전히 은연중에 전승되고 있는 속신(俗信)이 있다. 즉 현대의 영화 속에서 주어진 맥락 속에서 부분적으로 전승되는 속신[44]도 있으며, 여기에서 더 나아가서 현대의 다양한 특수 집단에서 전승되는 속신도 있다. 예를 들어서 방송인을 비롯한 연예인, 운동선수, 수험생들의 속신이 대표적 연구 대상이 될 수 있으며, 특히 학교민속 중에서 수험생들의 속신과 관련된 연구[45]는 좀 더 세부적인 연구로 진행될 수 있는 소재를 많이 제공해 준다. 특히 수능 시험을 비롯한 논술 시험이나 면접 구술 시험과 관련하여 이전부터 전해져 오는 속신과 새로운 형태로 만들어 지는 속신이 있다. 소나타 자동차의 영문명에서 S자를 떼어 가지고 있으면 S대에 합격한다와 같은 속신이 1980년대와 1990년대에 유행한 적이 있다. 또한 수험생 관련 속신 중에는 엿이나 떡이 합격과 관련된다는 내용이 포함될 수 있으며, 여기에 상업적인 마케팅이 편승하여 '합격'이라는 글을 새긴 사과가 등장하기도 한다. 최근에는 태풍에도 떨어지지 않은 사과가 잎이며 줄기와 함께 비싸게 팔리기도 한다.[46] 마치 어떠한 물건이 가지고 있는 습성이 옮겨지기를 기원하는 일종의 감염 주술로도 해석할 수 있는 부분이다. 문제는 이러한 속신이 S자 영문 글자나 합격이라는 글자에서 떡이나 엿 그리고 최근에는 태풍에도 떨어지지 않

---

43 박환영, 앞의 책(2009a), 108-109쪽.

44 박환영, 위의 책, 116-117쪽.

45 학교민속의 한 영역으로 여고생의 속신에 대한 연구도 있다. 김현경, 「여고생 속신 연구」(중앙대학교 대학원 석사학위논문, 2008).

46 속신의 연구에 있어서 조건절에 대한 연구에 못지 않게 결과절에 대한 연구도 중요하다. 특히 '……하면 합격한다'라는 속신에서 결과절에 해당하는 부분을 보면 긍정적인 결과로는 '합격한다'와 '걸린다'이며, 부정적인 결과는 '떨어진다'와 '미끄러진다'로 요약할 수 있다. 이 중에서 긍정적인 결과를 위한 조건절을 충족시키기 위하여 엿이나 떡 그리고 최근에는 장마와 태풍에도 견디어 낸 '떨어지지 않은' 사과가 수능 상품으로 등장하기도 한다. 즉 이러한 것을 먹거나 가지게 되면 긍정적인 결과를 얻는다는 도시형 속신이 생겨나게 된 것이다. 반대로 부정적인 결과를 가져올 수 있다는 속신 때문에 시험날에 '미끄러지는' 미역국을 먹지 않는 속신은 오늘에도 이어지고 있다. 이러한 사례를 중심으로 상징성에 대한 도시 민속학적 고찰이 필요하다.

고 꼭 달라붙어 있는 사과로 바뀌고 있는 현상이다. 오늘날 도시 민속의 한 영역으로 속신이 가지고 있는 이러한 속성은 도시 민속학의 중요한 연구 소재가 될 수 있는 것이다. 어떤 측면에서 보면 도시 민속의 연구 영역 중에서 은어(隱語)와 속신(俗信)의 영역은 도시라는 정해진 공간 속에서 어떠한 특수한 집단이나 동일한 직업을 가진 사람들 사이에서 공유되거나 일상적으로 전승되는 민속으로 매칼(McCart)이 규정하고 있는 '도시형 직업민속'과 연계해서 살펴볼 수도 있다. 예를 들어서,

> 많은 사람이 시골에서 도시 환경으로 옮아감에 따라 작업이 다양하고 복잡해져 갔으며, 민속학자들은 여기에 맞춰 그들의 연구 범위를 도정이나 공장 노동과 같은 도시형 직업민속에까지 확장하기에 이르렀다. 오늘날 직업민속에 대한 연구는 직장 내의 은어나 이야기와 같은 구어적 형태뿐만 아니라, 직업적으로 노동자들이 평상적으로 배우고 수행하는 여러 가지 기술과 기량을 포함해서, 각자의 경력에 맞춰 개인이 거쳐야 하는 직장 내의 통과의례와 같은 관습이 수행되는 양식에 대해서도 초점을 맞추고 있다.[47]

위에서 기술한 내용은 도시에서 만들어 지고 생겨나는, 도시가 가지는 독특한 문화로서 도시 민속학의 주요한 연구 주제가 될 수 있다. 또한 이러한 직업형 도시 민속은 임재해와 남근우가 주장하고 있는 도시 민중들의 분류[48]와 밀접한 연관성을 가지고 있다. 즉 임재해의 도시 민중 분류 중에서 노숙자들, 노점상들, 날품팔이꾼들, 접대부들과 남근우가 제기하고 있는 도시 공간 속의 다양한 구성원들 중에서 동일한 직업이나 일부 특수 집단 구성원들이

---

47 로버트 매칼(Robert McCarl), 「직업민속」, 『민중과 민속의 장르』(전남대학교 출판부, 2004), 92쪽.
48 도시 민속학에서 관심을 가져야 할 도시 민중으로 달동네의 빈민들, 노숙자들, 노점상들, 날품팔이꾼들, 접대부들, 성매매자들 등이 대표적인 사례로 제시되기도 한다. 임재해, 「민속학의 새 대상과 방법으로서 도시 민속학의 인식」, 『한국민속학과 현실인식』(집문당, 1997), 35쪽과 남근우, 「도시 민속학에서 포클로리즘 연구로」, 『한국민속학』, 47집(한국민속학회, 2008), 57-60쪽.

여기에 속할 수 있다. 여기에 범위를 확대하여 부동산 중개인들의 민속이라든지 노량진수산시장 상인들, 인사동이나 답십리의 골동품 상인들 등에 대한 도시 민속학적인 접근도 가능할 것 같다.

한편 직업형 도시 민속의 연장선상에서 황경숙은 부산 지역의 영업용 차량 운전자들의 자동차 고사와 속신에 대하여 고찰한 바 있다.[49] 이러한 연구는 특수한 집단에서 생겨나고 전승되는 속신으로 도시 민속 중에서도 '도시형 직업민속'으로 분류할 수 있다. 이러한 도시 민속 연구의 영역을 조금 더 세분화해 보면 택시 기사와 버스 기사 그리고 최근에는 대리운전 기사와 관련된 연구가 더 필요한 것 같다. 특히 직장인들의 음주 문화가 생겨나고, 그 결과 음주 운전에 대한 강력한 규제와 사회적 캠페인이 활성화되면서 대리운전이 도시를 중심으로 생겨나고, 대리운전 기사라는 새로운 직업이 생겨나면서 도시형 직업과 관련한 도시의 민속에 대한 연구가 필요하게 되었다.

넷째로 도시의 세시 풍속을 들 수 있다. 예를 들어서 발렌타인 데이와 빼빼로 데이 등과 같이 주로 젊은이들을 대상으로 주로 도시의 백화점이나 대형 마트를 중심으로 대규모 기획 상품이 등장하는 새로운 유형의 이벤트가 가미된 날인데, 매년 주기적으로 반복된다는 점에서 넓은 의미의 도시형 세시 풍속[50]의 성격을 가지고 있다. 이러한 도시형 세시 풍속이 한때의 유행이나 연중행사 정도로 끝날 수도 있지만, 좀 더 자세히 그 내용을 고찰해 보면 다양한 민속 상징이 나름대로의 규칙을 가지고 전승되고 있기도 하다. 예를 들어서 발렌타인 데이 때 선물로 등장하는 초콜릿과 화이트 데이 때 선물로 등장하는 사탕과의 연관성이라든지, 빼빼로 데이가 11월 11일로 지정된 것이 가지고 있는 상징성에 대한 연구는 흥미 있는 도시 민속의 연구 주제이다. 또한 이러한 도시형 세시 풍속은 도시라는 공간 속에서 만들어지고 생겨나는 새로운 도시의 문화가 어떠한 과정을 통하여 대다수 도시의 민중들에게 공감대를

---

49 황경숙, 「영업용 차량 운전자들의 자동차 고사와 속신」, 『한국민속학』, 42집(한국민속학회, 2005).
50 천진기, 「세시 풍속의 미래전설」, 『한국 문화 연구』 7호(경희대학교 민속학 연구소, 2003b).

형성해 주며 또한 오링이 언급한 바와 같이 일반인들의 일상적인 생활 문화가 되기 위한 일정한 적응기[51]를 경험하게 되는지를 체계적으로 분석할 수 있는 좋은 사례가 될 수 있다.

다섯째, 도시에서 전승되고 있는 여러 가지 유형의 도시 전설을 들 수 있다. 이러한 도시 전설로 대표적인 것은 학교 괴담[52]이나 음식의 오염과 관련된 도시 전설[53]을 들 수 있다. 한편 도시 전설은 미국과 영국의 도시 민속학에서 중요하게 다루어지고 있으며, 특히 영국민속학에서는 다른 도시 민속학의 연구 영역과 비교해서도 오늘날 가장 활발하게 논의가 진행되고 있는 민속학의 분야이기도 하다.[54] 도시라는 새로운 공간은 이야기의 소재와 환경을 제공해 준다. 그러나 이야기를 만들어 내는 민중들의 전통적인 사고와 생활 방식은 여전히 이러한 도시 전설 속에 내재되어 있는 경우도 많다. 따라서 도시 전설을 민속학적으로 분석하면서 기존에 다루어졌던 설화 연구가 많은 도움이 될 수도 있으며, 새로운 연구 방법이 필요한 경우도 있을 수 있다. 그만큼 민속학의 가장 역동적인 연구 영역으로 도시 전설은 도시 민속학 연구에 있어서도 가장 핵심적인 연구 영역 중의 하나이므로 더욱더 많은 관심과 연구가 필요하다.

여섯째, 도시를 중심으로 하는 다문화와 관련한 민속도 도시 민속의 중요한 주제가 될 수 있다. 한편 다문화 가정을 통한 다문화의 영향은 도시뿐만 아니라 시골에서도 쉽게 나타나는 문화 현상이기는 하지만, 각 지방자치단체에서 운영하고 있는 다문화 센터와 다문화 지원 프로그램은 주로 면(面) 단위 이상의 행정 구역에서 이루어지는 경우가 많은 편이다. 특히 도시 속의 다

---

51 오링(Oring), 앞의 글(2004), 23쪽.

52 김종대, 『한국의 학교괴담』(다른세상, 2002); 김종대, 「도시에서 유행한 '빨간 마스크'의 변이와 속성에 대한 시론」, 『한국민속학』, 41집(한국민속학회, 2005); 김종대, 『도시, 학교, 괴담』(민속원, 2008).

53 G. A. Fine, "The Kentucky Fried Rat", *Journal of the Folklore Institute*, vol. 17(1980); 임재해, 앞의 글(1996b)과 박환영, 앞의 글(2005a) 참조.

54 박환영, 위의 글(2005a).

문화 축제[55]는 물론이고, 다문화와 관련하여 병원의 간호사들이 가질 수 있는 다양한 도시의 문화와 민속에 대한 접근[56]도 이루어지고 있어서 앞으로 많은 연구가 기대되는 도시 민속의 연구 분야이기도 하다.

일곱째, 도시 민속학의 새로운 영역으로 다양한 영상과 대중 매체를 중심으로 하는 문화 컨텐츠와 민속이 도시 민속의 연구 영역으로 다루어질 수 있다. 이러한 연구는 도시라는 공간이 밖으로는 확연하게 드러나 있지는 않지만, 도시(urban), 과학기술(technology), 대량 생산(mass-production), 대량 소비(mass-consumption)를 가진 문화를 시골(rural), 농민들의 민속 문화(peasant folk culture)와 대비되는 개념[57]으로 볼 수 있기 때문에 도시 민속학에서 과학기술, 대량 생산과 소비는 중요한 주제가 될 수 있다. 아울러 첨단기술이 가미된 영상과 대중 매체도 도시 민속학의 연구 대상이 될 수 있다. 예를 들어서 텔레비전의 연속극이나 드라마의 소재로 민속 문화가 반영될 수도 있으며, 영화나 다른 대중 매체를 통하여 민속 문화가 어떻게 해석되고 독자들의 반응은 어떠한지에 대한 연구도 도시 민속 연구로 중요하게 다루어질 수 있다.[58] 특히 도슨이 기술한 바와 같이 미국의 인디애나(Indiana) 대학교의 한 박사 과정 연구생이 수행한 현대의 도시 민속 연구 중에는 텔레비전의 일상적인 프로그램에 반영되어 있는 다양한 민속 문화를 분석한 연구도 있다.[59] 한국민속학에서도 텔레비전의 드라마에 반영된 무속을 연구한 사례가 있으

---

55 심효윤, 『재한몽골인 에스니시티와 몽골 축제 연구: 서울 광진구 나담(Naadam) 축제를 중심으로』(중앙대학교 대학원 석사학위논문, 2010).

56 다문화와 관련하여 병원의 간호 문화를 연계하거나 현대 한국 사회에서 재한 몽골인들의 에스니시티(ethnicity)에 대한 연구도 있다. 박환영, 앞의 책(2009a), 181–210쪽.

57 Richard Dorson, 앞의 책(1982), p.41.

58 2005년 경희대학교 민속학 연구소에서는 '미디어와 민속학'이라는 주제로 드라마 「왕꽃선녀님」을 민속학적으로 분석한 바 있다. 박환영, 「한국 도시 민속학의 연구 동향」, 『민속학 연구』, 23호(국립민속박물관, 2008b), 216쪽.

59 이 연구는 오전 6시 15분부터 다음 날 오전 1시 30분까지 방영된 텔레비전 프로그램을 분석하여 모두 101개의 민속 주제를 발견하였다. 자세한 내용은 Richard Dorson, 앞의 책(1982), pp. 41-42.

며, 영상 문화 속에 반영되어 있는 민속 문화에 대한 연구[60]도 있다.

여덟째, 유승훈의 연구[61]에서 볼 수 있듯이 도시의 어느 한 특정 지역에 대한 민속학적 연구[62]도 가능하다. 즉 부산 지역에 6·25를 경험하면서 피난민들에 의하여 형성되기 시작한 달동네에 관한 민속 연구인데, 특히 1960년대와 1970년대부터 본격화된 산업화와 도시화로 인하여 농촌 지역에서 도시로 이주한 이주민들이 형성하였던 달동네에 관한 민속은 도시 민속의 주요한 소재가 될 수 있음을 잘 보여 주고 있다. 임재해도 도시 민속의 전승 주체로 달동네의 빈민들에 관심을 가져야 함을 주장한 바 있다.[63] 한편 뉴타운 정책으로 인하여 대대적인 개발을 앞두고 있는 서울의 여러 지역의 경우도 달동네가 부분적으로 남아 있어서 향후 도시 민속의 연구 영역으로 많은 연구가 기대된다.

아홉째 사회주의가 약화된 뒤 진행될 탈사회주의 북한의 민속에 대한 연구이다.[64] 도시 민속과 관련된 이러한 분야는 서구를 비롯한 일본의 도시 민속학과 비교해서 한국민속학만이 가질 수 있는 독창적인 연구 영역이기도 하다. 그동안 국내학계에서도 주강현,[65] 이복규,[66] 이정재[67] 그리고 박환영[68]에 의하여 부분적이지만 문헌 자료 중심의 북한민속에 대한 접근은 있어 왔다. 하지만

60 박환영, 앞의 책(2009b), 67–133쪽.

61 유승훈, 「도시 민속학에서 바라본 달동네의 특징과 의의」, 『민속학 연구』, 25호(국립민속박물관, 2009).

62 도시의 골목길 민속에 대한 민속학적 고찰은 다음과 같다. 최원오, 「살아 있는 자들의 배열 공간, 골목길에 대한 문화론적 접근」, 『제179차 연례학술대회 발표논문집』(한국민속학회, 2007); 정형호, 「도시 민속 연구의 문제점과 방향성」, 『제1차 학술대회발표논문집』(경인민속학회, 2009).

63 임재해, 앞의 글(1997), 35쪽.

64 탈사회주의 몽골의 민속과 관련한 국내의 연구는 향후 진행될 수 있는 탈사회주의 북한의 민속을 연구하는 데 참고할 수 있다. 이러한 연구로는 박환영, 「사회·경제적인 측면에서 본 현대 몽골의 가족과 민속에 대한 일고찰」, 『한국 문화인류학』, 33집 2호(한국 문화인류학회, 2000b).

65 주강현, 『북한의 민속 생활 풍습』(민속원, 1999); 『북한의 우리식 문화』(당대, 2000).

66 이복규, 『한국전통문화의 이해』(민속원, 2003), 215–221쪽.

67 이정재, 『지역민속 연구』(경희대학교 출판부, 2004).

68 박환영, 앞의 책(2007c), 25–40쪽.

연변의 조선족 민속 공연단

현지 조사에 기초를 둔 탈사회주의 북한의 민속에 대한 연구는 북한에서 여전히 사회주의가 장기화되고 남북한 사이의 정치적인 대립 구도가 지속되면서 아직까지는 본격적으로 진행되지 못하고 있다.

이제까지 논의한 도시 민속의 아홉 가지 연구 영역 중 일부는 민속학에서 일반화된 연구 영역과 중복되기도 한다. 또한 현재의 민속학이라는 시간의 축에서 보면 현대 사회에서 다루어질 수 있는 민속학의 연구 영역이기도 하다. 그러나 오늘날 한국의 도시에서 나름대로 전승되고 있거나 새롭게 만들어지고 있는 도시 공간 속의 민속에 초점을 두고 있는 일부 연구 영역에 대한 민속학적 관심도 간과할 수 없다. 즉 서울 및 수도권 그리고 지방의 거대 도시의 거점화가 활성화되면서 특히 서울과 같이 대도시의 뉴타운 정책으로 인하여 '도시의 도시화'가 진행되기도 하면서 도시 속의 민속에 대한 관심이 늘어나고 있으며, 도시의 백화점이나 대형 마트를 중심으로 기획 상품이 만들어지면서 새로운 문화의 이벤트로 자리잡아가고 있는 도시형 세시 풍속도 주목할 만하다. 또한 향후 남북한 관계가 개선되면 시작될 수 있는 탈사회주의 북한의 민속과

개성에 있는 민속 여관 및 민속 식당 지역

개성의 고려박물관 안내도

개성에 있는 숭양서원(崇陽書院)

개성의 박연폭포 명승지

관련해서 평양과 같은 북한의 도시 공간 속에서 전승되거나 새롭게 만들어지고 있는 대규모 민속예술공연과 같은 민속 문화에 대한 본격적인 연구도 한국 도시 민속학의 새로운 연구 영역으로서 가치를 가지고 있다.

Ⅳ. 나오는 말

도시 민속의 연구 방법과 연구 영역에 대하여 이제까지 민속학에서 논의된 내용을 곰꼼하게 점검해 보면서 앞으로의 방향을 모색해 보았다. 여기서 도시 민속학의 한 축을 이루는 '도시'라는 공간에 대한 구체적인 논의가 필요하다. 즉 도시 민속학에서는 '도시'라는 개념을 도시와 시골이라는 두 개의 서로 다른 영역의 하나로 구분하기보다는 시골과 도시가 서로 상호보완적인 개념으로 볼 수 있다.

도시 민속학의 다른 한 축을 이루는 시간에 대한 논의도 필요하다. 즉, 도시 민속은 '현대'의 도시라는 거대한 공간에서 생활하고 있는 대다수 도시의 민중들에게 민속은 하나의 생활의 일부분으로 취급될 수도 있다. 여기에 덧붙여서 이미 언급한 바와 같이 도시에서 새로운 문화가 도시 민속으로 인정받기 위해서는 '일정한 적응기'가 필요하다. 다시 말해서 다양한 도시의 문화 속에서 어떠한 것은 도시의 민속으로 취급할 수 있는 반면에, 또 어떠한 문화는 아직까지는 좀 더 민중들의 공감대를 형성할 수 있는 시간이 필요한 것이다.

한편 도시 민속 연구의 연구 방법에 관한한 한국의 도시 민속학에서는 여전히 서구의 민속학적 연구 방법과 일본 민속학의 연구 방법에 많은 영향을 받은 것이 사실이다. 그러나 한국의 도시 민속학이 가지고 있는 독특한 여건과 환경 그리고 도시라는 공간이 창출해 내고 있는 한국 나름대로의 도시 문화를 제대로 연구하기 위해서는 한국의 도시 민속 연구에 맞는 나름대로의 연구 방법이 또한 필요하다. 몇 가지 가능한 도시 민속 연구 방법으로 구술생

2002년 연변 조선족 자치주 창립 50주년 기념 행사

애사적 방법, 구조주의적 방법, 상징론적 연구 방법, 제의학파적 방법,[69] 설화 분석 방법, 맥락론, 기능주의 등이 포함될 수 있으며 이러한 연구 방법을 통하여 복합적인 도시 민속을 체계적으로 분석할 수 있다. 따라서 한편으로는 도시 민속이라는 영역은 기존의 민속학 연구 영역의 연장선상에서 다루어져야 한다. 반면에 다른 한편으로는 도시라는 공간 속에서 만들어지는 어떤 도시 민속은 민속 문화를 전승하는 공간과 전승 주체가 기존의 민속 연구와는 확연히 달라질 수도 있기 때문에 새로운 연구 방법을 모색할 가능성도 충분하다.

도시 민속의 연구 영역에 대한 폭 넓은 검토를 통하여 이제까지 다루어진 도시 민속의 연구를 바탕으로 향후 진행될 수 있는 도시 민속의 연구 영역의 다양한 가능성을 제시하였다. 현대의 도시 공간에서 다루어질 수 있는 여러

---

69 다양한 민속 현상을 제의(祭儀)에 초점을 두어서 민속 문화의 기원과 의미를 고찰하는 제의학파적 연구 방법은 민속학연구방법론의 입장에서 부분적으로 다루어지고 있기도 하다. 임재해, 「민속학연구방법론 전개」, 『한국민속 연구사』(지식산업사, 1994), 18쪽; 인권환, 『한국전통문화의 현대적 모색』(태학사, 2003), 28쪽.

영역 중에서 우선적으로 도시의 마을 공동체와 같은 사회민속, 특수 집단의 은어와 속신, 도시 공간 속의 세시 풍속, 도시 전설, 다문화와 민속, 영상 및 대중 매체와 민속, 달동네와 도시 마을(urban village)과 같은 도시 속 마을 공동체와 민속, 탈사회주의 북한의 민속 등으로 세분화하여 분류할 수 있다. 아마도 전통 사회의 민속을 연구하면서 연구 대상으로 다루어졌던 연구 영역은 물론이고, 도시라는 공간 속에서 새롭게 만들어지고 있는 다양한 민속 현상도 향후 도시 민속학의 연구 영역으로 다루어질 수 있을 것 같다. 전자의 경우가 민속 문화의 변모 양상이라는 측면에서 다루어질 수 있는 연구 영역이라면, 후자의 경우는 민속 문화의 연장선상에서 도시 공간 속에서 만들어지고 생성되는 민속이라는 측면에서 다루어질 수 있는 연구 영역인 셈이다. 따라서 오늘날 도시는 전통문화를 전승하고 새로운 문화와 민속을 지속적으로 만들어 내면서 과거 전통 사회가 담당하였듯이 다양한 사회구성원들의 일상적인 생활 문화를 진솔하게 보여주고 있어서 향후 민속학의 핵심적인 연구 분야로서 중요한 연구 가치를 가지고 있음을 부인할 수 없다.

2. 21세기 문화 관광 자원과 민속 문화

I. 들어가는 말

문화라는 키워드(keyword)가 사회의 여러 분야에서 중요하게 인식되고 있으며, 지역과 민족의 울타리를 넘어서 다양한 문화 교류가 진행되는 현대 사회에서 민속 문화에 기초를 두고 있는 문화 관광 자원의 새로운 가능성을 살펴보기 위해 이 책은 세 가지 입장에서 문화 관광 자원을 분석하고자 한다.

첫 번째는 한국 문화의 근간(根幹)을 이루면서 따라서 한국인의 기저(基底)에 내재되어 있다고 해도 과언이 아닌 불교 설화에 초점을 둔 불교 문화가 문화 관광 자원으로 어떠한 가치를 지니고 있는지를 고찰하고자 한다.

두 번째는 인간의 무한한 상상력과 민족의 심성 그리고 한민족의 원초적인 본능을 소중하게 담고 있는 고대의 신화가 현대의 문학 작품과 연계되어서 시대를 초월해서 새롭게 인식될 수 있는 가능성을 고찰하고자 한다.

세 번째는 도시 공간 속의 축제를 통한 문화 관광 자원에 대한 고찰이다. 특히 도시 공간 속에서 전통적인 민속 문화를 체계적으로 전승하고 지속하려는 노력이 생겨나면서 새로운 형태의 민속 문화가 만들어지고 있기도 하다. 이러한 도시 공간 속의 민속 문화 중에서 대표적인 예가 도시 공간 속의 축제이다. 그런데 이러한 축제 중에서 최근에는 다문화 사회의 한 단면을 보여 주

중요 무형 문화재 제9호인 은산 별신제

고 있는 재한 몽골인들을 위한 나담 축제가 매년 한국에서 열리고 있는데, 비교민속학적인 입장에서 그리고 비교문화론적인 입장에서 중요한 가치를 가지고 있기 때문에 문화 관광 자원의 입장에서 함께 살펴보고자 한다.

21세기 현대 사회는 과거로부터 전승된 다양한 문화 외에도 새로운 도시 환경이라든지 주어진 여건에 맞는 문화가 생겨나고 전승되는 공간이기도 하다. 다양성과 특수성이 공존하는 현대 사회에서 문화를 소재로 문화 관광 자원을 발굴, 개발하여 지속가능한 문화 관광 자원으로 만들어 내기 위해서는 이러한 문화 관광 자원이 가지고 있는 민속 문화적인 배경과 내용을 우선 파악해야 하며, 그러한 선행 연구와 분석 과정을 거친 후 비로소 대내외적으로 변별력을 가진 진정한 의미의 문화 관광 자원으로의 가치를 가질 수 있는 것이다.

한편 문화 관광이란 문화적 요소와 관광적 요소가 결합되어 있는 오늘날 가장 지속가능한 관광 분야이기도 하다. 특히 교통의 발달로 볼거리와 먹거리 그리고 문화적인 매력이 있는 곳이면 어디든지 전국과 해외에서 많은 관광객이 모여들고 있다. 따라서 국경을 초월해서 그리고 종교와 이념을 초월해

중요 무형 문화재 제7호인 고성 오광대

서 서로의 같음과 다름을 이해하고 체험하기 위해서 많은 문화 관광 프로그램이 만들어 지고 있다. 현대의 문화 관광이 지니고 있는 이러한 경향과 추세에서 문화 관광 자원은 가장 핵심적인 관광 자원으로 그 지역의 문화를 가장 독특하고 특색 있게 만들어 주는 요소가 된다. 문화 관광을 구성할 수 있는 문화 요소에 대해 좀 더 구체적인 범위와 대상을 논의할 수 있는데, 대표적인 예는 문화 요소 중에서 문화유산과 관련된 것으로 자세한 내용은 다음과 같다.

문화 관광의 주요 기초 단위는 지역 혹은 국가의 문화유산이다. 국제기념물유적지위원회(ICOMOS)에서는 문화유산을 자연적·문화적 환경, 주위 경관, 역사적인 장소, 유적지, 건축물과 같은 유형적 자원과 과거와 현재에도 지속되고 있는 문화적인 관습, 지식, 삶의 경험, 작품발표회와 같은 무형적인 자원까지도 포함하여 광범위하게 정의하고 있다(ICOMOS, 1999).[70]

---

70 이 내용은 매컬처와 크로스(2008)가 문화 관광의 기초요소인 문화유산에 대하여 ICOMOS

이상의 내용을 보면 문화유산은 문화 관광의 주요한 내용이 될 수 있으며, 유형적인 문화유산과 무형적인 문화유산으로 구분될 수 있다. 이중에서도 특히 지역적인 문화유산과 무형적인 문화유산은 지속가능한 문화 관광 자원의 핵심적인 소재가 될 수 있다. 21세기 한국 사회를 대상으로 지역적인 문화유산과 무형적인 문화유산이라는 관점에서 문화 관광 자원으로 다룰 수 있는 세 가지 영역은 다음과 같다. 예를 들어서, 불교 설화를 통하여 현재에도 전승되고 있는 지역 단위의 문화유산과 같이 일상적인 생활 문화 속에 내재되어 있는 경우도 많으며, 고대 신화를 역사 소설로 재구성한 문학 작품과 같은 대중 문화라든지, 서울과 같은 대도시와 다문화적인 공간 속에서 무형 문화유산의 형식으로 도시의 축제로 꽃을 피우면서 도시 문화 속에서 형상화되기도 한다. 따라서 이 글에서는 21세기 한국의 도시 문화 속에서 새롭게 조명할 수 있는 불교 설화, 신화를 소재로 하는 대중적인 역사 소설, 도시 속의 몽골나담 축제 등과 같은 현대 한국 사회에서 문화 관광 자원의 대표적인 몇 가지 사례를 민속학적인 입장에서 중점적으로 고찰해 보고자 한다.

II. 불교 설화와 문화 관광 자원

오늘날 문화 관광 자원으로 가치를 가진 것 중에서 대표적인 것은 아마도 불교와 관련된 민속일 것이다. 불교 민속은 한국의 문화 속에서 지대한 영향을 미쳤고 지금도 대다수 한국인들의 의식과 생활 문화 속에 여전히 남아 있는 민족 문화의 대표적인 한 분야이다. 오늘날 불교와 관련해서 사찰 음식이나 템플스테이(Temple Stay) 등 불교 문화와 민속을 연계한 문화 관광 자원이 개발되고 있으며, 다양한 불교 문화재와 불교 설화가 각 사찰마다 보존되

(1999)에서 기술한 내용을 인용한 것을 재인용하였다. 매컬처(Bob Mckercher), 크로스(Hilary Cross), 「문화유산 관광자원 관리론」, 조명환 옮김(백산출판사, 2008), 22쪽.

어 있기도 하다. 또한 석가탄신일을 비롯하여 백중 천도재(薦度齋)와 같은 세시적(歲時的)인 행사가 매년 전국의 사찰에서 행해지고 있으며, 삼성각(三聖閣), 산신각(山神閣), 칠성각(七星閣)과 같은 고유의 민간 신앙을 쉽게 볼 수 있는 곳이 바로 불교 사찰이다. 따라서 불교 민속은 소중한 문화 관광 자원이며, 오늘날 새롭게 접근해야 하는 무한한 가치를 가지고 있는 문화유산이다.

일반적으로 불교 민속을 다루는 측면은 불교 민속의 대상을 크게 네 가지 측면에서 살펴보고 있는데, 예를 들어서 신앙의례적인 측면, 구비전승적인 측면, 예능적인 측면, 사회 구조적인 측면 등이다.[71] 이 중에서 특히 현대 사회의 문화 관광과 관련해서 새로운 시각으로 눈여겨서 살펴볼 수 있는 측면은 구비전승적인 측면이다.

불교가 가지고 있는 다양한 민속 문화 중 구비전승적인 측면은 문화 관광 자원과 밀접하게 연계될 수 있다. 예를 들어서 사찰이나 사찰 주변의 나무와 바위 혹은 어떠한 상징물 혹은 지명이나 지역과 관련된 다양한 구비·전승[72]은 시대와 공간을 초월하여 현재의 입장에서 특정한 대상물과 관련한 문화를 현재에도 이전의 방식으로 생동감 있게 전달해 준다. 특히 사찰이나 석탑 등과 같은 불교의 건축물은 대략적인 건립 연대가 나와 있는 경우가 많다. 그런데 이러한 역사적인 기록 외에도 건축물과 관련한 구비·전승 자료가 함께 덧붙여진다면 좀 더 풍부한 불교 문화를 오늘날에 느낄 수 있는 것이다. 즉 오랜 시간 동안 전해져 온 이야기를 통해서 역사적인 기록이나 문헌 자료에서 느낄 수 없는 생동하는 민중들의 목소리를 직접 들을 수 있는 것이다.

이제까지 불교의 사찰은 기도의 도량으로 또는 종교적인 구원의 현장으로 민중들에게 친근한 공간이었다면, 그 공간을 배경으로 만들어진 그리고 전

---

71 홍윤식, 「불교 민속의 범위와 성격」, 『불교 민속의 세계』, 홍윤식 외(집문당, 1996), 14-15쪽.

72 국립수목원에서 2010년에 행한 산림 문화 사료 발굴 수집 및 보존에 대한 연구 조사보고서에는 산림 문화와 관련해서 나무의 전설 및 유래에 대한 현지 조사 자료가 있는데, 이 중에는 불교의 사찰의 수목과 관련한 전설이 많은 편이다. 자세한 내용은 박환영, 『나무의 전설 및 유래 현지 조사』(국립수목원, 2010d).

승되는 이야기는 종교를 초월한 민중들의 진솔한 삶과 생활 방식을 반영해 주고 있기도 하다. 따라서 전국의 불교 사찰과 그 주변에 지금도 남아 전해지는 불교 설화는 주요한 문화 관광 자원이 될 수 있다. 강원도 인제군 북면 용대리 설악산에 있는 오세암(五歲庵)은 신흥사의 말사이며 백담사의 산내 암자로, 이 암자에는 다섯 살 난 아이가 성불을 한 것을 암시해 주는 암자의 이름과 관련한 설화가 전승되고 있는데 그 내용은 다음과 같다.

옛날에는 이 암자가 워낙 깊은 산중에 있어 길이 험한데다가 겨울에는 큰 눈이 내리기 때문에 한번 들어갔다가 눈을 만나게 되면 이듬해 봄이 되어 눈이 다 녹아야만 내려올 수 있었다. 그래서 가을에 이 암자로 들어가는 사람은 겨울 양식까지 미리 준비해 가지 않으면 안 되었다. 일찍이 설정선사가 이곳에서 고아가 된 네 살짜리, 형님의 아들을 데리고 수도하던 중, 양식을 구하기 위해 양양으로 가야 했다. 그런데 어린 조카가 문제였다. 워낙 길이 험하니 데리고 간다면 길이 더뎌서 볼 일을 제대로 보지 못할 것이 뻔했다. 그래서 그냥 남겨 두고 가기로 하고 그동안에 조카가 먹을 수 있는 음식을 준비해 놓고 말했다. "아가, 삼촌이 저 아래에 잠시 다녀올 터이니 여기 준비한 음식을 먹으며 절을 지키고 있거라. 무섭거나 심심하면 관세음보살을 계속 외우고 (……) 그러면 어머니가 오셔서 널 돌봐 줄 것이다." 이렇게 일러두고 3일 일정으로 신흥사로 내려갔다. 그러나 막상 절로 돌아가려고 하니 폭설이 내려 옴짝달싹할 수 없게 되었다. 설정선사는 지극 정성으로 부처님께 어린 조카의 가호를 빌었다. 어느덧 3월, 눈이 녹아내리자 그때서야 설정선사는 가슴을 조이며 한걸음에 암자에 당도해 보니 눈에 덮인 암자는 적막강산이었다. 설정선사는 어린 조카가 의당 죽었으리라고 생각하고 방문을 여니 조카가 커다란 목탁을 베고 잠이 들어 있었다. 그 사이 나이를 한 살 더 먹은 조카는 관세음보살을 외울 때마다 어머니가 나타나 돌봐주더라고 했다. 한번 죽은 동자의 어머니가 나타날 수는 없고, 관세음보살님이 어린 동자를 돌보신 것이 분명했다. 이처럼 이 암자에서 5세 된 동자가 도를 얻고 성불했다고 하여 '오세암'이라고 했다. (서문성:2006:87-88)[73]

이상의 이야기를 통하여 오세암이라는 사찰명의 유래를 알 수 있다. 또한 불교와 관련된 기념품 중에는 어린 동자승이 커다란 목탁을 베고 한 손을 등 뒤로 돌린 채 잠들어 있는 동자상이 있는데, 이것은 오세암의 동자승을 작품 화한 것으로 볼 수 있다. 따라서 오세암과 관련된 불교 설화는 현학적일 것만 같은 불교 문화를 알기 쉽게 대중화한 좋은 예가 될 수 있다.

한편 경상남도 양산시 하북면 지산리 영축산에 있는 자장암(慈藏庵)은 통도사의 부속 암자로 부산 및 경남 지역을 비롯한 인근 지역뿐만 아니라 전국적으로도 금개구리 설화로 오래전부터 유명한 암자이다. 지금도 금개구리 설화와 관련되어 있는 금와석굴이 남아있으며, 금와보살이라고 부르는 금개구리를 직접 보고자 전국에서 참배객들의 발길이 끊이지 않는 곳이다. 자장암에서 전해져 오는 금개구리 설화는 다음과 같다.

자장율사가 통도사를 세우기 전, 석벽 아래에 움집을 짓고 수도하고 있을 때였다. 어느날 저녁, 자장율사가 공양미를 씻으러 암벽 아래 석간수가 흘러나오는 옹달샘으로 나갔다. 바가지로 막 샘물을 뜨려던 스님은 잠시 손을 멈췄다. "원, 이럴 수가! 아니 그래, 어디 놀 데가 없어 하필이면 부처님 계신 금당의 샘물을 흐려 놓는고?" 스님은 샘 속에서 흙탕물을 일으키며 놀고 있는 개구리 한 쌍을 두 손으로 건져 근처 숲 속에 옮겨 놓았다. 다음날 아침 공양미를 갖고 샘가로 나간 자장율사는 개구리 두 마리가 다시 와서 놀고 있는 것을 보았다. "허참, 그 녀석들 말을 안 듣는구먼." 스님은

---

73 오세암과 관련 있으면서 유사한 불교 설화는 김영진 엮음, 『한국의 불교 설화』(삶과 벗, 2010), 378-383쪽.

다시 오지 못하도록 이번에는 아주 멀리 가져다 놓아주고 왔다. 그런데 이게 왠일인가! 다음날에도 개구리는 또 와서 놀고 있었다. "거 아무래도 아상한 일이로구나." 스님은 개구리를 자세히 살펴보니 여느 개구리와 달리 입과 눈가에는 금줄이 선명했고, 등에는 거북 모양의 무늬가 있었다. "불연(佛緣)이 있는 개구리로구나." 자장율사는 개구리를 샘에서 살도록 그냥두었다. 어느덧 겨울이 왔다. 자장율사는 개구리가 겨울잠을 자러 갈 줄알았는데 눈이 오고 얼음이 얼어도 그냥 샘 속에서 놀고 있었다. "거 안 되겠구나. 살 곳을 마련해 줘야지." 스님은 절 뒤 깎아 세운 듯한 암벽 바위를 손가락으로 찔러 큰 손가락이 들어갈 만한 구멍을 뚫고 그 안에 개구리를넣어 주었다. "언제까지나 죽지 말고 영원토록 이곳에 살면서 자장암을 지켜다오". 스님은 이렇듯 불가사의한 수기를 내리고는 개구리를 금와(金蛙)라고 이름했다. (서문성:위의 책:214-216)

지금도 금개구리를 보려고 많은 사람이 자장암을 찾지만 불심이 깊은 사람들만이 금개구리를 볼 수 있다고 한다. 금개구리는 "언제까지 죽지 말고 영원토록 이곳에 살면서 자장암을 지켜다오"라는 자장율사의 의지대로 시간을 초월하여 지금도 자장암을 지키고 있는지도 모른다. 더욱이 금개구리 설화가 전승되는 한 금개구리는 정말로 민중들의 마음속에서 영원히 자장암을 지키게 될 것이다.

경상남도 하동군 화개면 법왕리 지리산에는 칠불사(七佛寺)가 있는데, 절의 창건과 관련한 연기(緣起) 설화가 지금도 전해져 내려온다. 연기 설화의 내용은 김수로왕의 왕비인 허왕후 및 그녀의 일곱 아들과 관련된 내용이다. 그리고 사찰 입구에는 허왕후가 아들의 성불을 보았다는 '영지'라는 연못이 남아있다. 칠불사와 관련되어 있는 연기 설화의 일부를 기술하면 다음과 같다.

그해 왕후는 곰을 얻는 꿈을 꾸고는 태자 거등공을 낳았다. 그 후 왕후는

9명의 왕자를 더 낳아 모두 10명의 왕자를 두었다. 그중 큰 아들 거등은 왕위를 계승하고 둘째와 셋째는 어머니의 성을 따라 허씨의 시조가 됐다. 나머지 7왕자는 인도에서 함께 온 허왕후의 오빠 장유화상을 따라 가야산에 들어가 3년간 수도했다. 왕후가 아들들이 보고 싶어 자주 가야산을 찾자 장유화상은 공부에 방해가 된다며 왕자들을 데리고 지리산으로 들어갔다. 그러나 아들을 그리는 모정은 길이 멀면 멀수록 더욱 간절했다. 왕후는 다시 지리산으로 아들들을 찾아갔다. 산문(山門) 밖에는 오빠 장유화상이 버티고 있었다. 먼 길을 왔으니 이번만은 면회를 허락할지도 모른다는 희망을 안고 가까이 다가갔으나 장유화상은 여전히 냉랭했다. "아들들의 성불을 방해해서야 되겠느냐? 어서 돌아가도록 해라." 왕후는 생각다 못해 산중턱에 임시 거처를 짓고 계속 아들을 만나려 했으나 그때마다 오빠에게 들켜 한 번도 만나지 못했다. 7왕자는 누가 찾아와도 털끝 하나 움직이지 않고 수행에 전념했다. 허왕후는 아들들의 모습이 보고 싶어 견딜 수가 없었다. 몇 번이나 마음을 달래던 왕후는 다시 지리산으로 갔다. 그런데 8월 보름달이 휘영청 밝은 산문 밖에서 장유화상은 전과 달리 미소를 지으며 반가이 맞았다. "기다리고 있었다. 네 아들들이 이제 성불했으니 이제는 만나 보거라." 왕후는 서둘러 안으로 들어갔으나 아들들은 기척이 없었다. 그때였다. 어디선가 모습은 보이지 않고 아들들의 목소리가 들렸다. "어머니! 연못 속을 보시면 저희들의 모습을 보실 수 있습니다." 허왕후가 다시 연못 있는 곳으로 내려가니 달빛이 교교한 연못에 황금빛 가사를 걸친 일곱 아들이 공중으로 올라가는 모습이 비쳤다. 왕후에게는 이것이 아들들과의 마지막 만남이었다. 김수로왕은 아들들이 성불하였음을 크게 기뻐하며 공부하던 곳에 대가람을 세우니 그곳이 바로 칠불사이다. (서문성:위의 책:160-161)[74]

---

74 칠불사와 영지에 관련하여 유사한 내용의 불교 설화는 이상구(외 편저), 『지리산권 불교 설화』(심미안, 2009), 178-180쪽.

앞의 설화와 연계해서 경상남도 합천 해인사 입구에도 허왕후의 일곱 왕자와 관련한 '영지'가 있다. 즉 장유화상이 일곱 왕자와 함께 가야산에서 수도할 때 허왕후가 찾아가 아들을 만나려고 했지만, 오빠인 장유화상이 왕자들의 수도에 방해가 된다고 해서 왕자들의 거처 아래에 있는 연못에서 왕자들의 모습만 보게 했다. 결국 연못에 비친 모습만 보면서 애타는 모정을 달래던 허왕후의 설화가 깃들어져 있는 연못 '영지'가 해인사에도 남아 있는 것이다. 해인사 입구에 있는 '영지'와 함께 경상남도 하동군 화개면 법왕리 칠불사 입구에 있는 '영지'는 종교적인 삶과 세속적인 삶 속에서 7왕자에 대한 허왕후의 애절한 사랑이 시간과 공간을 초월하여 지금도 간직되어 있어서 지속가능한 문화 관광 자원으로 개발할 가치가 충분하다고 하겠다.

이상의 불교 설화는 불교 사찰과, 사찰 주위의 자연 지형과 관련해서 전해져 내려오는 이야기이다. 대부분의 불교 사찰이 산(山)에 있기 때문에 산행(山行)을 하면서 근처에 있는 불교 사찰을 잠시 방문하는 경우가 많다. 역사적으로 유래가 있는 불교 사찰의 경우 역사적인 사찰 관련 내용이 잘 소개되어 있는 편이다. 그러나 이러한 역사적인 사실 외에도 불교 사찰과 관련된 설화와 같은 일반 민중들 사이의 이야기는 더 많은 사람에게 흥미와 관심을 유발시키는 촉매제가 될 수 있다. 다시 말해서 사찰이 지니고 있는 역사적인 가치 외에도 불교 설화와 같은 구비전승적인 내용을 일반 대중에게 제공해 줄 수만 있다면 좀 더 많은 사람의 관심과 흥미를 유발할 수 있는 것이다.

한편 강원도 원주의 상원사에는 일종의 동물 보은(報恩) 설화로 꿩 설화가 전승되고 있는데, 특이한 것은 이것이 원주 치악산(雉嶽山)의 유래담과 관련되어 있기도 하다는 점이다. 원래 치악산의 이름은 적악산(赤嶽山)이었는데, 꿩의 보은으로 지역 주민들에 의하여 치악산으로 바뀌게 되었는데, 이러한 유래담의 배경이 되었던 종(鐘)이 지금도 원주 상원사에 전해져 내려온다. 오세정(2008)이 정리한 치악산 유래담의 일부 내용을 살펴보면 다음과 같다.

어떤 선비가 적악산에서 위기에 빠진 꿩을 구하려고 활로 구렁이를 쏴 죽였다. 선비는 날이 저물어 젊은 여인이 혼자 사는 집에 유숙하게 되었다. 밤이 되자 여인은 구렁이로 화해 남편의 복수를 하겠다며 선비를 죽이려 했다. 선비가 살려 달라고 빌자 구렁이는 절 뒤에 〔있는〕 종이 세 번 울리면 살려 주겠다고 약속했다. 선비는 활을 쏘아 종을 울리려 했으나 결국 실패했다. 그때 꿩이 몸을 던져 종을 〔세 번〕 울렸다. 이후부터 이 고장 사람들은 적악산을 치악산으로 바꿔 〔부르게 되었다〕. (오세정:2008:283)

위에서 살펴본 불교 설화는 설화가 전승되는 지역의 인물이나 사건, 동물과 식물 그리고 사찰 등과 같은 자연물이라는 구체적인 대상을 가지고 있다. 따라서 불교 설화에 등장하는 이러한 대상물은 지금도 현대의 공간 속에서 오랜 시간 동안 민중들의 생활 속에서 만들어진 이야기의 전승을 생동감 있게 보여주고 있는 것이다. 전국에 여전히 산재해 있는 지역의 다양한 역사 유적이나 문화유산이 문화 관광 자원이 될 수 있는 것과 마찬가지로, 각 지역의 자연물도 훌륭한 문화 관광 자원이 될 수 있다. 특히 특정한 자연물과 같이 어떠한 대상물이 등장하는 불교 설화가 전승되는 경우에는 그 대상물을 문화 관광 자원으로 개발할 수 있는 중요한 소재가 될 수 있다.

Ⅲ. 고대 신화, 현대 소설 그리고 문화 관광 자원

겉으로는 잘 드러나 보이지 않지만 무의식적으로 함께 공유하는 경험이나 기억은 현대에도 여전히 되살아날 수 있는데, 신화를 중심으로 하는 설화나 문학 작품은 이러한 지나간 흔적을 되돌아볼 수 있는 좋은 기회를 제공해 준다. 문학 작품 외에도 영화나 TV의 드라마와 같은 영상 문화를 통해서도 과거의 사건이나 공감할 수 있는 경험을 공유할 수 있다.[75] 문학이든 영상 문화이든 그 속에도 문화 관광 자원이 될 수 있는 소재는 충분하다. 그러나 이 중에서도 특히 신화는 아마도 현대 사회에 있어서 가장 포괄적이고 다양한 문화 콘텐츠를 가지고 있는 문화 관광 자원의 보고(寶庫)임에는 틀림없다.

시간과 공간을 초월하여 여전히 대중성을 가질 수 있는 신화의 21세기적 가치는 무엇일까? 민족이나 지역의 구성원들에 의하여 신화가 창조되고 기억되기 시작한 이래로 얼마나 많은 시간이 흘렀는지 아무도 모른다. 그러나 역사적인 기록물 덕분에 오늘날 우리는 여전히 많은 신화를 쉽게 접할 수 있으며, 공유되었던 과거의 기억과 경험을 오늘날에도 인식하고 있기도 하다.[76] 이러한 신화가 정말로 사실이고 역사적인 사건에 실제로 근거하였는지에 관계없이 오늘날 많은 사람은 여전히 흥미를 가지고 신화를 즐겨 읽고 있다. 어떤 입장에서 보면 신화는 일반적으로 인간의 생활에 지혜와 경험을 선사해 주는 재미있고 기분 좋은 이야기로 취급될 수도 있다. 또한 일부 사람들은 문헌 자료에 생명력을 불어넣어서 가시화되고 역동적인 드라마와 영화로 재생시키기 위하여 오래된 신화를 현대적인 감각으로 변화시키기도 한다. 예를 들어서 최근에 주몽 신화가 대중적인 텔레비전의 드라마[77]로 새롭게 소개된 경우도 있다.

어떠한 나라이든지 자신들의 신화를 가지고 있다. 같은 방식으로 한국에

---

75 박환영(2007b)은 박완서의 소설 『엄마의 말뚝』을 분석하면서 그 속에 내재되어 있는 20세기 한국의 일상적인 생활 문화인 속담과 속신, 의례(상례와 제례), 의식주 문화, 민간 신앙, 민간 의료, 생업민속 등을 분석하고 있으며, 또한 박환영(2009b)은 영화 속에 반영되어 있는 민속 문화 콘텐츠에 대하여 고찰한 바 있다. 박환영, 「『엄마의 말뚝』에 나타난 민중들의 일상적인 생활 문화 고찰」, 『영화나 소설은 어떻게 생활을 보여 주는가』, 박현수 엮음(눈빛, 2007b), 145-162쪽과 박환영, 『영상 콘텐츠와 민속』(중앙대출판부, 2009b) 참조.

76 처용을 소재로 울산에서 행해지는 처용 문화제는 전통적인 고대의 신화가 현대 사회의 문화 산업으로 중요한 역할을 담당할 수 있는 가능성을 보여주고 있는 대표적인 사례이다. 처용과 관련한 현대의 문화 산업과 관련해서 좀 더 자세한 내용은 허혜정, 『처용가와 현대의 문화 산업』(글누림, 2008).

77 MBC에서 2006년과 2007년에 주몽 신화를 재해석한 '주몽'이라는 제목의 드라마가 방영되기도 하였다.

도 많은 신화가 있다. 한국에서 가장 대표적인 신화는 아마도 한민족의 기원을 상징적으로 포함하고 있는 단군 신화이다. 단군 신화는 단군이 천상의 아버지인 환웅(桓雄)과 지상의 어머니인 웅녀(熊女) 사이에서 태어났음을 보여주고 있다. 이러한 유형의 신화는 일반적으로 한반도 북쪽에서 보이는데, 이러한 의미에서 주몽 신화도 유사한 구조를 가지고 있는 셈이다. 단군 신화 및 주몽 신화와 비교해서 한반도 남쪽에 주로 분포하고 있는 박혁거세 신화와 김수로왕 신화는 조금 다른 구조를 보여주고 있다. 다시 말해서 박혁거세와 김수로왕 신화는 하늘로부터 내려온 영적인 알로부터 태어난다.

특히 김수로왕 신화는 인도와 관련해서 몇 가지 재미있는 내용을 포함하고 있다. 예를 들어서 김수로왕 신화는 가야의 김수로왕과 고대 인도의 아요디아 왕국의 공주인 허왕후 사이의 혼인 과정과 다양한 혼인 의례를 상세하게 기술하고 있다.[78] 일연 스님의 『삼국유사』에는 이러한 내용 외에도 김수로왕의 아들과 손자는 인도에서 허왕후를 모시고 인도에서 가야로 온 잉신(媵臣)인 신보(申輔)의 딸과 조광(趙匡)의 손녀와 각각 혼인한 내용도 기술하고 있다. 예를 들어서 『삼국유사』의 「가락국기」에 보면 가야의 두 번째 왕인 거등왕은 인도에서 온 신보의 딸과 혼인하여 태자 마품을 낳았고, 마품은 가야의 세 번째 왕이 되어서 인도에서 온 조광의 손녀와 혼인하여 태자 거질미를 낳았다고 기록되어 있다.

한국 주재 인도 대사였던 빠르따사라띠(N. Parthasarathi)(2007)는 김수로왕의 신화를 현대적인 소설의 형식으로 재구성하여 다루면서, 특히 김수로왕과 허왕후의 혼인 이야기를 소재로 하여 『비단황후』라는 역사 소설을 한국에서 출간하였다. 현실과는 상당한 거리가 있어서 신화의 세계에서만 존재할 것 같은 고대의 신화를 손으로 잡힐 것만 같은 그리고 현재에서 새로운 생명력을 가진 현대적인 역사 소설로 재탄생시킨 것이다. 한편 빠르따사라띠는

---

78 김병모 교수는 김수로왕 신화를 분석하면서 쌍어(雙魚) 신앙에 대한 고고학적인 연구를 통하여 인도에서 가야까지 흩어져 있는 신어사상(神魚思想) 세밀하게 추적한 바 있다. 김병모, 『허황옥 루트 인도에서 가야까지』(역사의 아침, 2008).

『비단황후』의 에필로그에서 그의 작품 세계에 투영된 김수로왕 신화와 가야의 문화유산 그리고 한국과 인도 사이의 오래된 친연적 유대 관계 등을 다음과 같이 기술하고 있다.

하늘이 내린 황금알에서 태어난 김수로왕이 이 땅에 가야국을 세우고 아름다운 아요디아의 공주가 김수로왕의 왕후가 되기 위해 멀고 먼 바닷길을 따라 가야국으로 온 지 거의 2,000년이 되어 간다. 고대 가야국 곳곳에 세워졌던 수많은 거대한 건축물들은 오늘날 폐허의 상태에 놓여 있다. 그러나 가야 문화의 상징인 김수로왕과 허왕후의 소박한 능묘는 기나긴 모진 세월의 풍상 속에서도 끈질기게 살아남아 오늘날에도 인도와 한국 두 나라의 연을 웅변으로 증명해 주고 있다. (……) 심지어 오늘날에도 김해 김씨와 김해 허씨의 가문에서는 모두 김수로왕과 허왕후의 자손이라 하여 서로 혼인하지 않는 것이 불문율로 되어 있으며, 놀랍게도 서울대 의대 서정선 교수와 한림대 의대 김종일 교수는 2004년 8월 17일 한국유전체학회에서 "허왕후의 후손으로 추정되는 김해 예안리 고분군의 왕족 유골에서 미토콘드리아 유전 물질(DNA)을 추출해 분석한 결과 우리〔한국〕민족의 기원으로 분류되는 몽골의 북방계가 아닌 인도의 남방계라는 결론을 내렸다"고 밝힘으로서 문헌의 기록을 뒷받침한 바 있다. 〔빠르따사라띠(N. Parthasarathi):2007:에필로그 중에서〕

가야의 김수로왕과 인도의 허왕후와 관련된 김수로왕 신화를 소재로 한 역사 소설 『비단황후』는 김해를 중심으로 한 가야 문화에 대한 관심을 고조시켜 주었을 뿐만 아니라 국경을 초월한 대승적인 혼인으로 이상적인 다문화 가정의 역사적인 롤(role) 모델로 중요한 의미를 부여했다고 볼 수 있다. 그러므로 특히 오늘날 증가하고 있는 다문화 가정을 위한 문화 관광 자원으로 개발할 만한 충분한 가치를 가지고 있다. 한편 김수로왕 신화에서 다루어졌던 신화의 공간이 다시 현대의 공간으로 대중적인 역사 소설에서 다루어지고 있는 점도 두드러지는 부분이다. 불교 설화와 문화 관광 자원을 논의하면서 이미 언급한 바와 같이 경상남도 하동군 화개면 법왕리에 있는 칠불사와 관련한 연기(緣起) 설화의 내용에도 김수로왕의 왕비였던 허왕후와 7왕자에 대한 이야기가 전해져 내려온다. 그런데 이러한 설화가 현대의 문학 작품으로 재구성되어서 많은 독자에게 관심의 대상이 되고 있다. 다시 말해서 마치 역사 기행과 같이 문학 기행이 문화 관광의 한 형태로 독자들을 대상으로 문학 작품 속의 소재가 되었던 지역이나 유적지를 방문하는 것처럼 연기 설화의 내용이 현대역사 소설의 내용으로 다시 전승되면서 많은 독자가 김수로왕 신화를 오늘날생동감 있게 그리고 손에 만질 듯이 접할 수 있는 것이다. 빠르따사라띠가 소설의 형식을 빌어서 재구성한 『비단황후』에 나오는 칠불사와 관련한 부분은다음과 같다.

요가난드 스님이 일곱 왕자를 데리고 들어간 가야산에서 이들은 3년동안면벽수도를 하고 있었다. 요가난드 스님은 누구보다도 그들에 대한 왕비의 사랑을 잘 알고 있었으며, 그들에 대한 그리움이 어느 정도인지 가히짐작하고도 남음이 있었다. 어느 날 명상 끝에 요가난드 스님은 왕비의잦은 방문이 그들의 수도 정진에 크나큰 방해가 된다는 사실을 알고 그들이 오직 붓다의 가르침을 깨우칠 수 있는 또 다른 장소를 모색하기 시작했다. 결국 얼마 후 그는 일곱 명의 불제자들이 머물 수 있는 지리산의 한 곳을 발견했다. (······) 요가난드는 지리산 반야봉 남쪽 법왕리에 작은 암자를 지어 칠불암이라 명하고, 일곱 명의 왕자들과 함께 그 곳으로 수행처를 옮겼다. 이제 그들은 몇 시간이고 조용히 앉아 명상을 할 수 있었으며,요가난드 또한 붓다의 법문을 그들에게 전수하는 데 온 마음을 쓸 수 있었다. (······) 그러나 왕비는 지리산이 아득히 먼 곳임에도 아들들을 보고 싶다는 간절한 염원을 자제할 수는 없었다. 어느 날 갑자기 아들들을 보고

싶은 마음을 억누를 수 없었던 그녀는 말을 달려 지리산으로 달려갔다. 그러나 요가난드는 마치 그녀가 올 것이라 예견이라도 한 듯 산문 앞에 나와 그녀를 기다리고 있었다. (……) 요가난드가 입을 열었다. "우리가 보고 있는 것은 보는 것이 아니며, 우리가 보지 못하는 것도 보지 못하는 것이 아닙니다. 무릇 우리가 행한 모든 것은 자취를 남기게 마련입니다. 이제 왕비님께서는 연못 속에서 그토록 보고 싶어 하시는 아드님들의 모습을 보시게 될 것입니다. 앞으로도 그들을 보고 싶으면 이곳에 오시면 됩니다. 그러나 왕비님께서 보시게 될 모든 것은 허상이며 흔적일 뿐 참모습은 아닙니다." (……) 이후에도 왕비는 아들들이 보고 싶을 때마다 이 못가에 자주 들렀으며, 이때마다 그녀는 수면 위에 비친 그들의 모습을 보고 그나마 그리움을 달랠 수 있었다. (……) 수년 후, 일곱 왕자들이 성불했다는 소식을 접한 수로왕은 그들이 머물렀던 칠불암에 다시 웅장하고 아름다운 대가람을 세우고 칠불사로 개축하였다. 김왕광불, 김왕당불, 김왕상불, 김왕행불, 김왕향불, 김왕성불, 김왕공불 등 일곱 생불이 출현했다 하여 붙여진 칠불사 (……). 〔빠르따사라띠(N. Parthasarathi):위의 책 : 261-265〕

이상의 내용을 보면 칠불사는 고대 신화의 소재에 근거한 연기 설화로 뿐만 아니라 현대 문학 작품의 소재로 다루어지고 있음을 알 수 있다. 칠불사는 오늘날 불교 민속의 하나로 혹은 불교 설화와 관련해서 문화 관광 자원의 좋은 소재가 될 수 있다. 즉 문화 관광 자원을 논의할 때 고대의 신화가 현대의 대중문학에 녹아들어 현대의 공간 속에서 현대인들과 함께 호흡하고 느낄 수 있는 장(場)을 마련해 줄 수 있는 가능성을 칠불사에서 찾을 수 있는 것이다.

IV. 서울 속 몽골 나담 축제와 문화 관광 자원

현재 한국 사회는 다문화 사회로 빠르게 바뀌고 있는 중이다. 최근 통계를 보면 2008년 8월 현재 국내 상주 외국인은 116만 명이며, 요즘 우리나라 농촌 지역의 신규 결혼 가정 중 무려 40%가 국제 결혼[79]일 정도로 이제 한국 사회에서 다문화 가정을 우리 주변에서도 쉽게 찾아볼 수 있다. 따라서 한국의 민속 문화에 대한 중요성 못지않게 오늘날 한국 사회를 구성하고 있는 다양한 아시아 지역의 민속 문화에 대한 관심도 필요한 시점이다. 하나의 큰 모자이크를 구성하는 다채로운 색깔 중에서 비록 부분적인 역할을 할 수도 있겠지만 다양한 색깔이 한데 어울려서 하나의 완성된 다문화 한국이 구성될 수 있는 것이다. 이러한 입장에서 한국 사회에 내재되어 있는 다문화와 관련해서 그 지역의 민속에 대한 관심을 불러일으켜 주는 축제도 문화 관광 자원의 하나로 고찰할 수 있을 것 같다.

매년 7월 중순경이 되면 서울 광진구 광장중학교에서는 몽골의 나담(Naadam) 축제가 열린다. 처음에는 한국에 와 있는 몽골인들을 위한 축제로 시작되었지만, 해가 거듭되면서 한국인들의 관심도 높아지고 있어서 한국의 도시 공간 속에서 몽골의 유목 문화를 만끽할 수 있는 좋은 기회를 제공해 주는 대표적인 도시 축제로 탈바꿈하고 있다.

문화 관광은 주어진 시간을 의미 있게 그리고 가치 있게 보낼 수 있는 관심과 흥미를 유발한다. 또한 문화 관광을 통해서 새로운 경험과 체험을 할 수 있으며, 이러한 기회는 일상적인 생활에 활력을 주고 늘 열려 있으며 끊임없이 소통할 수 있는 문화적인 안목을 길러 준다. 따라서 문화 관광을 통하여 지속적으로 새로운 지식과 경험을 얻을 수 있다. 가령 한국에서 행해지는 몽골의 나담 축제와 같은 경우에 축제에 참가하는 한국인들은 몽골의 유목 문화와 민속에 자연스럽게 다가갈 수 있는 기회를 가질 수 있다. 그리고 비록 몽골의 초

---

79 2008년 10월 8일 자 「경향신문」의 내용 참조.

서울 광진구 광장중학교에서 매년 열리는 몽골 나담 축제의 중심에는 몽골 국기가 있다.

원에서 행해지는 전통적인 방식의 나담 축제는 아닐지라도 나담 축제가 가지고 있는 나름대로의 의미를 되새겨 볼 수도 있는 것이다. 또한 나담 축제 때 행해지는 몽골의 전통적인 민속놀이인 활쏘기와 씨름 그리고 샤가이(shagai)[80] 놀이를 직접 관람할 수 있으며, 몽골의 전통 음악과 춤에 심취해 보거나 몽골의 전통적인 음식인 호쇼르(huushuur)와 보즈(buuz)도 먹어 볼 수도 있다.

비교적 큰 규모로 2008년 7월 13일에 서울 광진구 광장중학교에서는 제8회 재한 몽골인들을 위한 몽골 나담 축제가 열렸다.[81] 울란바토르 문화진흥원, 주한몽골대사관, 국립중앙박물관, 나섬 공동체, 광진구, 서울경찰악대 등 많은 한국과 몽골의 단체가 이 축제를 주관하고 협찬하였고, 현대아산병원에서 의료 지원을 하였다. 보통 전통적인 몽골의 나담 축제에는 말달리기, 활쏘기, 씨름 등 세 가지 민속놀이가 반드시 행해진다. 그러나 광장중학교에서 열린 나담 축제에서는 주어진 여건에 따라서 말달리기는 하지 않고 활쏘기와

---

80 샤가이 놀이와 관련한 자세한 내용은 박환영, 『몽골의 전통과 민속 보기』(박이정, 2008a), 112쪽.
81 2009년에는 7월 12일에 서울 광진구 광장중학교에서 나담 축제가 열렸다.

광장중학교에서 열리는 몽골 나담 축제에서는 몽골의 대표적인 민속놀이인 활쏘기를 볼 수 있다.

씨름이 행해졌고, 또한 현대적인 스포츠로 농구와 탁구 시합이 더해졌다. 재미있는 것은 몽골의 전통적인 씨름 경기는 남자들만의 경기로 씨름 선수들은 가슴 부분이 노출되어 있는 조독(zodog)[82]이라는 복장을 입고 씨름 경기를 하는데, 한국에서 열리는 나담 축제 때에도 전통적인 방식대로 이러한 복장을 입고 경기를 진행하고 있다는 사실이다. 한편 2010년 7월 11일 한·몽 수교 20주년을 기념하여 서울 광진구의 광장중학교에서 제10회 나담 축제가 열렸는데, 몽골의 전통 놀이인 씨름과 활쏘기 그리고 샤가이(shagai) 경기가 열렸으며, 2011년 7월 10일에도 같은 장소에서 제11회 대회가 성대히 열린 바 있다.

몽골의 유목 문화를 대표적으로 보여 주는 나담 축제가 한국에서 매년 정기적으로 행해진다는 것은 문화 관광 자원의 가능성을 가지고 있는 셈이며, 또한 현대 사회의 새로운 여가 문화의 재미있는 소재가 될 수 있음을 암시해

---

82 몽골의 씨름은 여성들이 출전할 수 없는데, 그 이유는 가슴 부분이 노출되어 있는 특이한 복장인 조독 때문이다. 몽골의 대표적인 민속놀이인 씨름과 관련한 설화는 박환영, 「몽골의 나담 축제와 유래담」, 『구비문학연구』, 24집(한국구비문학회, 2007a), 255-258쪽.

준다. 한국에 와 있는 대략 3만 명으로 추정되는 몽골인들만을 위한 축제의 장으로 해석할 수도 있지만, 해가 거듭될수록 입소문을 타고 그리고 언론 보도를 접하고 점점 더 많은 한국인들도 참여하고 있다. 특히 새로운 체험과 다양한 문화 경험을 갈구하는 현대인들에게 좋은 볼거리를 제공해 주고 있다. 단지 보는 것에서 직접 느끼고 점차 몽골의 문화 속에 한 걸음씩 들어가서 유목 문화를 경험해 보는 소중한 시간이 되는 것이다. 몽골의 현지에 가지 않고서도 경제적으로 알차게 유목 문화를 경험할 수 있는 문화 관광 자원으로 광진구에서 매년 열리는 몽골의 나담 축제는 색다른 그리고 의미있는 여가 문화를 즐기려는 현대인들에게 현대의 도시 공간 속에서 나름대로 자리매김하고 있는 셈이다.

서울 광진구에서 매년 열리는 몽골 나담 축제는 좀 더 확대되면서 2008년에는 광진구의 광장중학교 외에도 경기도 수원의 아주대학교에서도 동시에 개최되었다.[83] 서울과 경기 지역의 나담 축제가 활성화된다면, 각 지역에 흩어져 있는 재한 몽골인들이 주축이 되어서 해당 지역에서 소규모로 나담 축제를 지방자치단체의 후원을 받아서 개최할 수도 있기 때문에 앞으로는 다른 지방에서도 나담 축제가 행해질 가능성이 높다.[84] 한국에 거주하는 몽골인들을 위한 나담 축제가 최근에는 몽골인들뿐만 아니라 몽골에 관심이 있는 한국인을 포함해서 한국에 거주하는 다른 외국인들 그리고 문화 관광의 소재를 가진 여가 문화의 하나로 도시 속의 몽골 축제를 경험하고 체험하려는 다양한 사람들에게 많은 관심을 불러일으키고 있기도 하다. 한국에서 매년 열리는 몽골 나담 축제에 자극을 받아서 다른 문화권의 축제도 도시 축제의 형식으로 앞으로 점점 많이 생겨날 수도 있다.

---

83 자세한 내용은 심효윤, 『재한 몽골인 에스니시티와 몽골 축제 연구: 서울 광진구 나담(Naadam) 축제를 중심으로』(중앙대학교 석사학위논문, 2010a), 38쪽.

84 2009년 6-8월에는 재한 몽골인들을 위한 나담 축제가 서울을 비롯해서 수원, 남양주, 의정부, 안산, 대구, 제주도 등지로 확대되어서 행하여졌다. 심효윤, 「도시의 다문화 축제 연구: 재한 몽골인 나담(Naadam) 축제를 통해서」, 『차세대 인문 사회 연구』, 6호(한일 차세대 학술 포럼, 2010b), 269쪽.

다문화의 가치가 증가하고 있는 요즘 다문화를 제대로 이해하기 위한 방안으로 다문화를 직접 체험할 수 있는 몽골의 나담 축제는 좋은 사례가 될 수 있다. 멀리 여행을 가지 않고서도 주변에서 전승되고 있거나 축제로 행해지고 있는 다양한 역사 유적지 및 민속 문화의 현장을 찾아내어서 문화 관광 자원으로 활용하는 것도 중요하다. 특히 도시라는 무미건조한 공간 속에서 바쁘게 생활하는 도시민들에게 문화 관광은 중요한 생활 문화의 한 축을 형성하고 있다고 해도 과언이 아니다. 단조롭게 반복되는 일상에서 그나마 잠시 벗어나서 생활에 활력을 넣을 수 있는 시간을 애써 마련하고자 하는 것이 곧 제대로 된 문화 관광인 셈이다. 따라서 도시인들의 일상적인 생활의 공간도 도시 축제를 통하여 일상적인 시간과 공간에서 일시적으로 일탈할 수 있는 기회를 제공해 주며 교육과 문화의 장소로서 좋은 문화 관광의 공간이 될 수 있다. 이러한 의미에서 나담 축제가 열리는 도시라는 공간은 축제를 통해서 개인과 개인뿐만 아니라 개인과 사회 그리고 민족과 민족이 소통하고 조화를 이룰 수 있는 시간과 공간을 동시에 제공해 주며, 현대 도시 공간 속에서 의미를 가진 문화 관광 자원으로 자리매김할 수 있는 것이다.

V. 결론

새롭게 만들어지는 것이 아닌 일상적인 생활 문화 속에 내재되어 있으면서도 다른 지역의 문화와는 확연하게 차별화될 수 있는 우리만의 독특한 문화 관광 자원은 21세기 지속가능한 문화 관광의 발전을 위하여 필수적인 요소이다. 또한 자국의 문화라는 테두리에서 벗어나서 아시아와 다른 지역의 문화권과도 활발한 교류가 진행되고 있는 현대 사회에서 문화 관광 자원은 단지 자국의 문화에만 국한하지 않고 다양한 지구촌의 문화를 포함시킬 수 있다. 특히 발전지향적인 문화 관광 자원을 발굴하고 지속적으로 발전시키기 위해 한국의 문화가 가진 아시아의 지역성을 감안한다면 우리 민족과 역사 및 문화적으로 연관이 있는 아시아의 문화와 민속에도 많은 관심을 가져야 한다.

현대 한국 사회의 특징 중 두드러지는 것은 다문화적인 사회분위기인데, 이제는 일상적인 생활 곳곳에서 다문화적인 요소를 쉽게 접할 수 있다. 따라서 현대 한국 사회의 많은 구성원의 삶 속에서 지구촌 문화가 공존하고 있으며, 다채로운 국제적인 문화 교류에 익숙해져 있기 때문에 현대인의 삶은 계속해서 새로운 문화 관광을 필요로 하고 있다. 이러한 측면에서 문화 관광의 근간(根幹)을 이루는 전통적인 민속 문화는 문화 관광 자원으로 중요하게 다루어질 수 있는데, 현대인을 위한 가치 있는 문화 관광 자원의 몇 가지 가능성은 불교 설화, 현대의 역사 소설로 새롭게 인식될 수 있는 고대 신화, 그리고 한국에서 행해지는 다양한 도시 공간 속의 축제 중 유목 문화를 보여 주는 몽골의 나담 축제 등에서 찾을 수 있다.

오늘날 한국 사회에서 오랜 시간 동안 이야기되어 온 불교 설화가 현대적인 문화 콘텐츠로 가치를 발휘할 수 있다든지, 과거의 기억 속에 담겨 있던 고대 신화가 대중적인 소설로 재탄생한다든지, 또한 전통적인 몽골의 유목 축제인 나담 축제가 21세기 최첨단 도시인 서울에서 도시 축제로 행해진다는 것은 분명 풍부한 문화 관광 자원의 가능성을 제시해 주고 있다. 오늘날 현대 사회는 시간과 공간을 초월하여 전통문화와 대중 문화가 융합될 수 있으며, 고대 신화가 대중적인 현대 소설로, 그리고 민족과 민족 사이의 장벽을 넘어서 문화 관광 자원이 활짝 꽃을 피울 수 있는 여건과 분위기가 잘 조성되어 있다. 전통문화에 대한 현대의 문화 관광 자원으로의 인식과 더불어서 다문화 사회와 걸맞게 각 지역의 아시아 문화와 민속을 소재로 하는 문화 관광 자원에 대한 지속적인 관심이 필요하다.

다양함과 끊임없는 자기계발을 추구하는 현대인들에게 문화 관광은 일상적인 시간에서 탈피하여 삶을 재충전할 수 있는 시간이며, 또한 일상생활에서 찾을 수 없고 경험할 수 없는 무엇을 찾아 떠나는 자기만의 시간인 것이

중요 무형 문화재 제75호인 기지시 줄다리기

다. 따라서 여가를 제대로 가치 있고 의미 있게 보내기 위해서는 어떠한 주제
와 내용이 들어 있는 나름대로의 체계를 가진 문화 관광이 필요한 것이다. 이
러한 의미에서 현대인들의 문화 관광 자원은 시간이 갈수록 더욱더 확대되고
필요할 것 같은데, 그 이유는 삶의 지혜와 생활철학 그리고 미래의 방향성을
제시해 줄 수 있는 소중한 문화유산으로 항상 민중들의 일상적인 생활 공간
에서 함께할 수 있기 때문이다. 결국 지속가능한 문화 관광 자원을 개발하기
위해서는 문화 콘텐츠의 보물 창고인 일상적인 생활 문화 속의 민속 문화에
대한 더 많은 관심과 체계적인 연구가 필요하다.

3. 박완서의 『엄마의 말뚝』에 반영된 민속 문화

I. 들어가는 말

문학 작품은 시간과 공간을 초월해서 다양한 스토리를 전개함으로써 독자들에게 지식과 감동을 전해 준다. 문학 작품을 분석하고 비평하는 입장에서 보면 작품 줄거리의 구조와 구성 그리고 전개 양상 및 주제를 논의할 수 있겠다. 그런데 문학 작품을 민속학적 입장에서는 어떻게 접근할 수 있을까?

문학과 민속학 사이의 관계는 구비 문학이라는 장르에서 밀접하게 연관되어 있다. 그리고 최근에는 현대의 문학 작품 속에 배경이 되는 다양한 문학적인 소재를 통하여 당시의 생활 문화를 살펴보고자하는 시도가 민속학뿐만 아니라 역사학 그리고 다른 문화인류학과 같은 인문 사회 분야에서도 생겨나고 있다.[85] 이러한 입장에서 보면 문학 작품을 가지고 작품의 배경이 되는 당시의 시대적인 상황과 민속지적인 세부 상황을 분석하는 일이 민속학적으로 가능한 일이 될 것 같다. 수많은 문학 작품 중에서 하나의 작품을 선택하는 것이 힘든 부분도 있지만, 비교적 '가까운' 과거[86]이면서 우리의 생활 문화에 엄

---

85 특히 문화인류학에서는 개인의 구술생애사를 통하여 문화를 연구하거나 과거의 역사적인 사건을 민중들의 입장에서 재조명하려는 시도를 적극적으로 보여 주고 있다. 함한희(2000)와 유철인(2004) 참조.

86 '가까운' 과거는 '깊은' 과거와 대조를 이루는 용어인데, 탈사회주의 몽골의 사회 문화를 연구하

청난 영향을 끼쳤던 일제 치하와 6·25라는 민족상잔을 소재로 다루고 있는 박완서의『엄마의 말뚝』[87]을 중심으로 그 속에 담겨 있는 민중들의 생활 문화를 부분적으로나마 다루어 보고자 한다.

II.『엄마의 말뚝』의 소재가 된 민중들의 일상적인 생활 문화

박완서의 소설 작품 중에서『엄마의 말뚝』은 해방을 전후한 시대적인 상황 속에서 2차 세계대전 말기의 일제 치하의 상황과 광복, 6·25와 1·4 후퇴 등의 사회적인 혼란과 역동기 속에서 온갖 고통과 역경을 이겨낸 외유내강형의 억척스럽고 강인한 어머니를 중심으로 이야기를 전개하고 있다.『엄마의 말뚝 1』과『엄마의 말뚝 2』는 1980년과 1981년에 각각『문학사상』에 실렸던 단편 소설이다. 여기에다 1991년에『엄마의 말뚝 3』이 발표된 바 있다. 우리의 기억 속에 스쳐 지나가는 수많은 역사적인 사건 속에서 박완서는 한국의 근현대사를 소설이라는 장르를 통하여 대중에게 전달하고 있다. 비록 단편 소설이지만 압축된 단어와 문장 속에는 한국인이라면 누구나 한 번쯤은 느낄 수 있는 어머니에 대한 감정뿐만 아니라 지나간 우리들의 생활 문화를 고스란히 보여주고 있다. 필자는『엄마의 말뚝』에서 보이는 여러 가지 민중들의 일상적인 생활 문화 중에서 속담과 속신, 의례(상례와 제례), 의식주 문화, 민간 신앙(무속 신앙), 민간 의료, 생업민속 등을 중심으로 분석해 보고자 한다.

1. 속담 및 속신

소설과 같은 문학 작품 속에는 다양한 은유적인 표현이 들어 있다. 그중에

면서 험프리(Humphrey, 1992)와 박환영(2006c)이 제시한 용어이다.

87 여기서 주로 분석의 대상으로 삼은 박완서의『엄마의 말뚝 1』,『엄마의 말뚝 2』그리고『엄마의 말뚝 3』이다.

고(故) 박완서(1931~2011) 선생의 자택에서 자리를 함께한 필자

서 속담은 적절한 상황 인식이나 문맥의 이해를 돕는데 많은 기여를 하는 표현 양식이다. 한편 속신은 속담적인 요소와 민간에서 믿어지는 민간속신적인 요소가 결합된 형태이다. 이러한 표현 양식 속에는 다양한 민속 문화가 내재되어 있기 때문에 속담과 속신을 분석함으로써 당시의 일상적인 생활 문화를 조금은 가늠해 볼 수 있는 것이다. 특히 속담을 민속학적으로 분석해 보면 그 속에는 사회적 상황(social situation)과 민속지적 세부 항목(ethnographic details)이 들어 있다.[88] 우선 『엄마의 말뚝 1』, 『엄마의 말뚝 2』 그리고 『엄마의 말뚝 3』에서 보이는 속담과 속신어를 열거해 보면 다음과 같다.

불장난 하면 오줌 싼다
우물 가서 숭늉 달라고 한다
목구멍이 포도청

---

88 P. Seitel, 'Proverbs : A Social Use of Metaphor' in Dan Ben-Amos(ed.) Folklore Genres(University of Texas Press, 1976).

굿 구경하고 떡 얻어먹는다 (『엄마의 말뚝 1』 중에서)

열손가락 깨물어 안 아픈 손가락이 없다
목구멍이 포도청 (『엄마의 말뚝 2』 중에서)

못되면 조상 탓이다
딸의 곡성은 저승까지 들린다
일가 못된 건 항렬만 높다 (『엄마의 말뚝 3』 중에서)

문학 작품 속에는 다양한 은유적인 표현이 들어 있는데, 『엄마의 말뚝』에도 이러한 은유적인 표현으로 속담과 속신어가 들어 있다. 당시의 사회적인 상황에 견주어 보면 이러한 속담과 속신어는 적절한 당시 상황 묘사를 위하여 사용되었기 때문에 현실감과 생동감을 전달해 준다. 특히 '목구멍이 포도청'이라는 속담은 『엄마의 말뚝 1』과 『엄마의 말뚝 2』에 각각 인용되고 있다. 아마도 당시의 사회적 상황이 잘 기술되어 있는데, 특히 먹고사는데 급급한, 그래서 먹을거리가 부족했던 시대적 상황을 적나라하게 나타내고 있다.

2. 의례(상례와 제례)

한 개인이 태어나서 이름을 얻고 한 사회의 구성원으로 성장하다가 성인이 되고, 결혼을 해서 가정을 꾸리고, 부모가 되었다가 늙어서 죽게 되면 조상으로 모셔지는 것을 통과 의례(通過儀禮)[89]라고 부른다. 인생의 다양한 순간에 그리고 인생의 고비마다 이러한 통과 의례가 있어서 인간은 한 단계에서 그 다음 단계로 옮겨 가는 것이다.

이러한 입장에서 보면 박완서의 『엄마의 말뚝』은 한 여인 특히 작품 속의

---

89 한국의 민속 문화 속에서 통과 의례는 주로 '관혼상제(冠婚喪祭)'로 알려진 사례(四禮)가 중심이 지만, 여기에 출생 의례를 포함시켜서 오례(五禮)로 보기도 한다.

주인공이 어린 시절을 경험하면서 아이에서 어린이 그리고 소녀와 어머니가 되는 과정을 압축해서 보여 준다. 그러나 좀 더 심층적으로 그리고 좀 더 구체적으로 소설의 소재에서 보이는 내용을 분석해 보면 당시 일상적으로 받아들여졌던 민중들의 생활 문화 속에서도 일부이긴 하지만 '통과 의례'에 관련된 내용이 내재되어 있다. 특히 상례(喪禮)와 제례(祭禮)와 관련된 내용이 엿보인다. 이러한 내용을 좀 더 구체적으로 분석해 보면 다음과 같다.

> 엄마는 아버지의 3년상도 받들기 전에 오빠를 데리고 서울로 떠났다. 맏며느리로서 시부모 봉양하고 봉제사라는 신성한 의무를 포기하는 대신 엄마는 아무런 재산상의 권리도 주장하지 못했다. (『엄마의 말뚝 1』 중에서)

한국의 전통 사회에서 상례를 보면 삼년상(三年喪)을 치러야만 완전히 삶과 죽음을 구분한다고 여겼던 것 같다. 그러므로 상을 당하면 보통 중부 지방에서는 3년 동안은 집안에 상청(喪廳)을 마련해서 마치 살아 있는 사람을 대하듯 3년 동안 아침과 저녁으로 상식(上食)을 올렸던 것이다. 더욱이 부모의 상인 경우에는 자식은(특히 아들) 부모의 묘 옆에 조그만 집을 짓고 시묘살이를 3년 동안 하기도 하였던 것이다. 또한 『엄마의 말뚝』에는 임종(臨終)이 가까워지면 죽은 자(者)를 데리러 저승사자가 온다는 이전의 풍속을 보여 주고 있기도 하다. 예를 들어서,

> 숨이 막혀 허덕이는 나의 귓전에 어머니는 지옥의 목소리처럼 공포에 질린 소리로 속삭였다. (……) 문쪽에는 아무도 없었지만 어머니는 혼신의 힘으로 누군가와 대결하고 있었다. 순간 나는 저승의 사자가 어머니를 데리러 와 거기 버티고 서 있는 게 어머니에게만 보일지도 모른다는 생각이 들었다. (『엄마의 말뚝 2』 중에서)

"그럼 이상하잖아요? 왜 하고많은 친한 사람 다 제쳐 놓고 하필 호뱅이가 저승에서 할머니 마중을 오냔 말예요." 나는 하도 어처구니없어 픽하고 실소 먼저 터뜨리고 말았다. 조카는 그럼 저승사자가 돼서 온 호뱅이를 할머니가 보았다고 믿는 것일까. (『엄마의 말뚝 3』 중에서)

불과 몇십 년 전만하더라도 집에서 운명(殞命)하는 경우가 대부분이었다. 그러므로 마을에서 누군가가 상을 당하게 되면 모든 마을 사람이 하나가 되어서 상례의 절차를 의논하였던 것이다. 그리고 상례와 관련한 다양한 민속 문화가 이러한 행사 때가 되면 쉽게 보이곤 했다. 이러한 전통적인 상례와 관련된 민속 문화의 하나로 사자밥(使者飯)이 있는데, 죽은 망인을 데리러 오는 사자(使者)를 위한 밥인 셈이다. 즉 저승사자를 대접하기 위한 것이 사자밥이므로 상례의 절차 속에는 보통 사자밥을 준비하는 것도 반드시 포함되어 있었던 것이다. 산 사람은 저승사자를 볼 수가 없지만 저승사자를 대접하기 위한 사자밥은 산 사람들이 모두 볼 수 있는 하나의 민속 문화인 셈이다.

이러한 관점에서 보면 『엄마의 말뚝』의 배경이 되는 당시 상황에서는 저승사자에 대한 인식은 너무나도 일상적인 현상이었다. 그러나 요즘도 마찬가지이지만 병원에서 운명하여 집이 아닌 장례식장에서 상례를 치를 경우에는 전통적인 상례의 민속인 사자밥을 차릴 수 없는 경우가 대부분이다. 그럼에도 불구하고 당시 상황에서는 저승사자에 대한 인식은 여전히 가지고 있었음을 암시해 주고 있다. 여하튼 상장례의 급속한 변화에 따라서 막연하게나마 알고 있던 전통적인 상장례 문화를 『엄마의 말뚝』에서는 부분적이지만 여실히 보여 주고 있다. 한편 저승사자에 대한 언급 외에도 『엄마의 말뚝』에서는 수의(壽衣)와 장송 의례(葬送儀禮)와 관련된 내용도 들어 있다. 예를 들어서,

어느 날, 문병을 와 준 내 친구도 이런 어머니를 일별하더니 대뜸 이렇게 말했다. "수의는 장만해 놨니? …… 애 좀 봐, 그럼 묘지는. …… 애 좀

봐. 그것도 안 해놨구나. 넌 하여튼 알아줘야 해." (『엄마의 말뚝 2』 중에서)

요즘도 신문지상이나 매스컴에서 윤달이 되면 "윤달에 수의를 해 놓으면 좋다"라는 기사를 내곤한다. 예나 지금이나 죽음을 맞이하는 문제는 중요한 문제이다. 그런데 수의를 장만하는 풍속은 예전에 비하여 많이 약화된 것이 사실이다. 전문적인 장례식장이나 장례업체가 생겨나면서 수의는 미리 장만해 놓기 보다는 상을 당하면 그때 하는 경우가 대부분이다. 또한 매장(埋葬)에서 화장(火葬)으로 장례 문화가 바뀌어 가면서 수의에 대한 인식도 이전에 비하여 많이 약화되고 있는 듯하다. 이러한 측면에서 보면 『엄마의 말뚝』에 묘사된 수의를 장만하는 것은 당시의 상장례 문화를 반영해 주는 좋은 자료임에 분명하다.

오빠의 시신은 처음엔 무악재 고개 너머 벌판의 밭머리에 가매장했다. 행려 병사 취급하듯이 형식과 절차 없는 매장이었지만 무정부 상태의 텅 빈 도시에서 우리 모녀는 가냘픈 힘만으로 그것 이상은 가능한 일이 아니었다. (『엄마의 말뚝 2』 중에서)

한국의 전통 사회에서 흔히 보이는 상장례와 관련된 습속은 매장이다. 그런데 일부 지방[90]에서는 매장을 하되 먼저 가매장을 하고 일정 기간, 보통은 수년이 지난 후에 남아 있는 뼈를 세골(洗骨)하여 다시 매장하는 이중장제(二重葬制)의 전통이 보이기도 한다. 또한 어린이나 유행병에 걸린 병자가 죽으면 형식과 절차를 생략해서 매장하기도 하였다. 오빠의 죽음과 관련해서 『엄마의 말뚝』에 기술된 매장의 내용을 보면 당시 시대적인 상황에서 죽음을 어떻게 인식하고 받아들였는지를 알 수 있다. 죽음과 관련해서 매장을 어떻게

---

90 먼저 가매장을 했다가 다시 매장하는 풍속은 한국 남부 지방에서 보이는 풍속이다. 특히 청산도 지방에서는 초분(草墳)이라고 부르는 이중장제(二重葬制)의 전통이 오늘날에도 남아 있다.

하느냐 하는 문제는 한국 문화 속에서 중요하게 다루어질 수 있는 문제이다.

3. 의식주 문화

사람이 입고, 먹고, 생활하는 것은 가장 기본적인 생활 문화의 하나이다. 따라서 의식주 문화를 살펴보는 것은 민중들의 일상적인 생활 문화를 이해하는 데 가장 기초적인 부분을 차지한다고 볼 수 있다. 과거의 전통도 시간이 흐르면서 많은 변화를 가져오게 되는데, 특히 현대에 들어오면서 이전의 전통문화에는 많은 변화가 생긴 것이 사실이다. 또한 인간이 살고 있는 공간이 도시화되고 산업화되면서 과거의 전통도 차츰 우리들의 기억 속에서 점차 사라지게 되는 것이다. 불과 30~40년 전쯤만 하더라도 우리 주변에서 초가집을 보는 것은 아주 일상적인 일이었고, 초가집의 앞마당에서 여름이면 모깃불을 피우고 가족끼리 도란도란 앉아서 음식을 먹기도 하였다.

아주 먼 과거가 아닌 다소 '가까운' 과거의 시대상과 사회 모습을 잘 기술하고 있는 박완서의 『엄마의 말뚝』을 보면 해방을 전후한 시대적 분위기를 반영해 주는 의식주 문화에 대한 내용이 제법 들어 있다. 먼저 의생활에 대한 내용을 고찰하면 다음과 같다.

(1) 의생활

『엄마의 말뚝 1』의 시대적 배경이 된 해방을 전후한 생활 속에서 한복은 보편적으로 민중들이 즐겨 입는 옷이었다. 특히 여성들이 즐겨 입던 한복은 정숙함을 보여주기 위하여 주름이 보이지 않게 반듯하게 다려서 입고 다녔다. 예를 들어서,

할머니 치마폭은 (……) 풀을 세게 먹여 다듬이질한 옥양목치마는 차갑다 못해 날이 서 있는 것처럼 느꼈다. (『엄마의 말뚝 1』중에서)

다리미가 일상화되지 못했던 당시 상황에서는 옷에 풀을 먹여서 다듬이질을 하여 입었던 것이다. 전통적인 한복을 입는 것조차도 번거로워 하는 요즘의 세태를 생각해 보면 당시의 상황에서 단정하게 한복을 곱게 입는 것이 얼마나 많은 노력이 필요한 일인지 알 수 있다.

소녀가 앉은 너른 바위는 온통 빨래로 뒤덮였는데 옷도 아니고 걸레도 아닌 낡아빠진 헝겊조각들이었다. 베헝겊에는 아직도 검붉은 핏자국 흔적이 얼룩져 있었다. 나는 그걸 자세히 보기 위해 가까이 갔다. 소녀가 붙임성 있게 웃었다. "그게 뭐니? 바보 그것도 몰라. 서답이야, 우리 엄마 거!"(『엄마의 말뚝 1』 중에서)

이상의 기술 중에서 서답이라는 부분이 흥미롭다. 서답은 주로 충청도와 함경남도 일대에서 여자가 생리를 할 때 밑에 차는 기저귀로, 일종의 생리대요 월경대를 일컫는 말이다.[91] 결국 당시에는 제대로 된 생리대가 없었기 때문에 어린이의 기저귀와 같이 여성들도 서답을 차고 다녔던 것이다. 당시에는 전통적인 생리대인 서답이 많은 여성의 고민과 어려움을 해결해 주는 속옷의 기능을 충분히 담당했던 것이다. 민중들의 생활 문화사, 특히 여성들의 생활 문화사적인 입장에서 서답에 대한 좀 더 본격적인 논의도 재미있을 것 같다.

(2) 식생활
먹고사는 것과 관련된 민속은 의식주 문화 중에서도 가장 민중들의 생활 문화를 적나라하게 보여 주는 요소 중의 하나이다. 그래서 민중들의 일상적인 생활 문화 속에는 먹을 것이 많지 않았던 당시의 사회분위기를 잘 반영해 주는 내용이 많이 들어 있는 것은 당연하다. 이 중에서 『엄마의 말뚝 1』에 언

---

91 그런데 서답의 사전적인 의미를 보면 생리와 관련된 이러한 의미 말고도 그저 빨랫감을 나타내기도 한다.

급되고 있는 속에 팥을 넣고 큰 고구마처럼 아무렇게나 뭉친 조찰떡이나 서울에서 팔았던 국화빵에 대한 내용은 눈여겨볼 만하다. 가령 예를 들어서,

할머니는 보따리 귀퉁이에 손을 넣으시더니 조찰떡을 꺼내어 먹으라고 하셨다. 나는 헛헛해서 매점 유리창 속에 고운 종이에 싼 먹을 것을 바라보며 군침을 삼켰지만 그것을 받아먹긴 싫었다. 나는 속에 팥을 넣고 큰 고구마처럼 아무렇게나 뭉친 조찰떡과 할머니의 갈퀴 같은 모진 손이 함께 싫고 창피해서 세차게 도리머리를 흔들었다. (『엄마의 말뚝 1』 중에서)

서울 온 날 전차를 타는 대신 얻어먹은 국화빵의 달콤한 팥 속맛을 나는 결코 잊지 못했다. 그것은 엿이나 꿀의 단맛처럼 끈기 같은 게 가미된 강렬한 단맛이 아니라, 부드럽고 순수하면서도 혀를 녹일 듯한 감미 그 자체였고 단 한 번에 나를 사로잡은 대처의 추파요, 대처의 사탕발림이었다. 일 전짜리 동전은 당장에 그 달콤한 것과 바꾸어졌다. 국화빵이 아니더라도 알사탕이나 박하사탕, 캬라멜 등 구멍가게에서 살 수 있는 모든 것에도 나를 못 견디게 현혹시킨 도시의 감미가 들어 있었다. (『엄마의 말뚝 1』 중에서)

먹을 것이 풍부한 요즘에 이러한 먹을거리는 별로 눈에 드러나지 않을지라도 민중들의 아련한 추억을 담고 있는 과거의 먹거리를 현대적으로 계승해 보는 것도 가치가 있을 것 같다. 특히 외래의 먹거리 문화가 밀물처럼 밀려들어오고 있으며, 국적도 없는 퓨전 음식이 하루가 다르게 우리의 입맛을 무감각하게 만들고 있는 요즘에는 특히 우리의 전통 음식에 대한 관심이 필요한 것 같다. 그러므로 아주 먼 옛날의 음식 문화에 대한 관심도 중요하겠지만, 우리의 추억 속에 아직도 부분적이지만 남아 있는 '가까운' 과거에 즐겨 먹었던 음식에 대한 관심도 필요한 것 같다. 한편 민중들의 일상생활에서 보이는 상차림에 대한 부분적인 내용도 눈여겨볼 만하다. 예를 들어서,

개다리 소반에다 김치하고 국이나 한 그릇 놔서 부엌바닥이나 툇마루 끝에 먹이면 됐지 그걸로 신경 쓰는 집은 별로 없었다. (『엄마의 말뚝 1』 중에서)

위의 내용은 작품 속에서 한 달에 한 번씩 물장수인 김서방에게 음식 대접을 하는 경우를 묘사하면서 소박한 민중들의 상차림을 잘 보여 주고 있다. 제례 음식에서도 반좌우갱(飯左右羹)이라고 하여 반드시 밥과 국이 올라가듯이 한국인의 식생활에서 밥과 국은 상차림에서 빠져서는 안 되는 음식이었던 것 같다. 여기에 집안의 형편에 따라서 몇 가지 반찬이 덧붙여지는데, 그중에서도 김치가 일반적으로 가장 우선적이었던 것 같다.

(3) 주생활

한국의 전통적인 가옥 구조를 보면 배산임수(背山臨水)에 근거한 풍수에 맞는 구조를 가지고 있는 경우가 많다. 이러한 구조에 근거해서 보면 뒷동산은 주로 조상의 묘가 모셔져 있는 선산(先山)인 경우가 많다. 『엄마의 말뚝 1』에 보면 이러한 전통적인 한옥 구조를 묘사하는 내용이 들어 있다. 예를 들어서,

박적골집은 나의 낙원이었다. 뒤란은 작은 동산같이 생겼고 딸기줄기로 뒤덮여 있었다. 그 밖에도 앵두나무, 배나무, 자두나무, 살구나무가 때맞춰 꽃피고 열매를 맺었고 뒷동산엔 조상의 산소와 물 맑은 골짜기와 밤나무, 도토리나무가 무성했다. 사랑 마당은 잔치 때 멍석을 깔고 차일을 치면 온 동네 손님을 한꺼번에 칠 수 있도록 넓고 바닥이 고르고 판판했지만 둘레에는 할아버지가 좋아하시는 국화나무가 덤불을 이루고 있었다. (『엄마의 말뚝 1』 중에서)

한 가지 더 눈여겨볼 대목은 남자들의 거주 공간인 사랑채에 대한 묘사이

다. 『엄마의 말뚝 1』에 묘사된 박적골집은 사랑채가 큰 경우다 보니 사랑 마당이 넓어서 온 동네 사람들이 모여서 잔치를 할 정도였다. 또한 『엄마의 말뚝 1』은 여성들의 주거 공간인 안방과 대비하여 남성들의 공간인 사랑채의 배치와 구조에 대하여 좋은 자료를 제공해 주고 있다. 한편 『엄마의 말뚝 3』에는 당시 강화도의 농가에 대한 내용이 조금 언급되고 있기도 하다. 예를 들어보면,

> 잇집네는 재래식 농가였고, 물론 옛 모습 그대로 측간이 대문 밖, 밭 가운데 있었고, 방방이 요강을 쓰고 있었다. (『엄마의 말뚝 3』 중에서)

여기서 묘사되고 있는 잇집네는 강화도에 있는 작품 속 주인공의 친척 집인데, 당시 강화도의 가옥 구조를 간접적이지만 알 수 있는 내용이 되는 셈이다. 측간이 대문 밖에 있는 것은 재래식 농가이므로 밭농사에 거름으로 사용할 인분을 잘 보관해 두기 위해서일 것이다. 그래서 집안의 각 방에는 요강을 사용해서 요강이 차면 측간에 버렸던 것이다.

4. 민간 신앙(무속 신앙)

한국의 문화 중에서 가장 독특한 문화 중의 하나가 무속 신앙이다. 특히 무속 신앙은 사회적으로 소외받고 많은 혜택을 받지 못했던 민중들의 탈출구로 널리 받아들여졌으며, 따라서 민중들의 애환을 가장 잘 드러내어 준다고 볼 수 있다. 가족 중에 누가 병에 걸리거나, 집안 일이 잘 안 풀리거나, 풍년과 풍어를 기원할 때와 같이 일상적인 모든 일에 무속 신앙은 항상 민중들과 함께 호흡해 왔다. 신문명과 신지식이 유입되는 과정에서 한편으로는 무시당하면서도 여전히 그 명맥을 이어올 수 있었던 것은 민중들의 마음속에 단단히 인식되어 있기 때문이다. 한국의 많은 문학 작품과 마찬가지로 박완서의 『엄마의 말뚝』에서도 이러한 무속 신앙이 당시의 생활 문화를 보여 주는 하나의 창(窓)으로 적절하게 묘사되고 있다.

무속 신앙은 신앙이라기보다는 오히려 일상적인 생활의 한 부분으로 받아들여지기도 했던 것이다. 이러한 민중들의 생활 문화는 무속이라는 신앙이 생활 곳곳에 보여질 수 있는 근거를 마련했다고 할 수 있다. 다음의 내용에서 이러한 사실을 잘 알 수 있다. 예를 들어서,

급히 달인 탕제도 아무런 효험을 못 보자 엄마와 할머니는 무당집으로 달려가서 무꾸리를 하니까 집터에 동티가 나도 단단히 났으니 큰 굿 해야겠다고 하면서 굿 날을 받아 놓기만 해도 당장 차도가 있을 거라고 장담을 해서 우선 굿 날을 먼저 받아 놓고 오니 아버지는 막 숨을 거둔 뒤였다. (『엄마의 말뚝 1』 중에서)

의료 시설이 빈약하고 과학에 대한 민중들의 지식이 부족했던 당시의 상황에서 급체(急滯)라든지 맹장염과 같은 단순한 병도 무당의 힘을 빌어서 치유하려고 했던 것이다. 그러나 병의 원인이 새로이 집을 짓고 나서 동티가 났다고 생각해서 굿을 하고자 하는 입장에서 보면 그 나름대로 어떠한 원인에 대한 해답을 제시하고 있는 셈이다. 이렇게 무속 신앙은 민중들이 가진 의문에 해답을 던진다. 그 결과는 부정적일지라도 답답한 민중들이 나아가야 할 방향을 제시하기도 하는 셈이다. 오늘날 도시 공간 속에서 이전과 같이 자유롭게 굿이 행해지지는 않는다. 그러나 도시의 곳곳에서 여전히 잘 보이지는 않지만 굿이 행해지고 있다. 과거에 비하여 의료 기술이 발전하였고, 의료 보험의 혜택으로 많은 대중이 의료 혜택을 쉽게 받을 수 있으며, 과학에 대한 민중들의 인식도 전문가 못지않은 수준이다. 그럼에도 불구하고 여전히 무속 신앙은 현대 도시 공간 속에서 여전히 제자리를 유지하고 있다.

한편 『엄마의 말뚝』에는 당시 무속 신앙이 본격적으로 행해진 지역을 구체적으로 보여 주는 내용도 들어 있다. 다시 말해서 서울의 인왕산에 있는 국사당(國師堂)과 송도의 덕물산(德物山)에 있는 최영 장군을 모신 사당에서 행해

지는 무속 행위를 잘 보여 주고 있다. 예를 들어서,

> 저만치 국사당에서 덩더꿍덩더꿍 굿하는 소리라도 나면 나는 고개를 갸우
> 뚱하면서 사람 사는 거란 무엇일까 하는 황당한 생각이 생각답지 않게 손
> 끝을 저리게 하는 어른스러운 기분을 느끼곤 했다. (『엄마의 말뚝 1』 중에서)

> 기껏 배웠다는 게 덕물산 무당의 작두춤이냐 뭐냐? (……) 기껏 상상력의
> 한계가 덕물산 무당의 작두춤인 할아버지가 그렇게 우스웠다. 덕물산이
> 란 송도에 있는 최영 장군을 모신 사당이 있는 산으로 거기 무당의 작두
> 춤은 유명했다. (『엄마의 말뚝 1』 중에서)

아마도 『엄마의 말뚝』에서 보이는 무속 신앙에 대한 민중들의 의식이 시대
와 공간이 바뀌면서 변화를 가져오기는 했지만, 새로운 시대와 공간에 맞게
무속 신앙도 변해왔다고도 볼 수 있다. 이러한 맥락에서 보면 현대적 무속 신
앙의 본질적 의미를 고찰하기 위하여 해방을 전후로 한 시대적인 상황에서
무속 신앙이 어떠했는지를 분석해 보면 20세기 민중생활사의 좋은 자료를
발견할 수도 있겠다.

5. 민간 의료

전통적인 민간 의료는 현대의 도시인들에게는 다소 생소한 영역일 수 있
다. 그러나 오늘날에도 알게 모르게 우리들의 일상적인 생활에서 민간 의료
가 적용되기도 한다. 가령 예를 들어서 '돼지고기를 먹으면 새우젓과 함께 먹
는 것이 좋다'라는 속신이 지금도 지켜지고 있다. 또한 다양한 생활의 영역에
서 발생할 수 있는 질병과 관련해서 응급 처치의 한 방편으로 혹은 일시적인
치료의 한 부분으로 민간 의료는 여전히 우리들의 생활 속에 남아 있는 경우
가 많다. 특히 박완서의 작품 속에서 보이는 민간 의료의 요소는 해방을 전후

해서, 특히 당시 개풍 지역에서 민중들 사이에서 받아들여지던 민간 의료를 잘 반영해 준다. 『엄마의 말뚝』에 나타난 민간 의료에 대해서 살펴보면 다음과 같다.

> 할머니는 자주 안질을 앓았다. 눈꼽은 안 끼고 눈만 새빨갛게 충혈되는 안질을 사람들은 궂은 피 때문에 생긴 풍이라고 말했고 그런 풍에는 굶주린 거머리를 잡아다가 흠빡 궂은 피를 빨리는 게 특효라는 게(……). (『엄마의 말뚝 1』 중에서)

민간에서 전해지는 의료 기술은 주변의 자연환경 속에서 찾을 수 있는 식물이나 동물 그리고 자연에서 얻어지는 재료를 이용해서 진행된다. 농가에서 흔한 거머리를 잡아서 안질을 치료한 내용을 보면 동물의 특성을 적절하게 이용한 조상들의 지혜를 엿볼 수 있는 부분이다. 오늘날 현대의 과학적인 의료 영역 중에서 절단된 손가락이나 발가락을 봉합하는 수술을 할 때 거머리를 이용해서 응고가 되어서 고여 있는 피를 나오게 하기도 한다. 한편 『엄마의 말뚝』에 들어 있는 또 다른 민간 의료에 관련된 대목을 인용해 보면 다음과 같다.

> "나도 어려서 꼭 야아처럼 왼발로 끓는 국그릇을 들어엎어서 어찌나 몹시 데었던지 버선을 벗기니까 살가죽이 홀라당 묻어나드란다. 그때야 덴 데 바르는 약이라면 간장밖에 더 있었냐. 참 옛날 고려적 얘기지. 간장 몇 번 발라 준 것밖에 없다는데 감쪽같이 아물었으니까 살성 하난 본받을 만하지." (『엄마의 말뚝 2』 중에서)

전통적인 민간 의료의 하나로 덴 곳에 간장을 바르는 경우가 오늘날에도 많이 있다. 그런데 우선 역사 문헌 자료에 보면 간장을 약으로 사용한 것은 고려 시대까지 거슬러 올라갈 수 있다. 예를 들어서 『삼국유사』에 실려 있는 「김현(金現)의 감호(感虎)」라는 불교 설화[92]에 보면, 호랑이에게 물렸던 곳에 간장을 발라서 낫게 했다고 기술하는 부분이 나온다. 이렇게 우리가 즐겨 먹는 일상 음식도 민간 의료에서는 소중한 약으로 사용될 수 있음을 잘 보여 주고 있다. 같은 방식으로 『엄마의 말뚝』에는 부기를 내리는 데는 치자(梔子)로 떡을 해서 붙이는 좋다는 내용도 들어 있다.

나중에 노파는 치자를 몇 개 가지고 와서 말했다. "치자 떡을 해 붙여 보우. 부기 내리는 데는 그저 치자떡이 그만이니까." (『엄마의 말뚝 2』 중에서)

치자나무의 열매인 치자는 성질이 차기 때문에 민간에서는 이뇨, 눈병, 황달, 화상 등의 해열제로 사용되기도 한다. 일상생활에서 흔히 구할 수 있는 재료를 가지고 다양한 질병을 치료하고자 했던 우리 조상들의 생활 방식을 엿볼 수 있는 대목이다. 비록 현대 사회의 과학적인 의료 수준에서 보면 미흡하지만 수많은 시간 동안 살아오면서 터득하고 축적한 우리의 생활 속에 배어 있는 살아 숨 쉬는 민속 문화의 좋은 자료가 될 수 있다.

6. 생업민속

민중들의 생활 문화는 시간과 공간에 따라서 조금의 차이가 생겨나기 마련이다. 오늘날 시골의 농촌에는 논농사와 밭농사로 생활을 영위하는 사람들이 여전히 제법 있다. 그러나 시공(時空)이 바뀌면서 이전에 유행했던 다양한 생업 활동은 이제는 자취를 감추었거나 겨우 명맥을 유지하는 경우도 있다. 문학 작품을 통하여 당시의 생활 문화를 파악할 수 있는데, 그중에서도 당시의 생업민속에 관련된 내용은 21세기 문화의 시대에 있어서 수많은 문화의 컨텐츠를 제공해 줄 수 있다. 단편적이기는 하지만 『엄마의 말뚝』에 기술된 당시

---

92 일연, 『삼국유사』, 최호 역해(홍신 문화사, 1999), 430쪽.

서울과 특히 현저동의 생업민속에 대하여 몇 가지를 살펴보면 다음과 같다.

엄마를 따라오던 지게꾼들은 다 슬금슬금 흩어지고 제일 늙수그레한 이 혼자만 남았다. 엄마는 그 늙은 지게꾼과 흥정이 끝나 지게에 짐을 올려 놓으면서도 생색을 냈다. (『엄마의 말뚝 1』 중에서)

그 아이 아버지 땜장이는 아침마다 테가 이상한 모양으로 비뚤어진 중절 모를 쓰고 철사끈이 달린 깡통을 팔에 걸고 한 어깨엔 망태를 메고 "양은 냄비나 빠께스 때애려, 생철통이나 양은솥도 때애려" 하고 구슬픈 가락을 붙여 목청을 빼면서 비탈길을 내려가곤 했다. (『엄마의 말뚝 1』 중에서)

물장수를 위해서 숫제 빗장을 벗겨 놓고 잤다. 물장수의 물지게에선 삐걱 삐걱하는 독특한 소리가 났다. 삐걱삐걱 소리가 가까워지고 대문이 열리 고, 철썩 물독에 물 붓는 소리를 듣고 잠이 깼다가도 단잠을 더 자야 날이 밝았다. (『엄마의 말뚝 1』 중에서)

이상의 내용은 지게꾼, 땜장이, 물장수 등 당시 현저동을 중심으로 한 서울 의 변두리에서 흔히 볼 수 있었던 민중들과 함께 호흡했던 전문 직업인들의 생활상을 잘 보여 준다. 오늘날과 같이 전문화되어 있지는 못했지만, 당시 민 중들의 생활 문화를 이해하는 데 빠져서는 안 되는 부분이기도 하다. 다음으 로는 당시 강화도의 농가에서 행하여졌던 생업 활동 중에서 화문석에 대한 내용을 소개하면 다음과 같다.

딸린 자식은 많고 농사는 넉넉지 못해 잇집이 일 년 내내 화문석(花紋席) 을 짜서 살림에 보탠다고 했다. (……) 잇집네는 강화도 최북단, 양산면 이란 데서 살았다. (『엄마의 말뚝 3』 중에서)

강화도의 화문석은 완골 공예(혹은 완초 공예)로 유명하다. 현재는 강화도 일대에서는 화문석이 그리고 교동도를 중심으로 한 교동 일대에서는 화방석이 과거의 전통이 이어오면서 현재까지도 그 명맥을 지키고 있다. 이러한 점에서 보면 당시 강화도 일대에서 흔히 볼 수 있었던 화문석을 짜던 전통을 현대에 오면서 어떻게 계승해 왔는지를 살펴보는 데 좋은 자료를 제공해 주고 있는 것 같다.

끝으로 생업민속과 관련해서 현저동이라는 당시의 주거 공간을 생업의 현장으로 보존해야 하는 필요성이 제기될 수 있다. 다시 말해서 산업화와 도시화가 가속화되면서 도시뿐만 아니라 시골에서도 전통적인 마을이라는 지역 공동체가 점차로 약화되고 있다. 이렇게 획일화된 도시 개발의 여파로 '고향 마을'이라는 정감이 흐르는 마음속의 귀의처가 점차로 없어져 가고 있으며, 특히 도시에서만 태어나고 그곳에서 줄곧 자라온 이들에게는 이러한 정서적 고향을 찾을 수 없는 경우가 많다. 굳이 시골이 아니라도 도시의 공간이 마음의 고향으로서 충분히 가치를 발휘할 수도 있지만, 문제는 도시화의 일환으로 뉴타운 개발이 진행되면서 도시 계획에 맞게 재조정되는 과정에서 일상적인 삶의 현장을 그리고 삶의 냄새를 풍기는 자연스러운 지역 공동체인 도시의 마을도 없어져 가는 듯하다. 이러한 의미에서 보면 박완서의 『엄마의 발뚝』에 등장하는 현저동은 해방을 전후한 추억과 기억을 가지고 있는 소중한 공간으로 받아들여질 수 있다. 당시 문학 작품 속에 묘사된 상황을 통하여 당시의 사회적 분위기를 재현할 수만 있다면 살아 있는 박물관이요, 살아 있는 영화나 드라마 촬영장[93]으로 큰 가치가 있는 곳이다.

---

93 오늘날 전국에 다양한 영화나 드라마 촬영장이 있으며 많은 관광객을 유치하고 있는 것이 사실이다. 그러나 이러한 촬영장과 세트장은 인위적인 공간이라서 삶의 냄새와 생동감 있는 삶의 현장을 느낄 수 없다. 따라서 현저동은 이러한 단점을 극복한 새로운 형태의 살아 있는 세트장이 될 수 있다.

Ⅲ. 나오는 말

민중생활사는 기존의 역사적인 접근 중에서 주로 초점을 두었던 정치, 경제 그리고 왕과 귀족 위주의 역사적 고찰에서 벗어나 민중들의 입장에서 민중들의 모습을 통한 역사적인 고찰이다. 엄청난 시간의 흐름 속에서 과거의 생활상을 오늘날에 다시 재조명하여 살펴본다는 것은 역사 문헌적인 자료만 가지고는 부족한 실정이다. 더욱이 과거로 거슬러 올라가면 갈수록 역사 문헌 자료도 제한되기 때문에 상고사에 대한 고찰은 중세사나 근대사에 비하여 제한될 수밖에 없다. 이와는 반대로 현대와 가까워질수록 역사적인 문헌 자료도 많이 남아 있을 뿐만 아니라 민중들의 기억을 통하여 '가까운' 과거는 역사적인 문헌과 더불어 좀 더 생동감 있게 재구성될 수 있다. 특히 민중생활사 부분에 있어서는 구술생애사를 통하여 민중들의 일상적인 생활 문화와 관련하여 많은 부분을 알 수 있게 되었다.

생존해 있는 자료제공자를 통하여 당시의 상황을 구술생애사적으로 접근하는 방법 못지않게 당시의 시대적 상황과 공간 설정을 소재로 구성된 문학 작품을 통해서도 많은 부분은 당시의 생활 문화를 가늠할 수 있는 것이다. 아마도 이러한 입장에서 박완서의『엄마의 말뚝』은 해방을 전후한 시대적 상황과 공간 그리고 특히 6·25와 관련된 당시의 적나라한 실정을 잘 반영해 준다고 할 수 있다.

비록 문학 작품이라는 제한된 틀 속에서 다시 재구성된 당시의 시대적 상황과 사회적 현상이라고는 하지만,『엄마의 말뚝』에 투영된 민중들의 일상적인 생활 문화는 문헌과 역사 자료에서 얻을 수 없는 살아 숨 쉬는 현장의 자료와 같이 신선하고 진솔한 정보를 제공해 주고 있는 것이다. 먼 과거에 비하여 가까운 과거는 오늘날까지 생존해 있는 당시의 상황을 체험한 사람들로부터 그들의 기억을 통하여 다시 재조명할 수 있는 장점이 있다. 우리가 직접 과거로의 여행을 할 수는 없지만, 간접적으로 자료제공자의 구술생애사를 통하여 과거로 여행을 떠날 수 있는 것이다. 박완서의『엄마의 말뚝』은 마치 과거의 추억으로 가득찬 그리고 지나간 우리의 근대사를 몸소 체험하고 꿋꿋하게 지난 역경을 이겨 온 한 개인의 구술생애사와 같이 이러한 가까운 과거로의 여행에 우리를 초대하고 있는 것이다.

4. 韓国都市民俗学

　都市民俗学は, '都市'という決まられた空間の中で作られ, 民衆によって伝承された生活文化を扱うものだということがでる.そうであるとすると, 都市民俗学は,まさに現代民俗学を意味するものということになるのだろうか. または以前の民俗学で主に扱われていた伝統的社会である '里'と對比する概念として '都市'を語るものだろうか. そうでなければ,現代という時代的な変化の副産物として '都市'を扱うのだろうか.あるいは, 一つの獨立した新しい概念として '都市'を考えることができるのだろうか. もしくは, 都市という空間の中で伝統的な文化の領域を研究對象とすることは可能なのだろうか.都市民俗学で'都市'という概念をどうのように設定したとしても,都市を背景とする民衆の日常的な生活文化は存在するはずである.

　都市は現代社会の副産物というだけではない.過去にも都市は存在しており, その仲で形成された民衆の生活文化も,同様に民俗学の對象とすることができる. 問題は,現代社会とともに '都市'という空間が強調されている点である.特に現代社会で多く見られるようになった,産業化と都市化という問題は長い間伝達継承されてきた民衆の生活文化に多くの変化をもたらし,都市自体からうまれた伝統的な文化の変化, あるいは変形された文化だけでなく, 新しい文化が作り出されているという点があげられる. 現代

人にも以前から信じられている禁忌語があるというのは興味深い. 特に現代社会のサラリーマンや野球人の間でも禁忌語があるという(ホジョエン2000). 結局現代という時間的な空間と都市という領域の中で, 以前から存在している, ある特徴的な對象と現象を避けてきたという伝統は, 部分的な形式は変わることもあるが, その中の内容はそのまま維持されているといえる. もう一度いえば, 長い間の生活の経驗と通じて作られてきた民俗文化は, 時代が変わり空間が変わっても, 大きな影響を受けず, 核心的な内容はそのまま伝承されているということができる.

都市民俗をcity folkloreと呼ぶよりは, urban folkloreと呼ぶ場合が多いが, これは都市伝説をcity legendsと呼ぶよりはurban legendsと呼ぶのと同じように理解することができる. 都市という空間を表す英語がcityよりurbanがより適切であることは, 都市と田舍を明確に分けるよりは, 都市をはじめとして都市化が進んでいる地域, すなわち, 田舍と都市の間の, 都市と田舍の二つの性格を持っている空間も含めることができるからである. よって, urban folkloreという英語が多少包括的な英語として, 都市を表し都市周辺から作られ伝承された多様な都市民俗を合わせた英語として使うことができるのである.

都市民俗学についての議論はアメリカ民俗学界の場合, すでに 1960年代から本格的に議論されるようになった. アメリカの代表的な民俗学者ドーソン(Dorson)は1973年第九次国際人類学ならびに民俗学会で"現代世界での民俗学, Folklore in the Modern World"という論文を發表し, アメリカ民俗学会で当時進行中だった都市民俗学についての研究動向を紹介している. ドソンが紹介した当時のアメリカ民俗学会での都市民俗学での研究傾向は, 大まかに四種類に要約することができる.[94] 一つ目は"都市にあ

---

94 イドゥヒョン「英米の民俗」ソン ビョンイ・イム ジョンヘ(編著)『韓国民俗学の課題と方法』
　　(コングム社, 1986年), 40〜41頁 参照.

っての民俗学(Folklore in the city)"として,都市という空間を素材として扱う民俗学ということができる.この研究の特徴は,都市に移住または移住する共同体集団がもつ民俗の外にも都市生活の中でみられる日常的な民俗文化についての議論も含まれていた.

　そして二番目は "産業化と技術と民俗(Industrialization and Technology and Folklore)" である.三番目は "民俗学と大衆媒?(Folklore and the mess Media)" である,四番目は "民俗学と国家主義,政治と理念(Folklore and Nationalism, Politics, Ideology)" である.

　アメリカの都市民俗学で扱われた主要な四種類の領域の中で "都市ににあっての民俗学" の研究で代表的なものと思われるのは, アブラハム(Abrahams, 1970)とドル(Dore, 1958)の研究である.アメリカの都市民俗学と關連する "民俗学と大衆媒?" の研究領域に入れることができるものとしては,ベン・アモスとゴ ルドスタイン(Ben−Amos and Goldstain, 1975)の研究がある.また, アメリカの都市民俗学と同様に,イギリスとロシアの民俗学でも "産業化と民俗学 'や'民俗学と国家主義,政治と理念" などの問題が研究領域として扱われていた.例えば,フィッシュ(Fish, 1975)とメルローズ(Mellors, 1967)の研究は前者に該当し,ミラー(Miller, 1990)の研究は後者に該当する.

　一方, 現代ドイツ民俗学の最近の研究においても都市を素材とする都市民俗学にかかわる議論が重要な研究領域となっている. 例えば,そうした学問的傾向のみられるものとして, 目につくのは文化変動ならぶに現在学としての民俗学に關心をもっている, ワルター へベルニク(Walter Havernick)とハンブルグ大学の民俗学研究者たちである.また, ヘルマン・バウジンガ(Hermann Bausinger)を代表として進められている,現代社会にみられる複合的文化喩の文化変動にかかわる文化のパターンの研究をあげることができる. ドイツ内の多くの大学でこうした研究が目立ち始めているが,特にト

ィービンゲン(Tubingen)大学が代表的である。[95]

　都市という空間は表から見ると人爲的で無味乾燥な空間である。しかし，都市の空間の中にも依然として?統文化としての民俗が生き動いている。もちろん，簡單に感じることはできず，また，簡單に見えないことが多い。すなわち，都市という空間の中で定期的に行われる都市の祝祭がここに屬するが，日本の都市祝祭は?統的な都市祝祭と現代的な祝祭に分けて表すことができる。この中で，特に伝統的な祝祭は日本固有の宗教，神事，寺院を中心に行われるだけでなく，祝祭を通して過去から伝承されてきた祝祭，神事，神幸等に民俗文化を反映させている(キムヨンジュ，1997)。

　従って，都市の中の民俗文化は，まるで都市の中の奥深く，人間の内面から深層的な人間の本質というように，都市人の生活の奥深く內在している。よって，普通，都市民俗学という名前で民俗学を都市という領域の中で表しはするが，具体的な領域についてはあまり受け入れられていない。前に述べたように，アメリカ民俗学ではすでに 1960年代から本格的に都市民俗学の研究が行われていたが，そこでは以前からあった民俗学の類型を維持したまま，都市民の日常的な生活を素材に扱っている。

　都市民俗学で最近多く扱われている研究として，都市伝説が代表的だが，この中には大学で集められた多様な話も含まれている。アメリカの大学で1996年から 1997年の間に流行した話の中にはマイクロソフトの会長であるビルゲイツ(Bill Gates)と關係する話もある。いろいろなバージョンがあるが，筆者が集めたある類型は次のようなものである。[96]

　ビルゲイツが死んで天国に行った。天国に上がって行ってみると，地上で

95　もう少し詳細な内容はイ ジョンジェ「韓国祝祭の昨日と今日」『韓国文化研究』キョンファデ民俗学研究所 1998年，「民俗と民俗学」チェ ウンシク(共著)『韓国民俗学の開門』(民俗院，1998年)参照。

96　この話はハーバード大学出身の筆者の友人が 1997年 ハーバード大学を訪れた当時，ハーバード大学を中心にアメリカの大学で流行していた話を筆者に話してくれたものを，簡単に整理したものである。

行った善と悪によって，天国と地獄のどちらかに行くかを決める役人が座っていて，ビルゲイツを待っていた．ビルゲイツが到着するやいなや，その役人が尋ねた．「お前は天国と地獄どちらに行きたいのか？」ビルゲイツは天国に行きたいといいたかったが，ビルゲイツ特有の好奇心で，さっと答える前に，一つ提案をした．すなわち，ビルゲイツはその役人に，できれば，まず天国と地獄に直接行ってみて，その後に決めてはだめかと聞いた．天国の役人はビルゲイツの提案を聞き入れ，それならばどちらに先に行きたいか，と聞いた．ビルゲイツは地獄にまず行ってみたいといったので，地獄に先に行くことになった．ビルゲイツが地獄に到着すると，まるでハワイのワイキキビーチのような海辺に青い空のした，八頭身の美女たちが樂しそうにビーチボールで遊んでおり，きれいな海の上をカモメが飛んでいた．次に天国に行ってみた．天国に着くと天使たちが集まって靜かで穏やかな音樂を奏でていた．地獄と天国の双方を見てきたビルゲイツは非常に悩んだが，結局，平和な天国よりは樂しそうな地獄に行くことにすると答えた．そのため，ビルゲイツは地獄に送られた．ビルゲイツが地獄に着くやいなや，さっきみた美女たちもいなくなり，四方から絶叫と悲鳴が聞こえ，お互いに食べようと言い合い争う恐ろしい姿が目に入った．ビルゲイツは天国の役人に，どうかもう一度機会を与えて欲しいと哀願した．これを哀れに思った役人はもう一度ビルゲイツを天国に呼び戻した．ビルゲイツは感激の涙を流し，天国の役人に感謝の言葉を述べた．そして，結局天国にいくことにしたビルゲイツが，天国にいく前に天国の役人にもう一つのお願いをした．少し前に，地獄に行ったときは，活氣があって，美しかった光景が，もう一度行った時にはなぜ，秩序もなく騒がしい不幸な光景になったのか，とても理由がわからないと質問した．役人は，あれはスクリーンセイバ だと言った．

　事實，スクリーンセイバ は，ビルゲイツが会長であるマイクロソフト会

社で作られたものである．自分が作っておきながら，自分で作った物質文明―文明の利器―にだまされてしまったことをほのめかしている都市伝説である．いまや多くの人がコンピューターを使い，それによってコンピューターは今やなくてはならない重要な道具となった．それにも關わらず，我々が必要とするときに必要な部分を使うだけで，人間が作った文明の利器が持っている構造や機能について無關心であることも事實である．言い換えれば，文明の利器が初めて作られた時は，基本的は運營体系などに關心を示すが，次第に生活化され，生活の一部になってしまうと，結局生活の中で人間が便利になるように助ける道具に落ちてしまうのである．人間が作ったものの原理も知らずに，現代の生活の平凡な部分と考え，その内容も知らずに生きていくことが，おそらく都市の一般大衆人なのである．

　現代都市を背景に伝承されている都市說話の研究者たちは“世界都市說話学会”を作っており，以前と比べると活發な研究成果をあげてきている（朴奐榮 2005a）．都市という空間は策漠として無味乾燥な空間であって，人間味のある日常的な生活の知惠と哲学をもたないようである．しかし，意外に都市という空間は，民衆たちが生きている多様な生活の過程を反映想像することのできるものである．すなわち，都市という空間の中で新しく作られた都市人の生活と，以前から?えられてきた生活の過程が都市という空間の中で，部分的に変容されるとか，内容なそのまま伝承されているが形態だけが少し変わったということに至るまで，本当に多様な話の種がある．特に文明の利器によって，日常的な生活の大部分が，新聞，コンピューター，携帯電話，テレビなどの大衆媒体とメディアによって大きく左右されるようになった．こうした文明の利器による都市で作られる多様な話は，すばやく民衆の間に廣まる．従って，伝統的な方法である口から口への伝達方式が，いまでは多様な接續ラインに乗って瞬時に伝えられるようになった．ではあるが，すばやい伝播はするものの，情報の洪水の中に長い間持

續されないという機能もある.ともかく都市という空間は新しい話の素材と伝承集団を提供し,科学技術の輝かしい發展によって,都市伝説と同じような大衆的な話も様々な階層の都市民に,簡單にかつ早い速度で伝達することができるのである.

現代と都市という空間でより感じることのできる輝かしい科学文明と精巧なテクノロジー(Technology)は,都市伝説を衰弱化させるより,かえって更に發展させもする.すなわち,現代の都市人があまりにも完璧な解決策を追求すると,また多くの疑問が生じることがある.特にハーディング(Harding, 2005)は2001年9月11日に發生したニューヨーク貿易センタービルのテロで,幾多の種類の都市伝説を生み,こうした都市伝説が多くの人々の間に蔓延する素材を提供したと言及している.ハーディング(Harding: 2005: 13)はこうした都市伝説の代表的な類型として"恩恵を忘れない見知らぬ人"という話を紹介している.

中東アジアの人と思しき一人の男性が大型スーパーで会計を濟ませた後,財布を忘れて行ってしまった.すぐ後ろで会計した,優しい人がその財布を中東男性に持っていってあげた.すると,その中東の男性は正確な日にちと時間を話し,ある特定の地下鐵の驛を避けるように言った.後にわかったことだが,その中東の男性が話したことは全部本当になった.[97]

こうした都市を背景とした最近の話は,都市民の,計畵的なテロについて潜在的な恐怖と不安感をよく反映している.もう一度いうと,ニューヨークのような巨大な都市に住む現代の都市民は,2001年9月11日の惨事を通して,思いもよらぬ程の衝撃だけでなくテロの恐怖に苦しめられるよ

---

97 こうした都市伝説は内容の主なあらましは同一であるが,少しずつ差がある.ハーディン(Harding, 2005)は中東の人と思しき一人の男性がただ財布を忘れてしまい,それを届けた優しい人にお礼にと,記述しながら,どこで財布を忘れたのか正確には記述がなかった.だが,筆者はヨーロッパで集めた類似の話では,主に大型スーパーで忘れたとされるものが記述されている.

うになった. こした都市民の心理を的確に表現している中の一つがまさに
都市?説である. 無味乾燥な都市の生活の中でも, 都市民はそれなりの共同
体意識をもって生活しており, 外部あるいは内部的に経験する多様な政治,
経濟そして社会的な危険と壓力, 共通に感じる連帶意識を共有しているので
ある. いずれにしても, 個人の中深くに隱れている, こした都市民の心の
中に内在している感情は都市伝説を通じて, 自然に共感を形成していると
いうことができるのである.

都市伝説に劣らず, 現代の都市空間の中に多く反映されている民俗文化
は風水である. 大型マンションが造られると, 大衆媒体は新聞などに廣告
を載せたりするが, いずれも明堂〈風水説で「吉」とされる敷地〉の場所で
あるといい, より多く使われる常套的な表現として, 「背水臨水の場所に位
置している」と表現する. 最先端の科学技術が現代の世界と宇宙を支配して
いるが, 依然として韓国人の心の奥深くには, 人間の力では解決できない
もう一つの領域として風水を設定しているのである. 風水は現代の都市空
間の中で, ただ生きている人の空間というだけでなく, 亡くなった人の爲
の空間としても依然として重要なものとして扱われている. 先祖を大切に
するために墓地を造る時も, 風水にあった土地が高い価値を持つのは, 昔
も今も当然のことで, 最近は家族や門中を大切に納骨するための場所を定
める時, あるいは, 納骨専門の公園墓地も風水にあう場所が人氣を占める.

筆者は京畿道高陽市を民俗調査しながら多くの人と会うことができた.
おもしろいのは,京畿道高陽市の場合, 外から見ると都市化がすでに進んで
いるように見える爲, 民俗文化がほとんど消えてしまったように見えるが,
依然として民俗文化が伝承されている場合が多いという事實である. 外か
ら見ると, 民俗文化が殘っている可能性がほとんど見られないが, 實際, 村
の調査をしてみると, かなりの所で以前の民俗文化をそっくりそのまま大
切にしている場合が多い. 都市化は進んでいるが, 民俗文化はその中に依然

として殘り, 伝承されている代表的な事例が,京畿道高陽市の事例である.[98]
したがって, 京畿道高陽市は都市化の過程の中で伝統文化がどのように伝
承されているのか, あるいは, 以前の民俗文化は都市化の過程でどのよう
に扱われているのかということを,よく表している事例だといえる.

　現代の都市空間の中でも, 風水地理を信じることは依然として強い. ソ
ウルの中心部を横に流れる漢江も伝統文化の立場として話されることが
ある. 例えば, 漢江が曲がりながら流れて堆積されて土壌が継続的に集ま
る場所があるならば, 川が流れることによって継続的に土壌が浸食されて
いくところができる, と決まっている. 漢江の周りにこうして水が集まる
場所の中の一つが黑石洞であり, 特に, 魚氏の姓を持つ人たちが好きな村
だと信じることは現代でも見られる. すなわち, 魚を象徴する魚氏は土壌
が集まる川辺に住むと, 福が來るという考えが深くあるということである.
筆者が京畿道高陽市で現地調査をしながら出会ったお年寄りの中に魚氏
の姓を持つ話者がいたが, こうした話を何回か強調してくれたことがあった.

　風水地理に劣らず都市空間のなかに隠れている多様な民俗の象徴も目
を凝らしてみるに値する. こうした民俗の象徴の中には現代都市の空間,
すなわち, 学校がもつ一種の象徴を内包した事例を發見することができ
る. 代表的な事例の一つに, 一種のなぞなぞと同じ形態で, 大学街では一時
sky[99]といい, 特徴ある大学を比喩した例を見つけることができる. 最近で
はこれと似たchess[100]ということがある. これはソウルにある伝統的な私立

98　都市化が進んでいるが, 依然として伝承されている京畿道高陽市の民俗文化は 2002年 高陽
　　市で發行された『高陽市民俗大觀』参照.

99　skyはソウル大, 高麗大, 延世大の英文initialを組み合わせて作った單語で, ちょうど空(sky)の
　　ように高いという意味を含んでいる.

100　2006年 5月 8日付の東亞日報には "西江, 成均館, 漢陽, 中央, 梨花女子大, 論述類型共同開
　　發"という項目の記事が記載された. そこでは, こうした大学の間の連合体を, chessと表現し
　　ていた. 筆者は, 民俗言語伝承論になぞなぞがもっている隱喩と象徴性を話しながら, これ
　　を取り上げた. すなわち, chessはskyに對して, 中央大(Chungang University), 漢陽大(Hanyang
　　Universiy), 梨花女子大学(Ehawa Women's University), 西江大(Sogang University), 成均館大

大学がお互いに共助する連合体を指している.

都市の食堂に福笊籬(ボクジョリ 〈福を呼ぶというざる〉)がかけられているが, それを変だと思うことはない. その上, 一部の都市の食堂には干したスケトウダラを糸卷きに縛ってかけておいたりする. 都市という空間は依然として伝統文化を弱体化させる場所であることは事実であるが, その中で生活している多くの構成員たち, 特に, 一般大衆は依然, 昔の伝統文化を持續している場合が多い. ただ, 伝統的な農村でみることができる伝統文化は, もう少し表面に現れているように見える一方, 都市空間の中に見える伝統文化は, 家の内側の隅に隱されている場合が多い. おそらく, 都市という空間が持っている多様な文化要素のために, 以前の伝統文化は, それくらい外に現れず, 隱されているようにみえるのである.

以上注意してみてきたように, 都市空間は民俗の新しい宝庫になっている. 特に, 都市伝説は都市民俗の代表的な一つの類型に属しているということができる. 都市民俗とは, それと關連する多くの視点からアプローチすることができるが, 筆者はその中のいくつかの点に焦点をあて, 都市の中の民俗文化を考察しようと思う. まず, 伝統的な社会共同体の一つである村が, 都市化していく過程の中で起きる民俗文化の変化の様相を注意してみていこうと思う. それから, 都市空間の中で定期的かつ反復的に現れ, 日常的な生活の中にある歳時風俗と祝祭などを中心に, 都市という空間が伝統的な時間と空間の設定の中で, 都市の構成員にどのような機能と意味を付与しているのかを見ていく. また, 現代化と都市化が早く進行し, 土地と空間より, 建物やコンピューターのような文明の利器が重要に思われな

(Sungkyunkwan University)の英文のイニシャルを組み合わせて作った單語で, 西洋でこうした表現の仕方がよくおこなわれることがあり, お互いライバルの関係であるが, また一緒に連合して助け合う大学を象徴している. これから大学の間の共助と連合がより一層活性化すると, また別の形態の表象が生まれてくるだろう. たぶん, こうした象徴を分析することも, 一種の都市民俗学の範疇ということができる.

がら, 大衆媒体とマスメディアに登場する多様な民俗文化も都市空間の中の民俗として重要な扱いをされる可能性があるということを發見しようと思う. 最後に, 都市の空間が韓半島を出て中国朝鮮族の都市空間に擴大させ, もっと發展してイギリスでみられる都市民俗の傾向までも考察してみたい. こうしたいくつかの観点から都市民俗の過去, 現代をよく考え, 今後の都市民俗学がどの方向にいくことができるかを注意深く考察していこうと思う.

　なお, 2006年 5月 8日付の東亜日報は次のように伝えている. 「西江・成均館・漢陽・中央・梨花女子大など五つの大学が2008学年度大学入試から一学期随時募集を廃止することに決めたのに相次ぎ論述考査出題類型を統一する方案を推進している./ソウル地域入学處長協議会長である絃線して(玄宣海) 成均館大学入学處長は7日 "2008年学年度新しい大学入試試験制度で論述の比重が高くなり, 論述類型が大学別で受験生たちが混亂する 'と'七大学入学處長中心に論述類型を何種類かで統一する方案を論議している"と明らかにした./しかし七大学の中で高麗大・延世大は共同出題類型開發議論には参加しているがちょっと消極的だ./これらの大学は論述ガイドラインを守る線で人文系, 自然界別で何種類かの共同類型だけについてでも開發して公開し, 受験生たちがこれに合わせて勉強すれば論述負担を減らすことができるのではないかと見ている./またこれら大学は "論述考査の準備を学院に寄り掛かることは望ましくない"と費用を負担して大学の論述考査關係者が1200枚の人文系高校の論述担当教師 1, 2人を對象として年間2～4回論述研修を共同で實施する方案も檢討している.」

II. 현대 아시아 지역의 문화와 민속

1. 몽골의 여성민속

I. 들어가는 말

문헌 자료에 근거하여 그 속에 담겨져 있는 민속 문화를 도출해 내는 것은 생활 문화를 연구 대상으로 하는 민속학에서 중요한 연구 분야이다. 이러한 연구 방법은 현지 조사에 근거한 민속 문화 연구와 상호보완적인 관계에서 둘 다 민속학의 중요한 연구 방향이 될 수 있다. 비교민속학적인 입장에서도 몽골의 역사 문헌 자료에 대한 민속학적인 연구를 통하여 당시의 민속 문화를 살펴보는 작업이 필요하다. 몽골의 역사 문헌 자료 중에서도『몽골비사〔원조비사(元朝秘史)〕』는 13세기[1] 몽골의 유목 문화를 잘 반영해 주는 몽골의 대표적인 역사 문헌 자료이다.[2]

『몽골비사』와 같은 역사 문헌 자료에 초점을 두어서 그 속에 담겨 있는 민속 문화를 고찰하는 데 있어서 몇 가지 고려해야 하는 문제가 있다. 첫째『몽

---

1 『몽골비사』의 성립 연대에 대하여 일반적으로 13세기인 것으로 인식되면서도 학자들에 따라서 1228, 1240, 1252, 1264년 등 의견이 다양한 편인데, 대체로 1240년이 가장 많은 지지를 받고 있다. 유원수,『몽골비사』(사계절, 2004), 10쪽.

2 『몽골비사』속에는 몽골의 철학과 사상, 신화와 전설, 생활 문화, 군사 제도, 사회 조직, 언어 등의 내용이 자세하게 기술되어 있다. 박원길 외,『몽골비사의 종합적 연구』(민속원, 2006), 29쪽 참조.

몽골의 아크로바틱(acrobatics) 곡예

골비사』의 판본과 관련하여 현존하는『몽골비사』는 "중세 몽골어를 원 말 명 초의 한어 북방 방언의 음가를 빌려 적은 전사본(轉寫本)"[3]이라는 점이다.

둘째, 『몽골비사』는 흔히『원조비사』라고도 하는데 이것은 원 말과 명 초에 써진 몽골의 역사 문헌 기록이기 때문이다. 즉『몽골비사』는 원 말과 명 초 때 써졌지만, 그 내용은 13세기 몽골을 중심으로 몽골 초원의 다양한 유목민에 대한 기록이다. 따라서 원나라에 관한 역사적인 내용을 기술하면서 당시(원 말과 명 초)의 문화적인 상황이나 시대적인 상황이 반영되어 있다는 점도 간 과해서는 안 된다.

셋째, 『몽골비사』의 기술 방식이 전통적으로 사용된 역사 서술 방식인 편년 체(編年體)의 기술이라기보다는, 역사적인 사실에 근거하면서도 고도의 압축 과 상징 그리고 은유로 가득찬 민족 대서사시의 형식을 또한 가지고 있기도 하 다. 따라서 기술된 문장이나 단어 그대로의 의미 못지않게 그 속에 숨어 있는

---

3 유원수, 앞의 책, 8쪽.

민속 상징과 기호 그리고 은유에 대
한 심도 있는 고찰이 필요하다.

한편 이제까지 『몽골비사』 속에 내
재되어 있는 다양한 내용을 분석하
고 그 속에 담겨져 있는 민속 문화를
도출해 내려는 국내외 학계의 시도
는 그동안 제법 이루어져 왔다.[4] 그
러나 아직까지는 여성이라는 키워
드를 가지고 접근한 경우는 거의 없
는 실정이다.[5] 더욱이 여성민속에 대

몽골의 어린이들도 유목생활에서는 중요한 역
할을 한다.

한 민속학적인 관심과 체계적인 이론정립의 필요성이 제기되고 있는 상황[6]에
서 이 글은 여성이라는 키워드를 가지고 『몽골비사』[7]를 살펴보면서 다음과 같

---

4 김기선, 「'蒙古秘史'에 나타난 몽골인의 장례 습속」, 『몽골학』 13호(한국몽골학회, 2002), 103-
127쪽; 김천호, 「'Mongol秘史'의 飮食文化」, 『몽골학』 15호(한국몽골학회, 2003), 181-204쪽;
박원길, 「몽골비사'에 나타난 몽골족의 기원 설화 분석」, 『몽골학』 13호(한국몽골학회, 2002),
51-90쪽; 박환영, 「몽골비사'에 보이는 가족과 친족의 민속학적 연구」, 『몽골학』 20호(한국몽골
학회, 2006d), 215-230쪽; 박환영, 「'몽골비사' 속에 반영된 몽골의 전통 의례(傳統儀禮) 고찰」,
『중앙아시아 연구』 15권(중앙아시아학회, 2010a), 249-270쪽; A. Punsag, *mongolyn nuuts tovchoony
sudalgaa*(Ulaanbaatar, 2008); A. Punsag, *mongolyn nuuts tovchoon dah'ës zanshlyn sudalgaa*(Ulaanbaatar,
2010); 장장식, D.Ulziibat, 「몽골비사'에 나타난 숫자의 상징성 - 3과 9를 중심으로」, 『비교민속학』
44호(비교민속학회, 2011), 93-127쪽.

5 『몽골비사』에 반영된 몽골의 가정 생활과 여성민속에 대한 고찰은 박환영, 『몽골 유목 문화 연
구』(역락, 2010b), 175-207쪽 참조.

6 여성민속과 여성 문화라는 제목으로 조단(Jordan)과 칼치크(Kalčik)가 편집한 단행본에는 여성
들의 민속과 문화와 관련하여 구비·전승, 물질민속, 언어생활, 젠더(gender), 생애사 등 모두 12
편의 논문이 실려 있다. R. Jordan, and S. Kalcik(eds.), *Women's Folklore, Women's Culture*(Philadelphia:
University of Pennsylvania Press, 1985).

7 본논문에서 인용하는 『몽골비사』의 내용은 국문의 경우 유원수, 앞의 책과 박원길 외, 앞
의 책을, 그리고 몽골어 원문은 Sh. Gaadamba, *mongol'in nuuts tovchoo*(Ulaanbaatar, 1990)와 Sh.
Palamdorj, and G. Myagmarsambuu, *mongol'in nuuts tovchoo*(Ulaanbaatar, 2009)를, 그리고 영문의 경
우는 U. Onon, *The History and the Life of Chinggis Khan*(*The Secret History of the Mongols*)(Leiden: E.J. Brill,
1990)과 U. Onon, *The Secret History of the Mongols*(Ulaanbaatar: Bolor Sudar, 2005)를 참조하였다.

은 몇 가지 민속학적인 영역으로 나누어서 분석해 보고자 한다. 예를 들어서 『몽골비사』에 반영되어 있는 민속 문화를 고찰하기 위하여 여성 인명(人名), 여성의 지위와 역할, 혼인 풍속, 여성과 관련된 상징 민속 등 네 가지 영역에 초점을 두면서 여기에 덧붙여서 기타 남아 있는 영역과 문제를 함께 논의해 보고자 한다.

II. 여성민속의 내용

몽골의 유목 문화 중에서 여성의 문화와 민속에 대한 연구는 험프리 (Humphrey), 장장식(2005), 박환영(2010b) 등에 의하여 부분적으로 진행된 바 있다.[8] 이러한 연구와 비교해서 『몽골비사』라는 역사 문헌 자료에 기초한 여성민속 연구는 몽골의 유목 문화 속에서 당시(13세기) 몽골 여성이 가지는 일상적인 생활 문화를 다양한 측면에서 접근해 볼 수 있는 좋은 자료를 제공해 준다고 볼 수 있다.

한편 『몽골비사』의 내용을 자세하게 들여다보면 칭기즈칸에 초점을 두고 칭기즈칸의 조상과 후손에 이르기까지 수많은 인물 중에서 여성에 대한 자세한 내용과 여성과 관련한 다양한 생활 문화가 잘 기술되어 있다. 이러한 여성

---

8 몽골 여성의 지위, 금기, 정체성과 소속감에 대한 연구로는 C. Humphrey, "Inside a Mongolian Tent", *New Society*, 31 October, 1974, pp. 273-275 ; C. Humphrey, "Women and Ideology in Hierachical Societies in East Asia", in S. Ardener(ed.) *Persons and Powers of Women in Diverse Cultures*,(Oxford: BERG,1992), pp. 173-192 ; C. Humphrey, "Women, taboo and superstition of Attention", in S. Ardener (ed.) *Defining Females*(Oxford: BERG, 1993), pp. 73-92 ; C. Humphrey, "Casual Chat and Ethnic Identity: Women's Second Language Use among Buryats in the USSR", in Burton, P. K, Dyson and S. Ardener(eds.) *Bilingual Women: Anthropological Approaches to Second Language Use*(Oxford: BERG, 1994), pp. 65-79가 있고, 몽골의 어머니 바위와 어머니 나무에 대한 민간 신앙적인 고찰은 장장식, 『몽골 유목민의 삶과 민속』(민속원, 2005), 36-126쪽이 있다. 또한 몽골의 설화, 역사 문헌 자료, 속담과 수수께 끼 그리고 일상적인 가정생활 속에서 여성민속에 대한 연구로는 박환영, 앞의 책(2010b), 175- 207쪽 참조.

과 관련된 내용 중에서 많은 빈도수를 가지고 있는 주요한 영역은 인명, 지위
와 역할, 혼인 풍속, 상징민속 등이다.

1. 여성 인명

현대 몽골의 인명[9]은 남성과 여성을 분명하게 구별해 주고 있는데, 가령 남
성의 인명에는 보통 강하고, 크고, 넓은 의미가 들어 있는 반면에 여성의 인
명 속에는 순수한, 현명한, 좋은 등의 의미를 내포하는 경우가 많다. 그리고
몽골의 인명은 고유명사(proper name)와 접미사로 나뉘기도 하는데 이러한
인명의 구조를 보면 특히 접미사의 경우 여성 인명에는 -chin이나 -jin이 자
주 사용된다.[10] 『몽골비사』에도 여성의 인명이 제법 발견되는데, 이러한 인
명은 중세 몽골의 여성 인명을 살펴보는 데 좋은 자료가 될 수 있다. 우선
『몽골비사』에서 언급되고 있는 여성의 인명에 대한 내용을 기술해 보면 다음
과 같다.

> 카르초의 아들 보르지기다이 명궁에게는 몽골진 미인이라는 아내가 있었
> 다. 보르지기다이 명궁의 아들 토로골진 부자에게는 보로그친 미인이라
> 는 이름의 아내, 보롤다이 소얄비라는 젊은 하인, 다이르(안장에 쓸린 상
> 처), 보로(잿빛)라고 부르던 준족의 거세마 두 마리가 있었다. (3절)

> 도본 명궁이 그 사람들에게 가 보니 정말이지 곱고 아름다우며 명성이 자
> 자한, 알란 미인이라는 이름의 처녀였다. (7절)

---

9 현대 몽골의 인명은 성(姓, obog)과 이름(ner)으로 되어 있는데, 성은 아버지의 이름에 접사를
　붙인 이름(patronymic)이라서 이름이 특히 개인을 다른 사람과 구별해 주는 기능을 한다고 볼
　수 있다. 따라서 여기서는 주로 이름을 중심으로 몽골의 인명을 고찰해 보고자 한다. 한편 몽골
　의 성을 비롯한 인명에 대한 구체적인 내용은 박환영, 『몽골의 유목 문화와 민속 읽기』(민속원,
　2005c), 118~154쪽.

10 박환영, 위의 책, 143쪽.

바르고다이 명궁의 딸 바르고진 미인을 코리 토마드족의 노얀 코릴라르
타이 명궁에게 주었으니 (……) 그의 아내가 된 바르고진 미인 사이에서
태어난 딸이 바로 알란 미인이라는 이름의 그 아가씨다. (8절)

코릴라르타이 명궁의 딸, 아릭 오손에서 태어난 알란 미인을 거기서 청혼
하여 도본 명궁이 취한 내력은 그러하다. (9절)

카치 쿨룩(카치 준마)의 아들 카이도는 노몰론 어머니에게서 태어났다. (46절)

예수게이 용사는 후엘룬 부인한테서 테무진, 카사르, 카치온, 테무게 이
네 아들을 낳았다. 테물룬이라는 이름의 딸도 낳았다. (60절)

이상의 내용을 통해『몽골비사』의 배경인 중세 몽골에서 여성의 인명은 몽
골진 미인(mongoljin gua), 보르그친 미인(borogchin gua), 알란 미인(alun gua),
바르고진 미인(bargujin gua), 아릭 오손(arig usun), 노몰론(namulun), 후엘룬
(öelun), 테물룬(temülün) 등이다. 이러한 여성 인명 중에는 여성의 인명임을
나타내는 접미사인 -jin이 들어간 인명도 제법 보이는데, 이러한 인명이『몽
골비사』속에 잘 드러나 있다는 논의는 부분적으로 이미 진행된 바 있다.[11]
또한 몽골진(mongoljin), 보르그친(borogchin), 알란(alun), 바르고진
(bargujin)에는 gua(미인)라는 용어를 붙여서 "이름+gua(미인)"로 여성의 이
름임을 암시해 주고 있다. 이러한 인명은『몽골비사』속에 남성의 인명과 함
께 자주 등장하는 mergen(명궁)과 baatar(영웅)라는 용어와 비교해서 고찰할
수 있는데, 어떤 특정한 인물에 gua나 mergen 그리고 baatar라는 용어가 붙는
가 하는 점에 주목해서 고찰할 수 있다. 다시 말해서 13세기에는 이러한 용어

---

11 몽골 학자 소드놈(Sodnom)은『몽골비사』에 나오는 인명을 분석하면서 -jin을 여성 인명에 붙
   는 접미사로 간주하기도 한다. Ch. Sodnom, "mongol hunii neriin tuhai", *mongoliin sudlaiin zarim
   asuudal*(Ulaanbaatar, 1964), p. 55-56.

들이 인명이라기보다는 특정한 인물을 칭송하거나 가르키는 특별한 어휘로도 볼 수 있기 때문이다. 특히『몽골비사』에 기술되고 있는 이러한 인명에 붙는 용어들은 대부분 칭기즈칸의 조상들 인명에 나타나고 있기 때문에 후대 (13세기)에 기술되면서 인명에 첨가하여 이러한 존칭이나 칭호를 나타내는 용어가 덧붙여질 수도 있는 것이다.

한편 현대 몽골의 인명에서는 재미있게도 이러한 용어들이 인명으로 사용되고 있기도 하다. 예를 들어서 Dariimaa(2008)의『몽골인명사전』에 보면 gua와 관련해서 Odongua와 Sarangua라는 몽골 인명이 들어 있으며, mergen 및 baatar와 관련해서는 Egshigmergen과 Enhmergen 그리고 Zorigtbaatar, Otgonbaatar, Shildegbaatar 등의 인명을 엿볼 수 있다.

2. 여성의 지위와 역할

몽골의 여성들은 남성에 못지않게 강인한 속성을 가지고 있는 경우가 많다. 특히 몽골의 전통적인 유목 문화에서 여성은 중요한 역할을 담당하고 있음이 잘 나타난다.[12]『몽골비사』속에는 여성의 지위와 역할에 대하여 많은 내용이 자세하게 기술되어 있다. 이러한 내용은 여성들 사이의 지위와 서열 관계, 막내아들과 밀접하게 관련된 지위, 그리고 집에서 여성의 지위와 관련한 위치 등 다양한 편이다. 또한 여성의 역할과 관련해서 남성의 빈자리를 대신하여 가족이나 부족을 이끌어 가는 역할에서부터, 형제들의 다툼을 중재하거나 중요한 결정을 하는 데 있어서 적극적으로 개입하여 적절한 충고를 하는 역할 등 다양하다. 한편 여성민속과 관련하여『몽골비사』에 반영되어 있는 여성의 지위와 역할에 대한 구체적인 기술 내용 중에서 여성의 지위를 먼저 분석하고, 다음으로 여성의 역할에 대하여 논의해 보고자 한다. 먼저『몽골비사』에 기술되어 있는 여성의 지위와 관련된 내용은 다음과 같다.

---

12 몽골의 설화 속에도 몽골 여성이 가지고 있는 독립성과 자립성이 잘 반영되어 있다. 자세한 내용은 박환영, 앞의 책(2010b), 187-188쪽.

보돈차르의 적실에서 태어난 자는 종아리가 한 뼘밖에 되지 않았고(키가 몹시 작았고), 이름은 카비치였다. (43절)

나친 용사의 적실에게서 태어난 자들은 시조오다이와 도콜라다이였다. (46절)

테무진을 비롯한 아들들은 재빨리 일어나 자신들의 말을 잡아탔다. 테무진이 한 마리를 잡아탔다. 후엘룬 어머니가 탔다. 카사르가 탔다. (……) 테물룬을 후엘룬 어머니가 자기 앞에 앉혔다. 한 마리는 예비마로 준비했다. 부르테 부인에게는 말이 차례가 안 갔다. (99절)

오난의 숲에서 잔치를 하게 되었다. 첫 동이의 술을 칭기즈칸, 후엘룬 부인, 카사르, 그리고 사차 베키에게 먼저 따랐다. 다음 동이를 사차 베키의 작은어머니 에베게이부터 따랐다. 그러자 코리진 카톤과 코오르친 카톤이 "나부터 아니 따르고, 어찌 에베게이부터 따르느냐?"며 집사장 시키우르를 때렸다. (……) (130절)

타타르의 예케 체렌의 딸 예수겐 카돈을 칭기즈칸이 거기서 취했다. (……) 제 언니는, 이름이 예수이인데, 저보다 윗길 가는 사람이며 칸에게 적합한 사람입니다. (……) 이 말에 칭기즈칸이 "네 언니가 너보다 낫다면 찾자! 네 언니를 찾으면 네가 양보하겠느냐?"고 물었다. (……) "언니에게 제 자리를 양보하겠습니다!" 하고 대답했다. 이 말에 칭기즈칸이 찾아내도록 명을 내려 (……) 예수이 카돈을 그리로 데려왔다. 예수겐 카돈은 자기 언니를 보자 앞서 약속한 대로 일어나 자기가 앉았던 자리에 언니를 앉히고, 자신은 그 밑에 앉았다. (155절)

보로골의 아내 알타니가 어머니의 집에서 왼쪽(동쪽)에 앉아 있다가 어머니가 "아이를 죽인다!"고 외치는 것과 동시에 알타니가 함께 뒤쫓아 달려나와 카르길 시라의 뒤에서 한 손으로는 그의 머리끄덩이를 잡고, 다른 손으로는 칼을 뽑고 있는 그의 팔을 잡아당기자 칼을 떨어뜨렸다. (……) (214절)

칭기즈칸이 어머니에게, 아들들에게, 아우들에게 백성을 나누어 주겠다며, "나라를 모으며 고생하신 것은 어머니다. 내 아들들 가운데 맏이는 조치다. 내 아우들 가운데 가장 어린 것은 막내(테무게)다"라고 하면서 어머니에게 막내의 몫과 함께 1만의 백성을 주었다. 어머니는 싫어서 아무 소리도 하지 않았다. (……) (242절)

이상의 내용은 13세기 몽골에서 여성이 가지는 사회적 지위를 발 반영해 주고 있다. 좀 더 구체적으로『몽골비사』에 기술되어 있는 내용을 바탕으로 몽골 여성들의 지위에 대하여 분석해 보자.

첫째, 『몽골비사』 43절과 46절에는 부인들 사이를 구분하면서 적실을 아바아리 엠(avaal'em, 문자 그대로의 뜻은 법적으로 첫 번째로 결혼한 아내)이라고 기술하고 있는 것으로 보아서 부인들 사이에서 뚜렷한 지위가 정해져 있었던 것 같다. 같은 맥락에서 칭기즈칸의 대야사 제34조에 보면 부인들 중에서 혼인한 시기에 따라서 한 사람이 정처(正妻)가 된다[13]고 나와 있는 것도 이러한 지위와 서열에 대한 몽골의 민속 문화를 반영해 준다.

둘째, 『몽골비사』 99절에는 칭기즈칸의 부인이 타고 갈 말이 없어서 피신하지 못해 메르키드족에게 잡혀가는 내용이 나온다. 즉 테무진, 후엘룬 어머니, 카사르를 비롯한 시동생들이 타고, 어린 시누이인 테물룬은 후엘룬 어머니의 말 앞에 태우고, 남은 한 마리는 예비마로 준비하다보니 부르테 부인이 탈 말이 없었던 것이다. 이러한 내용에서는 당시 몽골 사회에서 남편의 가족

---

13 V. A. 랴자노프스키,『몽골의 관습과 법』, 서병국 옮김(혜안, 1996), 116쪽.

을 위하여 먼저 희생을 해야했던 며느리의 지위를 간접적으로 엿볼 수 있다.

그러나 또 한편으로 보면 유목 사회에서 만연한 약탈혼의 결과로 인하여 물고 물리는 악연이 생겨나게 되고, 갑작스러운 위기에 신속하게 대처하기 위해서는 짧은 시간에 위기를 가져온 원인을 파악하고 발 빠르게 움직여야 한다. 이러한 맥락을 기초로 하여 『몽골비사』 99절의 내용에 접근해 본다면 메르키드의 급습은 칠레두의 부인이었던 후엘룬이 약탈된 것에 대한 보복성 공격이라는 사실을 간과할 수는 없다. 즉 테무진을 비롯한 가족 구성원들의 안전을 위하여 메르키드족의 공격 목표인 부르테를 남겨 놓을 수밖에 없었으며, 절박한 상황과 위기를 우선 벗어나기 위한 전략적 선택 및 희생으로 부르테를 남길 수 밖에 없었던 것으로 해석할 수도 있는 것이다. 이러한 내용과 관련하여 웨더포드(2005)는 다음과 같이 기술하고 있다.

> 테무진의 어머니를 빼앗겼던 부족 메르키드는 18년이 지난 뒤에 이제 와서 과거의 수모를 복수하겠다고 나섰다. 메르키드족은 다섯 자식을 기르느라 늙어버린 과부 후엘룬이 아니라 테무진의 젊은 신부 부르테를 데려가 후엘룬 납치에 대한 앙갚음을 했다. (웨더포드:2005:76-77)

이상의 내용에서 잘 반영되어 있듯이 여성의 지위 문제로 한정해서 논의할 수도 있지만, 좀 더 심층적으로 접근해 보면 메르키드족에게 부르테를 노출시켜서 칭기즈칸을 비롯한 가족 구성원들의 안전한 도피를 꾀한 고육지책의 희생양이라는 측면이 강하게 내포되어 있기도 하다.

셋째, 『몽골비사』 130절에는 잔치를 할 때 누구에게 먼저 술잔을 올려야 하는가에 대한 내용이 나오며, 잔치에 참여한 여성들 사이에서도 술잔을 먼저 따르지 않았다는 이유로 큰 논쟁이 벌어지는 것이 잘 묘사되어 있다. 이러한 내용은 『몽골비사』 155절에 나와 있는 자매 사이의 친밀한 관계[14]와 대

---

14 몽골의 설화 속에 투영된 여성의 이미지 중에는 자매 사이의 친밀한 관계도 들어 있다. 박환

비해서 남편에 의해서 자신의 지위와 서열이 정해질 수 있는 동서(同壻)를 포함한 친족이나 부족 내의 여성들 사이의 갈등 관계를 잘 보여주고 있다.

넷째, 『몽골비사』 214절에는 몽골의 전통적인 가옥인 게르(ger) 안에서 여성의 위치가 잘 반영되어 있다. 즉 보로골의 아내 알타니는 게르의 동쪽(züün tald)에 앉아 있는 것으로 기술되는데, 게르의 동쪽은 전통적으로 여성들의 공간이다. 또한 적선을 구하러 게르를 방문했던 카르길 시라가 게르의 서쪽(남성들의 공간)에 앉아 있다가 다섯 살 난 톨로이를 납치해서 도망가려고 할 때[15] 어머니(부르테 부인)가 "아이를 죽인다!"고 외치는 장면이 잘 묘사되어 있다. 여기서 어머니의 위치는 게르의 제일 안쪽이며, 상석(上席)인 북쪽임을 알 수 있다. 즉 북쪽에서 보면 남성들의 공간인 서쪽이 오른쪽이 되고, 여성들의 공간인 동쪽은 왼쪽이 되기 때문이다. 따라서 연장자인 어머니(부르테 부인)는 북쪽에 앉고, 연하자인 보로골의 아내 알타니는 여성들의 공간인 동쪽에 앉아 있었음을 알 수 있다. 이러한 자리는 게르 안에서 여성의 지위와도 밀접한 연관성이 있는 것이 분명하다.

다섯째, 『몽골비사』 242절은 일종의 분봉(分封)과 같은 칭기즈칸이 이룬 재화(財貨)와 백성을 나눌 때 어머니의 지위가 막내아들과 밀접하게 연계되어 있다는 내용이다. 같은 맥락에서 웨더포드(2005 : 132)는 『몽골비사』를 토대로 "칭기즈칸이 어머니를 막내인 테무게에게 보내 함께 살게 했는데, 테무게는 초원의 전통에 따라 옷치긴(otchigin), 즉 '화로의 왕자'로 불렸으며, 옷치긴은 나이 든 부모를 모시는 책임을 맡았다"고 기술하고 있다. 한편 몽골의 전통적인 재산 상속이라는 측면에서 아버지가 돌아가시고 난 후 상속을 할 때 아들이 우선적으로 재산 상속의 대상이 되는데, 칭기즈칸의 대야사 제34조와 제

영, 앞의 책, (2010b), 178-179쪽.

15 이 부분에 대한 『몽골비사』 214절의 내용은 다음과 같다. "바른쪽(서쪽) 침상의 문 쪽 끝에 앉아 있을 때 다섯 살짜리 톨로이가 밖에서 들어왔다가 다시 뛰어나가는 것을 카르길 시라가 일어나서 제 겨드랑이에 끼고 나와 한 손으로 제 칼을 더듬어 뽑으며 갔다." 유원수, 앞의 책, 216쪽. 한편 몽골어 원어에는 바른쪽(서쪽) 침상의 문쪽 끝이라는 부분을 baruun iser oriin ömnöd 라고 표기되어 있다. Gaadamba, ibid, p. 191과 Palamdodj and Myagmarsambuu, ibid, p. 151.

35조에 보면 재산 분배의 경우 연장자는 연소자보다 많이 받으며, 막내아들은 아버지의 가재도구를 상속한다[16]라는 내용이 있다. 따라서 몽골의 재산 상속에서 막내는 부모의 게르와 가재도구, 가보(家寶), 집안의 가신(家神) 등을 상속받게 되고, 또한 살아계시는 부모를 모시는 의무를 가지고 있기도 하다.

여성의 역할과 관련해서 『몽골비사』에 기술된 내용을 보면, 자녀를 위한 헌신적인 양육자, 버려진 어린이들을 양자로 키우는 온화한 입양자, 중대한 결정에서의 과감한 충고자, 가족이나 친족의 강력한 지도자, 가족 내의 분쟁 시 중재자 등의 역할을 하고 있다. 먼저 자녀를 위한 헌신적인 양육자의 역할이 기술된 『몽골비사』의 내용을 보면 다음과 같다.

> 여장부로 태어난 후엘룬 부인이 어린 아들들을 기르는데, 모자를 단단히 눌러 쓰고 허리띠를 바싹 졸라매고 오난 강을 위아래로 뛰어다니며 산이스랏(산앵두), 머루를 따서 낮으로 밤으로 허기를 달랬다. 담력을 갖고 태어난 어머니가 복 받은 아들들을 기를 때 잇개나무 꼬챙이를 잡고 오이풀, 수리취를 캐서 먹였다. (……) 원칙이 있는 어머니가 산나리로 기른 아들들 절도 있는 현자들이 되었다. (74절)

> 아름다운 부인이 부추, 달래로 키운 철부지 아이들 헌헌장부들이 되었다. (75절) (후엘룬 어머니는) 저를 당신의 다리에 뉘어 아들로 길렀습니다. 곁에 눕혀 저를 (그대의) 아우로 길렀습니다. (……) (203절)

> 그대들의 어머니는 함께 고생하며 높다랗게 머리를 묶고, 잘끈 허리띠를 동여매고, 모자를 단단히 눌러쓰고, 끊어져라 허리띠를 졸라매고 그대들을 기를 때 삼킬 사이에 일부를 주고 당신의 목구멍을 좁혀 당신의 모든

---

16 라자노프스키, 앞의 책, 116쪽. 또한 같은 맥락에서 1640년 몽골 오이라트 법전과 갈단 쿤 타이지의 보충 칙령을 보면 아들만이 상속을 받을 수 있고, 딸은 전혀 유산을 받지 못하며 다만 혼인지참물을 받는다고 나와 있다. 라자노프스키, 위의 책, 137쪽.

것을 주고 주린 채 다녔던 것이다. 누가 그대들의 빗장뼈를 잡아당겨 남자답게 만들었는가? 그대들의 몸을 씻기고 그대들의 발꿈치를 들게 하여 남자의 어깨뼈에, 거세마의 엉덩이에 닿게 하고, 이제 당신의 그대들이 잘 되기를 보겠다고 생각하고 계시지 않은가? (……) (254절)

이상의 내용에는 남편이 없는 상황에서 자녀들의 양육을 위하여 희생과 고생을 감수하는 헌신적인 몽골 여성의 역할이 잘 드러나 있다. 어려운 역경 속에서도 때로는 억척스럽고, 또 때로는 강인하게 자식들을 양육해서 현명하고 용감한 성인으로 길러낸 후엘룬 어머니의 역할이 잘 반영되어 있는 것이다. 다음으로 버려진 어린이들을 양자로 키우는 온화한 입양자와 관련된 『몽골비사』의 내용은 아래와 같다.

다섯 살 난 쿠추라는 이름의, 눈에 불이 있는 소년이 목영지에 떨어진 것을 우리 군대가 발견하고 데려다가 후엘룬 어머니에게 선물로 드렸다. (114절)

부르테 부인의 말을 옳게 여겨 멈추지 않고 밤을 새워 이동하여 갈 때 도중에 길에서 타이치오드를 통과해 지나갔다. (……) 쿠쿠추라는 이름의 사내아이를 목영지에 떨어뜨린 것을 우리 사람이 데려와서 후엘룬 어머니에게 드렸다. 후엘룬 어머니가 길렀다. (119절)

목영지에 버려진 한 어린 소년을 발견했다. (……) 데려다가 칭기즈칸이 후엘룬 어머니에게 "선물입니다" 하고 드렸다. 후엘룬 어머니가. (……) 자신의 다섯 아들들의 아우, 자신의 여섯 번째 아들로 삼아 시키켄 코도코라고 이름 지어 돌보았다. (135절)

제브케는 주르킨의 목영지에서 보로올이라는 이름의 어린 사내아이를 데

려와서 후엘룬 어머니에게 알현시키고 드렸다. (137절)

　이상의 내용은 버려진 어린이들을 따뜻하게 맞이하여 이름[人名]을 지어 주기도 하면서 친자식과 같이 정성으로 돌보는 몽골 여성의 역할이 잘 드러나 있다. 이러한 내용은『몽골비사』에서 보이는 의형제(and) 관계[17]나 의붓아버지와 아들과의 관계[18]와 마찬가지로 출생이나 혼인에 의한 순수한 친족 관계와 구별되는 인위적인 친족 관계의 또 다른 범주로 다루어 볼 수 있는 문제이기도 하다. 이어서 전통적인 몽골 여성의 역할 중에서 중대한 결정에서의 과감한 충고자와 관련한『몽골비사』의 내용은 다음과 같다.

　테무진은 자모카의 이 말을 이해할 수 없어서 잠자코 멈춰 뒤처져서 이동 중의 수레들을 기다렸다가 후엘룬 어머니에게 다가가 (……) "저는 그 말을 이해할 수 없어 아무 대답도 안 했습니다. 어머니께 묻자고 왔습니다"고 했다. 후엘룬 어머니가 무슨 소리를 내기도 전에 부르테 부인이 나서며, "자모카 형제는 쉽게 싫증을 낸다고 얘기를 하고 있었습니다. 이제 우리에게도 질릴 때가 되었습니다. 자모카 형제가 한 그 얘기는 우리에게도 바라고 하는 말입니다. 우리는 여기서 묵지 맙시다". (……) (118절)

　칭기즈칸이 미처 무슨 소리를 내기도 전에 부르테 부인이 침상 안에서 몸을 일으키고 앉아 담요 자락으로 가슴을 가리고 막내(테무게)가 우는 것을 보고 눈물을 떨어뜨리고는, "어떻게 된 것입니까, 콩코탄 그놈들이? 전에는 카사르에게 뭇매를 때렸습니다. 이제는 또 이 막내(테무게)를 왜 제 뒤에 무릎을 꿇립니까? 무슨 법도 입니까? 이제 이들 잇개나무, 소나

17『몽골비사』에 나오는 대표적인 안다(and, 의형제) 관계는 옹칸과 예수게이 용사 그리고 테무진과 자모카로, 이들이 맺은 결속은 안다 관계의 대표적인 사례이다.

18『몽골비사』 96절과 164절에 보면 옹칸과 테무진은 의붓아버지와 아들의 관계를 맺는다. 자세한 내용은 박환영,『몽골의 전통과 민속보기』(박이정, 2008a), 65–66쪽.

무 같은 당신의 아우들을 이렇게 음해들 합니다. (……) (245절)

개해(1226년)의 가을에는 칭기즈칸이 탕오드 사람들에게 출정했다. 카돈들 가운데 예수이 카돈을 데리고 갔다. (……) 들말들이 닥쳐오자 조소트 보로가 놀라는 바람에 칭기즈칸이 말에서 떨어졌다. (……) 그 밤을 지내고 다음날 아침 예수이 카돈이 "아들들, 노얀들이 상의하시오!칸께서 간 밤에 열이 몹시 높았습니다" 하고 말했다. (……) (265절)

이상의 내용에는 가족과 친족 그리고 부족과 같은 더 큰 사회 공동체 내에서 중요한 결정을 해야 할 때 적극적이고 과감하게 개입하여 결정적인 충고를 제안할 수 있는, 전통적인 몽골 사회에서 여성의 역할에 대한 내용이 잘 반영되어 있다. 한편 다음은 『몽골비사』 속에 투영되어 있는 몽골의 여성이 가지고 있는 가족이나 친족의 강력한 지도자로서의 역할이다. 예를 들어서,

후엘룬 부인은 사람들이 자기들을 버리고 떠나자, 몸소 깃발을 잡고 말을 타고 가서 몇 사람을 데려왔다. (73절)

나이만의 타양 칸의 어머니 구르베스가, "옹칸은 왕년의 노대칸이었다. 그의 머리를 가져와라! 그 사람이면 우리가 제사를 지내주자!"고 해서 코리 수베치에게 사자를 보내 그의 머리를 잘라 보내도록 하였다. (……) (189절)

"당신이 이렇게 용기가 없는 것을 알았으면 비록 카돈 된 사람이지만 당신의 어머니 구르베수를 데려다 군대를 지휘토록 했을 것 아닙니까?" (……) (194절)

토마드 사람들의 노얀 다이도콜 소코르(다이도콜 소경)가 죽고, 그의 아내

보토코이 타르곤이 토마드 사람들을 통치하고 있었다. (……) (240절)

이상의 내용을 통해 몽골의 여성들은 주어진 여건이나 환경에 따라서 정치적으로 남자를 대신하여 가족이나 친족을 이끌어 가는 지도자로서의 역할[19]뿐만 아니라 제의적(祭儀的)인 영역에서도 주도적인 역할을 담당하기도 했음을 알 수 있다. 다음은 여성이 가족 내의 분쟁 시 중재자로서 역할을 하고 있는『몽골비사』의 내용이다.

어머니가 나타나자 놀라 두려워했다. 어머니는 수레에서 내려 묶여 있던 카사르의 소매를 몸소 풀어 주고, 모자와 허리띠를 카사르에게 돌려주었다. 화가 나서, 분을 이기지 못하고 다리를 꼬고 앉아 자기의 두 젖을 꺼내 두 무릎 위로 넘쳐 내리게 하고는, "보았느냐? 너희들이 빨던 젖이 이것이다". (……) 칭기즈칸이, "어머니를 화나게 해서 두렵고 두려웠다. 부끄럽고 부끄러웠다"고 하고는 "물러나자, 우리가!" 하며 물러났다. (……) (244절)

위의 내용에서 볼 수 있는 바와 같이 후엘룬 어머니는 형제들 사이의 다툼과 반목을 해결하기 위하여 적극적이고도 강력하게 개입하면서도 설득력 있는 언행을 지혜롭게 동원하여 해결하고 있다. 이러한 점에서 칭기즈칸에게 후엘룬 어머니는 다른 형제들과의 반목을 해결해 줄 수 있는 유일한 존재였던 것이다.

---

19 조금 다른 측면이기는 하지만 몽골의 설화 중에는 가족과 가정 생활에 소홀한 남편(아브갈다이)을 엄하게 상대하는 아내(헤테르헤엥)에 대한 내용도 있어서, 가정 생활 속에서 몽골 여성이 가지는 주도적이고도 적극적인 역할을 보여 주고 있다. 자세한 내용은 장장식,『몽골민속기행』(자우, 2002), 54-58쪽과 박환영, 앞의 책(2010b), 180-183쪽.

3. 혼인 풍속

몽골 유목 사회의 혼인 풍속은 보통 신랑이 신부를 맞이하기 위하여 아버지를 따라 외가를 비롯한 이전에 신부를 맞이했던 인적 네트워크를 통하여 연대와 결속 관계가 형성되어 있는 지역을 방문해 신부를 구하거나,[20] 초원에서 강제로 신부를 빼앗는 식이다. 이러한 내용은 『몽골비사』 속에도 잘 반영되어 있다. 그런데 『몽골비사』에는 이러한 내용 외에도 정치적인 결혼 동맹, 청혼, 시집가는 딸을 배웅하는 민속, 혼자금(婚資金), 형수와의 결혼(levirate) 등과 같은 민속 문화에 대한 내용도 비교적 자세하게 기술되어 있다. 먼저 『몽골비사』에 나타나 있는 청혼 및 신부 구하기에 대한 내용은 아래와 같다.

"이동해 오는 사람들 가운데 한 검은 수레의 앞자리에 있는 아가씨가 아름답다. 미혼이면 도본 명궁, 너를 위해 청혼하자!"며 아우 도본 명궁을 보냈다. (6절)

예수게이 용사는 테무진이 아홉 살이 되자 후엘룬 어머니의 친정인 올코노오드 사람들에게서, 즉 테무진의 외가에서 테무진의 색시를 구하고자 테무진을 데리고 떠났다. (61절)

예수게이 용사가 "이 아이는 내 아들입니다. 아이의 외가인 올코노오드 사람들에게서 색시를 구하려고 가는 길입니다" 하고 대답했다. (62절)

딸을 보니 마음에 들어 했다. 테무진보다 한 살 많은 열 살이었다. 부르테라는 이름이었다. 하룻밤을 묵고 이튿날 청혼을 하니 테이 현자는, "여러 번 청해야 주면 우러러보고, 단 몇 차례만 청해도 주면 업신여기지만, 딸

---

20 몽골의 전통 혼례에서 신랑 측과 신부 측을 매개하는 중매를 혼례의 가장 중요한 기본적인 절차 중의 하나로 기술하고 있다. 장장식, 앞의 책(2005), 302–321쪽.

된 사람의 운명은 태어난 집 문전에서 늙지 않는 것! 내 딸을 드리리다! 당신 아들을 사위로 두고 가시오!" (66절)

이상의 내용은 초원에서 우연히 만난 신부감에게 청혼하는 내용과, 신부 감을 찾아서 외가로 가는 도중에 신부감을 찾아서 청혼하는 내용에 대한 기술이다. 또한 데릴사위제와 같이 예비 신랑(예비 사위)을 신부집에 두고 가는 몽골의 혼인 풍속을 보여 주고 있기도 하다. 다음은 『몽골비사』에 반영되어 있는 결혼 동맹에 관한 내용이다.

"친한 위에 겹으로 친하게 되자!"고 칭기즈칸이 생각하여 조치를 위해 셍 굼의 누이 차오르 베키를 구하면서, 셍굼의 아들 토사카에게는 우리의 코 진 베키를 주겠다며 청혼하였다. (165절)

"칭기즈칸께서 허락하신다면 (……) 그대의 다섯째 아들이 되어 힘을 바 치겠습니다!" 하고 아뢰어 왔다. 그 말에 칭기즈칸이 허락하여 답을 보내 기를, "딸을 주마! 다섯째 아들이 되도록 하라!" (238절)

오이라드의 코도카 베키를 맞아 "먼저 귀순하여 자기의 투멘 오이라드를 이끌고 왔다" 하여 상을 내려 그의 아들 이날치에게 체체이겐을 주었다. 이날치의 형 투룰치에게 조치의 딸 콜로이칸을 주었다. 알라카 베키를 옹 구드에게 주었다. (……) (239장)

칭기즈칸이 이바카 베키를 주르체데이에게 상으로 주며 (……) "공을 세 운 도리를 생각하여 나의 말을 어기지 말고, 자손 대대로 이바카의 자리가 끊어지지 말게 하라!"고 명을 내렸다. (……) (208절)

코빌라이 노얀이 아르슬란 칸을 데려와 칭기즈칸을 알현시켰다. 저항하지 아니했다고 칭기즈칸이 아르슬란에게 은혜를 베풀어 "딸을 주겠다!"고 했다. (235절)

카신 사람들의 보르칸이 귀부하여, "그대의 오른팔이 되어 힘을 바치겠습니다" 하고 아뢰면서 차카 이름의 딸을 칭기즈칸에게 내주었다. (……) (249절)

이상의 내용은 정략적인 정치적 동맹을 위하여 혼인을 성사시키는 몽골 유목 문화의 한 단면을 잘 보여 준다. 이러한 내용은 불안정한 13세기 당시 몽골의 유목 사회에서 흔히 이루어졌던 사회적 양상이었던 것 같다. 다음에 인용하는 부분은『몽골비사』에 기술되어 있는 신부를 배웅하는 풍속과 관련된 내용이다. 예를 들어서,

보이로오드 타타르 사람들에게 암바가이칸이 딸을 주어 몸소 딸을 데리고 가게 되었는데, 도중에 타타르 주인 사람들이 암바가이칸을 붙들어 키타드의 알탄칸에게로 데려갔다. (……) "모든 자의칸, 나라의 주인이 되어 자신의 딸을 몸소 배웅하는 것을 내 이후로 금하라!" (53절)

데이 현자는 테무진을 보고 크게 기뻐하며 (……) 부르테 부인을 함께 떠나게 했다. 데이 현자는 켈루켄의 오락촐 습원(濕原)까지 배웅하고 돌아갔다. 그의 아내인 부르테 부인의 어머니는 이름이 초탄이었다. 초탄이 딸을 배웅해서 구렐구 안에 있는 셍구르 개울(에서 설영하고 있던 테무진네 캠프)까지 따라왔다(가 돌아갔다). (94절)

이상의 내용은 시집가는 딸을 배웅하기 위하여 친정아버지와 친정어머니

가 몸소 딸과 함께 시집가는 딸을 따라가는 몽골의 혼례 풍속을 다루었다. 다음으로는 형수를 아내로 맞이하는 풍속, 약탈혼, 혼자금(婚資金)의 내용이 『몽골비사』 속에 기술되어 있는 부분을 살펴보면 아래와 같다.

차라카이 링코가 형수에게서 낳은 자는 베수테이였다. (47절)

후엘룬 부인이 탄 수레의 고삐를 예수게이가 끌고, 형 네쿤타이지가 앞장을 서고, 동생 다리타이 막내가 수레 옆에 붙어 (……) 후엘룬 부인을 예수게이는 이렇게 해서 집으로 데려왔다. (56절)

셍구르 개울에서 이동하여 켈루렌 강의 발원 지역인 부르기 기슭에서 목영할 때 "초탄 어머니의 예물"이라고 처가에서 검은 담비 외투를 보내왔다. (……) 테무진이 옹칸에게 가서, "일찍이 저희 아버지와 의형제를 맺으신 바 있습니다. 아버지와 같다고 생각하여 아내를 얻은 기념으로 예복을 가져왔습니다"고 하며 담비 외투를 주었다. (……) (96절)

이상의 내용을 분석해 보면 먼저 형수와 혼인을 하여 아들을 낳게 되는 것으로 보아서 과부가 된 여성과 죽은 남편의 형제가 혼인하는 결혼의 한 유형인 레비레이트(levirate)로 볼 수 있다. 또한 지나가는 여성을 강제로 데려와서 혼인하는 약탈혼의 흔적도 보이고, 혼례가 성립되면 신랑 측에서 신부 측에게 예물로 주는 신부대(新婦代)[21] 외에도 신부 측에서 신랑 측에게 예물로 주는 혼자금에 대한 내용이 상세하게 잘 기술되어 있는 셈이다.

---

21 『몽골비사』 66절에 보면 테무진의 아버지는 테무진을 사돈집에 맡기고 가면서 예비마를 예물로 주는 내용이 있는데, 이 예물이 일종의 신부대이다.

4. 여성과 관련된 상징민속

『몽골비사』에 기술되어 있는 내용은 역사적인 사건에 근거를 두고는 있지만 상당 부분은 상징과 은유적인 표현으로 기술되어 있기도 하다. 이러한 내용 중에서 특히 여성과 관련된 상징에 대한 기술은 그렇게 많은 편은 아니다. 그러나 『몽골비사』의 내용 중에서 여성 상징과 관련하여 몇 가지 공통되는 문화 요소를 분석하기 위하여 동물 상징과 자연물을 여성으로 상징하는 내용으로 이분하여 살펴볼 수 있다. 먼저 동물 상징과 관련된 내용은 아래와 같다.

지고하신 하늘의 축복으로 태어난 부르테 치노(잿빛 푸른 이리)가 있었다. 그의 아내는 코아이 마랄(흰 암사슴)이었다. (1절)

쿠쿠추가 "네년은 셍굼을 서방 삼았으면 하고 있구나!" 하고 윽박질렀다. 그 말에 그의 아내가, "나는 여자가 되어 개의 얼굴을 하고 있다고 얘기되었다!" (……) (188절)

이상의 내용을 보면 흰 암사슴은 몽골인의 여성 시조(始祖)로 상징화되어 있는 셈이다. 몽골의 민속 문화 속에서 흰색은 순수하고 성(聖)서러운 색깔이며, 소중하고 귀중한 색깔이기도 하다. 즉 흰색을 숭상하는 몽골인에게 흰색은 행운과 축복을 가져다주는 색깔이기도 하다. 한편 사슴은 불교와 관련해서 조용하고 평화로운 극락세계를 상징하며, 설화[22] 속에서 사슴은 인간을 도우며, 하늘과 땅을 매개해 주는 역할을 담당하기도 한다. 한편 개는 유목 사회에서 충실한 동물로 취급되고는 있지만, 위에서 기술된 바와 같이 상징적으로 여자에게 비유될 때는 정숙하지 못한 여성 혹은 다른 남성을 쉽게 가까이하는 바람난 여성으로 비유되는 경우가 많다. 다음으로 자연물을 여성

---

22 『호리투메드 메르겡』 설화에서 사슴은 천상의 존재와 지상의 존재가 부부의 연을 맺는 과정에서 중요한 역할을 담당한다. 자세한 내용은 장장식, 앞의 책(2005), 228-259쪽과 박환영, 앞의 책(2010b), 71-99쪽 참조.

으로 상징하는 내용을 살펴보면 아래와 같다.

어머니 같은 오난강의 기슭에 앉아 낚싯대와 바늘을 갖춰 각종 고기를 낚
아 올리고 (……) (75절)

권능 있는 하늘이 이름 지어 주시고, 어머니이신 대지에 이르게 하시어
(……) (113절)

구름이 개여 어머니이신 태양을 본 듯, 얼음이 풀려 강물을 얻은 듯 칭기
즈칸의 명성을 듣고 몹시 기뻤습니다. (……) (238절)

이상의 내용을 통하여 어머니는 항상 자식들을 포근하게 감싸 주듯이 고귀
하고 자상한 속성을 가지고 있으며, 따라서 강(江), 대지, 태양과 같은 자연물
을 어머니의 이미지에 비유하는 것으로 볼 수 있다. 특히 『몽골비사』 속에는
어머니가 가지는 이러한 여성의 이미지로 칭기즈칸과 직접적으로 연계되어
있는 알란 미인(alun gua), 후엘룬(öelun), 부르테(börte)를 통하여 몽골 여성
의 전형적인 속성을 잘 전달해 주고 있다.

Ⅲ. 기타 남은 여성민속의 내용과 과제

『몽골비사』에는 몽골의 민속 문화가 수없이 내재되어 있다. 이러한 민속
문화 중에서 여성과 관련된 민속을 인명, 지위와 역할, 혼인 풍속, 상징민속
등 네 가지 영역으로 분류하여 살펴보았다. 그런데 이러한 영역 속에 포함시
킬 수는 없지만 그래도 논의해 볼 만한 내용도 있어서 그중에서 몇 가지를 살
펴보고자 한다. 먼저 몽골 여성들의 소속감이나 정체성과 관련된 내용이 있

는데, 자세한 내용은 아래와 같다.

보돈차르가 앞장으로 약탈을 하다가 임신 중인 여자를 붙잡아 "너는 어느 씨족의 여자냐?" 하고 물었다. 그 여자는 "나는 자르치오드아당칸의 오리 앙카이 여자요" 하고 대답했다. (38절)

그 임신한 여자가 보돈차르에게 와서 아들을 낳았다. "타성 사람의 아들이다" 해서 자지라다이라고 이름지었다. (40절)

그 여자는 다시 보돈차르에게서 한 아들을 낳았다. 붙잡혀 온 여자가 낳은 아이라고 해서 그 아이를 바아리다이라고 이름지었다. (41절)

이상의 내용에서는 몽골의 유목 사회에서 여성들의 소속감이나 정체성이 얼마나 중요했는지를 엿볼 수 있다. 더욱이 어머니의 소속감이나 정체성에 따라서 태어나는 아기의 인명에 그 흔적이 남아 있도록 이름을 짓는 풍속도 일부 기술되어 있다. 다음으로 살펴볼 내용은 『몽골비사』에 반영된 주요한 여성민속의 내용 중 혼인 풍속에서 부분적으로 언급한 바와 같이 몽골의 유목 사회에서 신부(新婦)를 다른 부족에게서 찾아야 하는 족외혼(exogamy) 풍속으로 인하여 전통적으로 여성(신부)을 제공해 주는 부족이 있었음을 암시해 주는 내용이 있는데, 자세한 내용은 아래와 같다.

우리 옹기라드 사람들은 예로부터 손녀의 예쁜 얼굴, 딸의 미모를 가진 사람들, 나라를 안 다투는 자, 볼이 고운 딸들은 그대들의칸이 된 이를 위해 큰 수레에 태워 검은 수낙타를 매어 달려가게 해서 카톤의 자리에 함께 앉힙니다. (……) 예로부터 옹기라드 사람들은 카톤이라는 방패, 딸이라는 상주자, 손녀의 예쁜 얼굴, 딸의 미모를 가진 자들이었습니다. (64절)

우리의 아들들은 목영지를 돌봅니다. 우리의 딸들은 아름다운 얼굴을 보입니다. (……) (65절)

이상의 내용은 옹기라드 부족이 가지고 있는 특징 중에서 전통적으로 여성의 경우 좋은 신부감으로 성장시켜서, 특히 카톤의 자리에 앉을 수 있는 아름답고 지혜로운 여성으로 성장시켜서 다른 부족에게 많이 시집보내었음을 강조하고 있는 대목이다. 혼인을 여성의 교환이라는 측면에서 보면 족외혼이 일정한 기간 동안 규칙적으로 행해지게 되면 여성(신부)을 주는 부족과 여성(신부)을 받는 부족이 확연하게 드러나게 되는데 이러한 측면에서 본다면 『몽골비사』에 나오는 옹기라드 부족은 전통적으로 여성(신부)을 제공해 주는 부족으로 명성이 높았음을 잘 반영해 준다고 볼 수 있다.

여성민속에 초점을 두고 『몽골비사』라는 몽골의 민족대서사시와 같은 역사문헌 자료를 분석하는 작업은 그렇게 쉬운 일은 아니다. 다시 말해서 『몽골비사』는 오랜 시간 동안 몽골의 유목 문화와 전통을 진솔하게 간직하면서도 역사적인 기술(記述)과 더불어서 몇 겹의 다양한 상징과 은유로 포장되어 있어서 그 속에 담겨 있는 문맥을 제대로 파악하기가 어려운 것도 사실이다. 따라서 몽골의 민속 문화에 대한 총체적인 안목과 식견을 가지고 체계적으로 접근해야 하며, 이러한 관점에서 『몽골비사』에 반영되어 있는 인명, 지위와 역할, 혼인 풍습, 상징민속 연구라는 범위를 탈피해서 폭 넓게 고찰해 보면 구비전승, 물질민속, 언어생활, 젠더(gender), 생애사 등 여성민속과 관련한 좀 더 다양한 다른 연구 영역에 대한 접근도 향후 비교민속학의 과제로 시도해 볼 만하다.

IV. 나오는 말

　『몽골비사』는 13세기 몽골 유목 문화를 잘 반영해 주고 있는 몽골의 대표적인 역사 문헌 자료이다. 이제까지 여러 분야에서『몽골비사』를 분석하여 왔는데 그 속에 담겨져 있는 민속 문화에 대한 고찰도 제법 진행된 바 있다. 그러나 여성을 키워드로 하는 연구는 그렇게 두드러진 편이 아닌 것 같다. 이러한 관점에서 이 글은 여성을 중심으로『몽골비사』의 내용을 민속학적인 시각으로 고찰해 보았다.

　한편『몽골비사』는 작가가 미상인 13세기 역사 문헌 자료인데, 역사적인 기술을 넘어서 수많은 은유와 상징 그리고 문화 기호가 내재된 한 편의 민족 대서사시이기도 하다. 따라서 단순한 문맥의 해석보다는 문맥 속에 내재되어 있는 전통과 문화를 읽어 내는 작업이 필요한 것 같다. 이러한 시각에 초점을 맞추어서『몽골비사』속에 숨어 있는 여성과 관련된 민속 문화를 크게 네 가지 영역(인명, 지위와 역할, 혼인 풍속, 상징민속)으로 분류하고, 여기에 속하지 않는 몇 가지 작은 영역은 다섯 번째 기타 영역으로 모아서 분석해 보았다.

　『몽골비사』에 투영된 전통적인 몽골 여성은 후엘룬처럼 새신랑과 함께 시집으로 가는 도중에 납치되어 새신랑과 강제로 이별하고 다른 부족으로 시집가지만, 굳세게 적응하면서 헌신적인 자세로 그리고 사내대장부 같은 강인함으로 자녀들을 훌륭하게 양육하는 가정적인 여인상이다. 또한 부르테와 같이 메르키드 부족에게 납치되어 갔지만 어려운 역경을 잘 이겨내고, 결국 칭기즈칸과 재회하고 몽골 제국의 첫번째 왕후로서 큰 활약을 하게 되는 사회정치적인 여인상이다. 이러한 여인상은 부분적이지만 몽골의 설화 속에서 보이는 몽골 여성의 강인함과, 집안에서도 남편을 대신하거나 부정한 남편을 혼내 줄 수 있는 엄격하고 주도적인 여성의 지위와 역할과도 일맥상통한다고 볼 수 있다. 더욱이『몽골비사』에는 가족이나 친족, 더 나아가서는 부족과 같은 더 큰 사회 공동체의 중대한 일에도 직접 개입하거나 충고를 하는 여성과, 가족 내의 분쟁이나 다툼을 중재하는 해결사로서 여성의 역할도 잘 드러나 있다.

더욱이 어려움에 처한 남편의 가족과 친족을 구하기 위하여 희생하는 며느리(부르테)와, 역경에 처한 사위(테무진)를 돕기 위하여 담비 외투를 선사하는 장모의 경우와 같이 적극적인 희생과 처신 그리고 노력이 돋보이는 여성상이 잘 묘사되어 있다. 또한 『몽골비사』 속에는 형제들 사이의 반목과 분쟁이 자주 드러나 보이는 반면에, 자매들 사이에서는 서로 희생하고 도움을 주거나 언니와 동생이 서로 양보하면서 화합을 하여 친밀한 관계가 형성되어 있는 것으로 묘사되고 있다. 같은 맥락에서 동서(同壻)들 사이에는 남편의 위치에 따라서 정해질 수 있는 여성들 사이의 지위와 서열 문제로 반목과 경쟁 구도가 형성되어 있었던 내용도 『몽골비사』 속에서 발견할 수 있다.

끝으로 여성을 중심으로 『몽골비사』의 내용을 민속학적인 시각으로 분석하는 과정에서 『몽골비사』에 기술되어 있는 기본적인 내용 외에도 그 이면에 자리 잡고 있는 사회문화적인 배경과 당시(13세기) 전통에 대한 부분도 고려해야 하고, 직접적으로는 여성과 관련이 없는 영역 속에서도 간접적으로 혹은 상호보완적으로 여성민속과 연계되어 있는 경우도 간과할 수 없다. 또한 『몽골비사』에 들어 있는 다양한 역사적인 기술 속에는 서정적인 내용과, 은유와 상징으로 포장된 시적(詩的)인 내용이 많은 편이다. 이러한 내용은 피상적으로는 드러나지 않았지만 압축되어져서 심층적으로 여성과 관련된 민속 문화가 내재되어 있는 경우도 배재할 수 없다. 따라서 다각적인 영역과 시각에서 『몽골비사』에 대한 비교민속학적인 연구가 필요한 것 같다.

2. 몽골의 나담 축제와 민속 문화

I. 들어가는 말

몽골의 나담(naadam) 축제는 전통적인 유목 문화를 반영해 주는 대표적인 민속 축제이며, 계절적으로는 여름에 주로 행해지는 여름 축제이다. 몽골에서는 나담 축제를 줄여서 나담이라고 부르기도 하는데, 나담은 원래 "놀이하고 경기한다"는 의미를 가지고 있는 나닥흐(naadah)라는 말에서 기원하였으며, 이러한 축제를 이전에는 나담이라고 부르지 않고 단식그(danshig)라고 하여 종교적인 큰 의식에서 함께 행해지던 운동경기를 나타내는 용어로 사용하기도 하였다.[23] 따라서 몽골의 민속 문화 속에서 자주 등장하는 돌론 호쇼 단식그 나담(doloon hoshuu danshig naadam, 일곱 호쇼의 단식그 나담)이라는 표현에서 알 수 있는 바와 같이, 단식그는 19세기 말까지 일곱 개의 호쇼[hoshuu, 행정 상의 단위로 현대 몽골의 아이막(aimag)에 해당]가 함께하는 "큰 잔치"를 의미한 반면에, 각 호쇼에서 행해지던 "작은 잔치"로서의 축제는 호쇼니 나담(hoshuunii

---

23 일반적으로 나담(naadam)이라는 용어는 몽골의 대표적인 여름 축제를 가리키는 데 흔히 사용되고 있지만, 일상생활에서는 다른 여러 축제를 나타낼 때에도 사용되기도 한다. 예를 들어서 *kinonii naadam*(영화 축제)과 같이 일반적인 축제를 나타내기 위해서도 나담이라는 용어를 넣어서 사용하기도 한다. C. Bawden, *Mongolian-English Dictionary*(London: Kegan Paul, 1997), p. 226.

naadam)이라고 구별해서 불렀던 것이다.[24] 한편 오늘날 몽골의 나담은 하나의 국가적인 행사로, 매년 7월 11일부터 7월 13일까지 3일 동안 열린다. 이것은 1921년에 몽골에 사회주의 정부가 들어서면서 매년 7월 11일에서 13일까지를 몽골의 나담 축제일로 정하게 되면서부터이다. 한편 몽골의 수도인 울란바토르에서 행해지는 가장 큰 규모의 나담을 통상적으로 올신 바야르 나담(ulsiin bayar naadam)이라고 하고, 몽골의 여러 지방과 시골에서 작은 규모로 별도로 열리는 나담을 허드니 나담(hödöönii naadam)이라고 부른다.

나담 축제의 대표적인 경기는 흔히 '남자들의 세 가지 나담'(eriin gurban naadam)이라고 부르는 말달리기(mor' uraldah), 활쏘기(sur harbah), 씨름(böh barildah) 등이 중심이 되는데, 최근에는 몽골의 대표적인 다섯 종류의 가축(taban hoshuu-mal)[25]의 하나인 양(羊)의 복사뼈를 가지고 손가락으로 튀겨서 노는 몽골의 전통적인 민속놀이인 샤가이 하르바흐(shagai harbah)도 포함하고 있다. 또한 나담 축제에서 행해지는 민속 경기에는 경기에 참가하는 선수들이라든가 말[馬]과 같은 가축과 관련한 민속을 포함해서 다양한 몽골의 민속 문화가 함께 전승되어서 오늘날까지 이어져 오고 있다. 나담 축제와 관련한 민속놀이, 민속 음악, 오보 제 등을 비롯해서 설화와 속담에 이르기까지 몽골의 독특한 유목 문화가 그대로 녹아 있는 것이 바로 몽골의 나담 축제인 것이다. 다시 말해서 몽골의 유목 문화와 관련해서 가장 핵심적인 내용이 모두 나담 축제 속에 내재되어 있다고 해도 과언이 아닐 정도로 풍부하고 다양한 몽골의 전통적인 유목 문화가 반영되어 있는 것이 바로 몽골의 나담 축제이다. 따라서 나담 축제를 분석하여 그 속에 숨어 있는 몽골의 유목 문화를 고찰해 보는 것은 나름대로 민속학적인 의의가 있다고 할 수 있다.

몽골의 나담 축제를 민속학적인 입장에서 제대로 고찰하기 위해서는 통시

---

24 박원길, 「몽골 나담에 관한 역사·민속학적 고찰(上)」, 『몽골학』 10호(한국몽골학회, 2000), 45-46쪽과 박환영, 『몽골의 전통과 민속보기』(박이정, 2008a), 140쪽 참조.

25 문자 그대로 "다섯 가지 주둥이를 가진 가축"이라는 뜻으로 여기에는 말, 소, 양, 염소, 낙타가 속한다.

적인 입장에서 나담 축제의 기원과 유래담 등을 살펴보는 것은 물론이고, 현재에 전승되고 있는 나담 축제의 전승 양상까지도 꼼꼼하게 살펴보아야 한다. 즉 나담 축제에 대한 통시적인 고찰은 주로 역사 문헌 자료를 통하여 과거 몽골의 나담 축제가 어떻게 전승되어 왔는지를 구체적으로 고찰하는 방식이 우선이라면, 나담 축제의 현대적 전승 양상에 대한 고찰은 몽골 현지에서의 조사(fieldwork)를 통하여 오늘날에도 여전히 지속되고 있는 나담 축제를 집중적으로 분석하는 방식이다. 특히 오늘날 몽골에서는 과거의 전통을 되살리려는 움직임이 거세게 일어나고 있는데,[26] 몽골의 나담 축제도 같은 맥락에서 접근해 볼 수 있을 것 같다.

이 글에서는 민속학적인 시각에서 진행될 수 있는 몽골 나담 축제에 대한 본격적인 논의의 시발점에서 몽골 현지 조사[27]의 내용과, 이제까지 다루어진 문헌 연구의 내용을 중심으로 그동안 논의되었던 나담 축제와 관련된 연구를 우선 대략적으로 정리해 보고, 이를 통하여 앞으로 진행될 수 있는 나담 축제 연구의 시각과 전망을 천착(穿鑿)하고자 한다.

II. 몽골 나담 축제의 민속학적 연구 동향

나담 축제와 관련해서 이제까지 진행되어 온 주요한 연구 동향을 간략하게 살펴보면, 하나의 방향에서 접근하기보다는 보다 총체적으로 접근할 필요가 있음을 알 수 있다. 즉, 나담 축제는 전통적인 몽골의 유목 축제로서, 종합적인 민속 문화를 담고 있다. 따라서 다양한 측면에서 나담 축제에 접근해야 나

---

26 박환영, 앞의 책(2008a), 34~38쪽.

27 필자는 2002년 8월 6일부터 8월 15일까지 몽골의 터브 아이막(Töv aimag)에서 나담 축제 관련 설화(특히 유래담)와 금기를 현지 조사하였고, 2006년 6월 8일부터 6월 14일까지 힌티 아이막 (Hentii aimag)의 지역 나담 축제를 현지 조사하였으며, 2008년 7월 30일부터 8월 7일까지 몽골에서 나담관련 말[馬] 민속과 문헌 자료를 조사하였고, 2009년 7월 10일부터 7월 12일까지 울란바토르 나담 축제를 현지 조사 하였다.

담 축제를 제대로 이해할 수 있다. 아래에서 그동안 다루어진 연구 방향을 대략적으로 살펴보고, 그 속에 남아 있는 앞으로의 과제가 무엇인지도 함께 살펴보고자 한다.

우선 초창기에 진행되었던 연구로서, 몽골에서 몽골 학자에 의한 나담 축제와 관련한 다양한 논의가 있으며,[28] 국내에서는 주로 1990년 한·몽 수교를 전후해서 이루어진 국내 학자들에 의한 전반적인 나담 축제 연구가 있다.[29] 이러한 연구의 특징은 몽골의 문화와 민속에 대한 본격적인 연구를 위한 기초 연구로서, 국내에서 얻을 수 있는 역사 문헌 자료와 몽골 현지에서의 현지 조사를 중심으로 하는 연구이다. 또한 박원길은 역사 문헌 자료를 중심으로 나담 축제를 본격적으로 고찰하였으며,[30] 최근에는 현지 조사에 기초한 이승수, 김기선, 토미카와(Tomikawa), 박환영 등의 연구가 있다.[31] 예를 들어서 이승수는 몽골의 전통적인 나담 축제를 사회문화적인 배경과 문화 변용의 입장에서 분석하고 있으며, 김기선은 몽골의 나담 축제와 더불어서 내몽골 지역

---

28 몽골 학자에 의한 나담 축제 연구는 Ts. Shagdargochoo, *eriin gurvan naadam yaruu nairgiin emhtgel*(Ulaanbatar, 1961) ; B. Orhonselenge, B. Lhagvaa and D. Baldandorj, *eriin gurvan naadam*(Ulaanbatar, 1995) ; Ts. Bat-Ochir, *eriin gurvan naadam*(Ulaanbaatar, 1996) 등이 있다. 좀 더 자세한 내용은 박원길, 「몽골 나담에 관한 역사·민속학적 고찰 상(上)」, 『몽골학』 10호(한국몽골학회, 2000), 46쪽. 한편 구체적인 주제에 초점을 둔 몽골 나담 축제에 대한 몽골 학자의 최근 연구도 눈에 두드러진다. 예를 들어서, 나담 축제의 역사, 나담 축제에서 행해지는 남자들의 세 가지 경기, 오리앙하이(urianhai) 부족의 나담 축제와 관련한 활쏘기에 대한 연구가 있다. H. Magsarjav, *mongol ulsyn shine tüüh*(Ulaanbaatar, 2010), pp. 321-354 ; J. Dashdondog, *eriin gurvan ülger*(Ulaanbaatar, 2006) ; Ts. Yadamjav, *urianhain sur harvaa naadam*(Ulaanbaatar, 2007) 참조.

29 김기설, 「몽골의 나담 축제 고찰」, 김선풍(외 공저) 『몽골민속답사기』(민속원, 1998), 67-82쪽. 또한 부분적이지만 최서면, 『최서면 몽골 기행』(삼성출판사, 1990), 110-123쪽; 신현덕, 『신현덕의 몽골풍속기』(혜안, 1999), 239-253쪽 참조.

30 박원길, 앞의 논문, 45-90쪽; 박원길, 「몽골 나담에 관한 역사·민속학적 고찰 하(下)」, 『몽골학』 11호(한국몽골학회, 2001a), 155-215쪽; 박원길, 「몽골 축제: 할흐 몽골의 씨름에 대하여」, 『아시아인의 축제와 삶』, 김선풍 외(민속원, 2001b), 53-68쪽.

31 이승수, 「'나담 축제'에 보는 문화 변용」, 『비교민속학』 18집 (비교민속학회, 2000), 207-227쪽; 김기선, 「몽골의 나담 축제와 낙타 축제」, 김선풍(외 공저) 『아시아인의 축제와 삶』(민속원, 2001), 35-52쪽; R. Tomikawa, "Mogolian Wrestling (Bukh) and Ethnicity", *International Journal of Sports and Health Science*, Vol. 4(2006), pp. 103-109; 박환영, 「몽골의 나담 축제와 유래담 고찰」, 『구비문학연구』 24집(한국구비문학회, 2007a), 247-268쪽.

의 나담 축제에서 행해지는 낙타 경기를 검토하고 있다. 한편 토미카와는 나담 축제의 대표적인 세 가지 종류의 민속놀이 중 씨름에 주목하여 씨름과 몽골의 에스니시티에 대한 문제를 나담 축제와 부분적으로 연계해서 논의하고 있으며, 박환영은 나담 축제 속에 반영되어 있는 유래담과 말[馬]을 중심으로 나담 축제를 고찰하고 있다. 이상의 연구 외에도 나담 축제와 관련한 다양한 접근이 최근에 이루어지고 있다.[32]

양적으로 그렇게 많은 편은 아니지만 이제까지 다루어진 몽골의 나담 축제에 대한 국내외 연구의 주된 경향은 역사 문헌 자료를 중심으로 다루어진 경우와, 몽골에서의 현지 조사를 통하여 진행되었던 나담 축제에 대한 두 가지 연구에 집중되어 있다. 전자의 연구 경향은 역사적인 문헌 자료에 기초하여 나담 축제에 대한 기원과 역사적인 배경 등을 고찰한 연구이다. 한편 후자의 연구 경향은 역사 문헌 자료뿐만 아니라 현지 조사를 통한 현지의 분위기와 경험을 기초로 하여 나담 축제의 경기 방식이나 경기 종목, 문화 변용, 유래담, 복식 등을 살펴보는 연구이다. 이러한 연구 성과를 바탕으로 하여 앞으로 구체적이고도 심도 있는 논의를 진행할 수 있는 몇 가지 연구 주제를 살펴보면 다음과 같다.

첫째로는 전통적으로 몽골의 유목 문화 속에서 자연스럽게 만들어진 다양한 문화 속에서 나담 축제의 기원과 유래담은 앞으로 좀 더 다루어질 수 있는 대표적인 연구 주제이다. 사실 몽골에서 나담 축제가 언제부터 행하여졌는지 명확하게 알 수는 없다. 다만 『몽골비사』와 같은 13세기 몽골의 역사 문헌 기록에 몽골에서 나담 축제가 행해진 것을 짐작하게 해주는 몇 가지 기록이 남겨

---

32 이외에도 나담 축제와 관련한 연구는 권순정, 「몽골 나담 축제 경기 복식에 관한 연구」, 『한국의 류산업학회지』 3권 2호(한국의류산업학회, 2001), 124-130쪽; 홍정민, 「몽골 나담 축제 복식에 관한 연구」, 『복식』 52권 7호(한국복식학회, 2002), 167-177쪽; 윤희숙, 「나담 축제의 스포츠 문화적 의미」(한국교원대학교 교육대학원 석사학위논문, 2007), 1-43쪽; 심효윤, 「도시의 다문화 축제 연구 - 재한 몽골인 나담(naadam)축제를 통하여」, 『차세대 인문사회연구』 6호(한일차세대학술포럼, 2010a), 259-277쪽; 심효윤, 「재한몽골인 에스니시티와 몽골 축제 연구: 서울 광진구 나담(Naadam) 축제를 중심으로」(중앙대학교 대학원 석사학위논문, 2010b), 1-109쪽 참조.

져 있다.[33] 그럼에도 불구하고 몽골에서 나담 축제가 국가적인 축제로 본격적으로 행해지게 된 것은 1921년 사회주의 혁명에 의하여 청나라로부터 몽골이 독립하면서 사회주의 혁명일을 기념하면서부터이다. 그리고 2005년부터는 칭기즈칸에 의하여 몽골이 하나의 국가로서 통일된 1206년과 연계하여 몽골의 건국일도 기념하게 된다.[34] 다시 말해서 2010년 7월 11일부터 13일까지 행해진 몽골의 나담 축제는 89회 나담 행사이면서 몽골 건국 804년이 되는 해의 나담 행사이기도 한 것이다. 한편 원래 나담은 사회주의 혁명 이전에 7명의 봉건 제후가 주최하던 전통 나담 행사와, 몽골족의 정신적 지주로 여기던 보그드산과 헨티산(힌티산)의 오보를 섬기던 2개의 나담을 합쳐 만든 것이다.[35] 또한 날짜를 매년 7월 11일로 잡은 것은 1921년 사회주의 혁명이 완료된 날에 맞춘 것이라서 관제 축제일이지만, 나담 축제의 정신은 조상들의 것을 그대로 이어받았다고 한다.[36] 따라서 나담 축제의 기원에 대한 문제가 규명되어야만 오늘날 행해지는 나담 축제를 제대로 파악할 수 있는 것이다.

둘째로는 전통적으로 몽골의 나담 축제와 오보 제와는 밀접한 연관성을 가지고 있기 때문에 나담 축제와 오보 제와의 연관성을 다루어 볼 수 있다. 보통 나담 축제 때가 되면 오보[37] 앞에 양고기를 차려 놓고 마을의 안녕과 평화를 비는 오보 제를 지내기도 한다.[38] 이러한 전통은 내몽골 지역에서도 전승되고 있다. 예를 들어서 내몽골 지역에서는 광범위하게 정기적으로 봄과 여름에 오보 제를 지내는데, 오보 제를 마치고 나서 나담이 행해지는 경우가 많

---

33 박원길, 앞의 논문(한국몽골학회, 2000), 73-74쪽.

34 B. Bayarsaikhan, *Travelling by Mongolian Horse*(Ulaanbaatar, 2005), p. 271.

35 최서면, 『최서면 몽골 기행』(삼성출판사, 1990), 110쪽; S. Uranbileg, and E. Amarbilig, *Chinggis Khan's Mongolia*(Ulaanbaatar, 2009), p. 172.

36 신현덕, 앞의 책, 239쪽; 박원길, 앞의 논문(한국몽골학회, 2000), 88-89쪽.

37 몽골의 초원이나 산에는 지역의 수호신을 상징하는 돌무더기인 오보 혹은 어워가 모셔져 있다. 몽골어 표기를 하면서 '오보' 혹은 '어워'로 혼용하면서 표기하고 있는데, 본논문에서는 유원수가 언급한 바와 같이 학술 용어로 정착된 것으로 간주하여 '오보'로 표기하고자 한다. 유원수(엮음), 『세계민담전집: 몽골편』(황금가지, 2003), 285쪽.

38 신현덕, 위의 책, 222쪽 또한 최서면, 앞의 책, 125쪽.

았다고 한다. 따라서 나담 축제 속에도 제의적인 요소가 여전히 남아 있는 경우가 많은데, 그중의 하나가 나담 축제에 참가하는 선수들이 가지고 있는 금기(禁忌)이다. 예를 들어서 나담과 관련된 몇 가지 금기를 살펴보면, "나담에 참가하는 선수는 술을 먹지 않는다"와 "나담에 참가한 선수는 말다툼과 싸움을 삼간다"[39]에서 보는 바와 같이 놀이의 측면 외에도 제의적인 요소도 간접적으로 내재되어 있음을 알 수 있다.

그런데 내몽골 지역 나담의 경우에는 남자들의 주요한 세 가지 경기 중에서 씨름과 말달리기가 주로 열렸으며, 활쏘기는 거의 행해지지 않았다고 한다.[40] 한편 오보 제는 국가적으로 행해지기도 하고, 부족이나 가족 단위로 행해지기도 했다. 하지만 보통은 여자들은 참여할 수 없었고, 오보 제가 끝나면 대개 신을 즐겁게 하고, 인간이 신과 함께 동락(同樂)하는 의미의 나담 행사를 하게 된다.[41] 따라서 자연스럽게 남자들의 세 경기라는 전통은 오보 제에서 여성들의 참여가 제한되었던 것[42]과 밀접한 연계성이 있어 보인다. 결국 제의적인 오보 제와 남자들의 세 가지 놀이가 중심이 되는 나담 축제의 연관성을 통하여 나담 축제의 본질을 구체적으로 이해할 수 있다.

셋째로는 나담 축제가 1921년 몽골의 독립을 시작으로 국가적인 축제로 확대되고 재창출되는 사회문화적 분위기와 관련된 내용에 대해서도 더 많은 관심이 필요한 것 같다. 특히 사회주의 혁명 이후에는 여자 아이들이 말달리기 경주에 참가하는 것이 허용되었다.[43] 또한 몽골에 사회주의가 도입되면서 전통적이고 종교적인 축제는 국가적인 축제가 더 많이 권장되면서 조금

39 박환영, 앞의 책, (2007a), 141쪽.

40 D. Sneath, "The Oboo Ceremony among the Barga Pastoralists of Kholon Buir, Inner Mongolia", *Journal of Anglo-Mongolian Society*, Vol. 12, No. 1 & 2 (1991), p. 57.

41 이안나, 『몽골인의 생활과 풍속』(첫눈에, 2005), 260–261쪽.

42 몽골 학자인 오웬 라티모르(Owen Lattimore)는 1930년대에 몽골 지역을 여행하면서 직접 참여해서 경험한 오보 제를 설명하면서, 오보 제에 여성들의 접근과 참여가 제한되었던 것을 언급하고 있다. O. Lattimore, *Mongol Journeys*(London: Jonathan Cape, 1941), p. 245.

43 신현덕, 앞의 책, 247–248쪽.

씩 약화되고 그 영향력마저 상실하는 경우가 많았다. 예를 들어서 부처의 탄생일을 기념하는 종카파(Tsongkha-pa) 기념일과 불교 사원에서 행해지던 참(Cham) 축제는 차츰 약화되면서 오히려 사회주의 혁명, 독립, 사회주의 혁명가들의 생일, 사회주의 세계의 축제일인 10월 혁명일 등이 더 많은 영향력을 가지게 된다. 그럼에도 불구하고 용기와 대담성을 강조하는 몽골의 전통적인 축제인 나담은 같은 방식으로 사회주의 체제 속에서도 계속해서 이어지게 된 것은 재미있는 사실이다. 그러나 나담 축제도 참여자들보다는 훨씬 더 많은 관중이 동원되는 스타디움에서 벌어지는 대중적인 운동경기로 변모를 하게 된다. 전통적인 나담에서 행하여졌으며 오래전부터 내려오는 남자들의 세 가지 기술(erdem)인 씨름, 말달리기, 활쏘기는 국가적인 스포츠로 발전하게 되면서 여전히 몽골인들의 명예와 자존심을 심어 주고 즐거움을 선사해 주는 행사로 자리매김하게 되었다.[44] 따라서 1921년 이후 진행되었던 사회·정치·경제적인 분위기와 나담 축제의 변모 양상에 대한 연구가 필요하다.

넷째로는 1990년 이후 몽골에서 자유화와 민주화가 시작되면서, 민족의 정체성을 확립하는 과정에서 다시 부상하는 민족의 축제로서 나담 축제에 접근하는 체계적인 연구가 필요하다. 거의 70년 동안 진행되었던 사회주의에서 벗어나서 새로운 몽골 사회를 만들어가면서 나담 축제는 몽골인들에게 오랜 전통과 민족의 정체성을 심어 주는 민족의 축제로 거듭 태어나고 있기 때문에 몽골의 나담 축제는 아시아에서 가장 역동적인 축제의 하나인 셈이다.

한편 이러한 연구 주제를 좀 더 구체적으로 고찰하기 위해서는 우선적으로 나담 축제에서 행해지는 남자들의 세 가지 경기인 씨름, 말달리기, 활쏘기와 같은 몽골의 전통적인 민속놀이에 대한 다각적인 논의가 필요하다. 예를 들어서 몽골의 설화[45] 속에는 중요한 내기를 하거나, 다툼이나 분쟁을 해결하기

---

44 S. Jagchid and P. Hyer, *Mongolia's Culture and Society*(Boulder:Westview Press,1979), pp. 378-379.

45 D. Altangerel, *How did the Great Bear Originated*(Ulaanbaatar:State Publishing House,1987), p. 43; Ts. Bold, *Some Short Stories from Mongolia*(Ulaanbaatar:State Publishing House,1988), pp. 114-115; 유원수 엮음, 『세계민담전집: 몽골편』(황금가지, 2003), 61쪽.

위하여 이러한 민속놀이를 행하는 내용이 자주 등장한다. 또한 남자들의 세 가지 경기라고는 하지만 씨름[46]을 제외하고는 오늘날 말달리기와 활쏘기는 여성들도 참여하게 된다. 이러한 변화는 사회주의 이데올로기와 전통문화의 변모 양상이라는 주제와 관련하여 세 번째 내용과 연관이 있어 보이는데, 즉 1921년부터 시작된 사회주의 영향으로 나담 축제에서 행해지는 일부 민속놀이에 여성들의 참여가 허용된 것으로 볼 수 있기 때문에 나담 축제의 체계적인 연구를 위해서는 몽골의 사회문화적인 분위기 못지않게 정치경제적인 맥락도 함께 다루어야 함을 알 수 있다.

Ⅲ. 몽골 나담 축제의 민속학적 연구 과제

몽골의 나담 축제에 민속학적으로 접근하는 방법은 다음과 같다. 먼저 거시적인 입장에서는 민속학에서 다루어지는 축제에 대한 다양한 접근 방법과 이론을 살펴보는 것이다. 반면에 미시적인 입장에서는 몽골을 중심으로 나담 축제에 대한 다양한 시각에 대한 구체적인 고찰이다. 이러한 이론적인 바탕 속에서 먼저 민속학에서 축제에 접근하는 대표적인 시각을 살펴볼 수 있다.

민속학적인 측면에서 축제는 총체적인 민속 문화를 보여주는 문화의 집합체로서 민속학에서 중요하게 다루어진다. 팔라시(Falassi)에 의하면 민속학적인 입장에서 축제의 연구 방향은 다음과 같이 크게 네 가지 입장으로 요약할 수 있다.[47] 첫째 축제를 전통적으로 세속적인(secular) 것과 종교적인(religious) 것으로 구분할 수 있으며, 둘째 이와 동등하게 널리 받아들여지는 축제에 대한 구분은 지역 축제(rural festivals, 일반적으로 오래된 것으로 인식되며, 풍요와 다

---

46 13세기에 쓰인 것으로 알려져 있는 『몽골비사』에도 몽골인들이 씨름을 즐겼다는 기록이 나와 있다. 유원수, 『몽골비사』(사계절, 2004), 104-105쪽과 261-262쪽.

47 A. Falassi, "Festival" in Thomas Green(ed.) *Folklore: An Encyclopedia of Beliefs, Customs, Tales, Music, and Art*, Vol. 1(Santa Barbara: ABC-Clio, 1997), pp. 295-302.

산을 기원하고 신화에 근거하는 축제)와 도시 축제(urban festivals, 상대적으로 최근의 것으로 인식되며, 번영을 염원하고 역사와 전설에 근거한 축제)로 나누기도 한다. 셋째로 축제의 형태론(morphology)에 대한 접근 방법으로 러시아의 민속학자인 블라디미르 프롭(Vladimir Propp)의 설화의 원형(archetype) 분석 방법을 축제의 오이코타입(oicotypes)에 적용하여, 축제는 양적인 입장에서 주기적으로 일어나는 것과 질적인 면에서 축제적인 중요한 이벤트와 같은 다양한 부분이 조합된 것을 나타내어 주는 것으로 받아들인다. 넷째로 아놀드 반 게넵(Arnold Van Gennep)의 통과 의례(rites of passage) 이론을 적용하여 축제에서 행해지는 다양한 의례를 분석하는 방법을 들 수 있다.

민속학적인 입장에서 접근할 수 있는 축제 연구를 토대로 하여 몽골의 나담 축제와 관련해서 여러 가지 연구 과제가 있을 수 있는데, 무엇보다도 나담 축제 때 행해지는 남자들의 대표적인 세 가지 종류의 민속놀이에 대한 연구가 기존의 연구 대부분을 차지한다는 사실에 주목할 수 있다. 그럼에도 불구하고 이러한 세 가지 종류의 민속놀이에 대한 좀 더 구체적인 분석이 필요하며, 이러한 분석이 축적되어야만 나담 축제에 대한 체계적인 이해가 가능하다고 할 수 있다. 나담 축제와 관련한 이러한 문제가 해결되어야만 최근에 다루어지고 있는 나담 축제와 문화 변용, 에스니시티, 유래담, 나담 경기에 참가하는 선수들의 전통 복식 등에 관한 연구가 더욱더 빛을 발할 수 있다.

몽골의 유목 문화를 진솔하게 반영하고 있는 나담 축제라는 형식적인 틀은 시대와 사회적인 분위기 속에서 조금씩 바뀔 수 있지만, 나담 축제 속에는 여전히 면면히 이어져 오고 있는 전통적인 민속 문화가 내재되어 있다. 따라서 민속 문화의 여러 영역 중에서도 우선적으로 가능한 것은 나담 축제와 관련된 설화와 속담 그리고 민요의 가락에 다양한 가사를 덧붙인 유목 문화 특유의 전통적인 찬가(magtaal)를 중심으로 나담 축제 속에 내재되어 있는 몽골의 민속 문화를 민속학적으로 접근해 보는 작업이다.

1. 설화

몽골의 설화에는 나담 축제와 관련된 내용이 많이 나온다. 그중에서도 특히 말달리기와 씨름에 대한 유래담과 관련한 연구는 부분적으로 이미 진행된 바 있다.[48] 이러한 유래담 외에도 몽골의 설화를 보면 나담 축제의 핵심인 남자들의 대표적인 세 가지 경기에 대한 내용을 비롯하여 활쏘기와 관련해서도 엄지손가락의 중요성을 강조하는 내용이 많이 들어 있다. 먼저 남자들의 세 가지 경기인 활쏘기, 말달리기, 씨름이 중요하게 다루어지는 몽골의 설화가 많은 편이다. 「에르히 메르겡」으로 알려진 몽골의 설화 속에는 나담 축제에서 행해지는 남자들의 대표적인 세 가지 경기가 잘 묘사되어 있다. 남자들의 세 가지 경기와 관련한 설화의 내용을 일부 인용해 보면 다음과 같다.

> 다음날 망가스 대왕은 남자의 3종 경기(축제 시 또는 명절에 즐기는 말달리기, 활쏘기, 씨름)를 하자고 제안했다. 일곱 사람은 어떻게 경기를 할 것인가를 논의했다. (……) "일곱 고개, 일곱 들판 저쪽에 황금바늘을 놓고, 바늘귀를 맞추도록 합시다." (……) "우리가 졌다. 내일은 말달리기 시합을 하자." (……) "일곱 고개 일곱 들판 저쪽에서 말을 풀어놓고 그곳에서 달려오도록 합시다." (……) 망가스 대왕은 이처럼 두 경기를 놓치고서 다음 날에는 씨름을 하자고 제안했다. (……)[49]

위의 설화를 잘 살펴보면 나담에서 행해지는 남자들의 세 가지 경기가 설

---

48 박환영, 앞의 논문(2007a), 247~268쪽.

49 인용한 설화의 내용을 자세히 보면, 나담 축제에서 행해지는 남자들의 세 가지 경기이긴 하지만 말달리기는 기수가 말을 타고 경기하는 경마라기보다는 말만 달리는 경기라서 오늘날 나담 축제에서 보이는 경마와 조금 다른 내용임을 알 수 있다. 한편 내용상 위의 설화와 같은 유형의 설화로 분류할 수 있는 「북두칠성」이라는 몽골의 설화에도 역시 남자들의 세 가지 경기에 대한 내용이 잘 묘사되어 있는데, 활쏘기와 씨름 외에 달리기가 기술되어 있다. 즉, 여기서도 경마라기보다는 사람들이 달리는 경기로 기술되어 있는 차이점을 발견할 수 있다. 체렌소드놈, 「몽골민간신화」, 이평래 옮김(대원사, 2001), 57~59쪽과 65~67쪽.

화의 중심적인 사건과 문제를 해결하는 수단으로 상세하게 묘사되고 있을 정
도로 일상적인 생활 공간에서도 자주 행하여졌음을 알 수 있게 해 준다. 다음
으로 남자들의 세 가지 대표적인 경기의 하나인 활쏘기의 내용을 소재로 하
는 몽골의 설화를 살펴볼 수 있는데, 특히 에르히 메르겡(erhii mergen, 문자 그
대로의 뜻은 '엄지의 명궁수')과 관련해서 대표적인 몽골의 설화를 하나 들어
보면 다음과 같다. 예를 들어서,

먼 옛날에 일곱 개의 해가 나타나 세상에 온통 지독한 가뭄이 찾아온 적
이 있었다. (……) 어느 마을에 에르히 메르겡이라는 유능한 명사수가 있
었다. (……) 사람들은 그에게 가서 하늘에 떠 있는 일곱 개의 해를 없애
달라고 간청했다. (……) 에르히 메르겡은 정말 엄지손가락에 힘이 있고,
용감한 사람이었다. 그는 자신의 활쏘는 능력을 과신하고 말했다. "맹세
컨대 내가 화살 일곱 개로 일곱 해를 없애 버리겠소. 만약 그렇게 하지 못
하면 엄지손가락을 자르고, 더 이상 남자이기를 그만두겠소. 그리고 한
방울의 물도 마시지 않고, 마른 풀을 먹지 않는 동물(타르바가)이 되어
어두운 컴컴한 굴에서 살아가겠소." (……) 그가 여섯 개의 해를 떨어뜨
리고, 막 일곱 번째의 해를 향해 화살을 겨누고 숨을 고르고 있을 때, 갑
자기 어디선가 제비가 끼어들어 해를 가로막아 버렸다. 시위를 떠난 화
살은 마지막 남은 해를 맞추지 못하고 그 대신 제비의 꽁지를 맞추었다.
(……) 에르히 메르겡은 맹세에 따라, 엄지손가락을 잘라 버리고, 남자이
기를 그만 두고, 물을 마시지 않고, 마른 풀을 먹지 않고, 컴컴한 굴에서
살아가게 되었다. (……)[50]

위에서 기술한 몽골의 설화는 「에르히 메르겡」이라는 제목의 설화로 주요
한 내용은 몽골의 한 명사수가 자신의 능력을 너무 과신한 나머지 엄지손가

---

50 체렌소드놈, 위의 책, 43-45쪽.

락을 자르게 되고 타르바가가 되었다는 내용이다. 몽골의 설화를 보면 내용은 조금씩 다르지만 주요한 내용은 서로 비슷한 「에르히 메르겐」 설화가 많이 전승되고 있다. 한편 같은 방식으로 몽골의 설화 속에는 타르바가를 활로 사냥하는 것을 금하는 내용이 많이 나오며, 타르바가는 활을 메고 다니면서 사람을 잡아먹었는데 그것에 대한 엄벌로 보르항이 엄지손가락을 잘라 버려서 사람들의 먹을거리가 되었다는 내용도 들어 있다. 또한 곰도 용감하고 능력 있는 사냥꾼이었는데, 보르항에게 엄지손가락을 빼앗겨 버려서 곰이 되었다는 내용[51]도 몽골의 설화 속에 들어 있다.

또한 몽골의 「에르히 메르겐」 설화는 나담 축제와 직접적으로는 관련성이 없어 보이지만, 나담에서 행해지는 남자들의 대표적인 세 가지 놀이 중의 하나인 활쏘기에서 엄지손가락이 강조되는 이유를 잘 설명해 준다. 가령 지금도 활쏘기에서 엄지손가락의 중요성을 많이 강조하는 것을 볼 수 있다. 예를 들어서 나담 축제의 활쏘기에서 1등을 하게 되면 명궁수를 의미하는 메르겐(mergen) 혹은 에르히 메르겐이라는 칭호를 붙여 주는 전통이 지금도 남아 있는데, 몽골의 설화는 이러한 전통의 민속학적 의미와 상징을 이해하는 데 중요한 근거를 마련해 주고 있는 셈이다.

한편 몽골인들에게 엄지손가락은 활쏘기를 하는 데 중요하기 때문에 소중한 신체의 한 부분이었던 것은 역사적인 문헌에도 잘 묘사되어 나타난다. 예를 들어서 『몽골비사』[52]에 보면 칭기즈칸의 아들 사이에서 아버지를 대신하여 칸을 계승하기 위한 언쟁 중에 맏아들인 조치의 혈통이 순수하지 못하고 메르키드의 피가 흐른다고 주장하는 차아다이의 옷깃을 틀어잡고는 "멀리 활을 쏴서 네 것보다 못나가면 내 엄지손가락을 잘라 버리겠다"라고 큰 소리로 외치는 내용이 나온다. 따라서 몽골의 전통적인 활쏘기에서 엄지손가락은 중요한 상징적 의미를 가지고 있는 것이 분명하다. 이러한 문화 상징에 대한

---

51 위의 책, 119쪽.
52 유원수, 앞의 책(사계절, 2004), 261쪽.

본격적인 연구가 요구된다고 하겠다.

2. 속담

몽골의 속담은 상징과 은유적인 묘사로 압축되어 있으며, 몽골의 다양한 유목 문화가 내포되어 있다. 특히 나담 축제를 소재로 하는 속담을 통하여 속담에 투영된 몽골의 나담 축제를 고찰해 보고자 한다. 먼저 몽골의 속담 중에서 나담 축제를 은유적으로 묘사하고 있는 속담[53]을 살펴보면 다음과 같다.

- 나담 축제에는 흥을 돋우는 광대가 오고, 춤 공연에는 무용수가 온다 (naadamd nargianch ireh büjigt büjigch ireh).

- 좋은 노래는 나담 축제에서, 격언은 모임에서(saihan duu naadam deer tsetsen üg chuulgan deer).

- 나담 축제에는 잔치가 있어야 좋고, 갑상선 샘에는 기름이 많이 들어 있어야 좋다(naadam nairtai n' saihan nailzuurhai ööhtei n' saihan).

- 나담 축제가 많아지면 나이를 먹고, 가을비가 많아지면 홍수가 난다 (naadam ihedbel nas bolno namr'in hur ihedbel üer bolno).

- 나담 축제가 많으면 일에 방해가 되고, 가을이 길면 밤잠에 방해가 된다 (naadm'in ih n'ajild saad namr'in urt n'noi rond saad).

- 나담 축제의 참맛은 여러 나담 축제를 다녀보아야 알게 되고, 날씬한

---

53 J. Dashdorj and G. Renchinsambuu, *mongol tsetsen ügiin dalai I*(Ulaanbaatar, 1964), pp. 50-51; J. Dashdorj, *mongol tsetsen ügiin dalai II*(Ulaanbaatar, 1966), p. 45와 p. 62; G. Rinchensambuu, *mongol züir tsetsen üg, tergüün debter*(Ulaanbaatar, 2002), pp. 333-336 참조.

갈색 암말은 말 무리 사이에 있어야지 눈에 쉽게 띈다(naadam naadam deereen nariin heer aduun deereen).

- 나담 축제에서 말을 삼가고, 쇠 요람에 누워 있는 아이에게 말을 삼가하라 (naadm'in üg törd harsh tömör ölgii hüühded harsh).[54]

- 잔치에는 노래가 있고, 나담 축제에는 선율이 있다(nairand duuch naadamd huurch).[55]

- 잔치가 열리는 곳에서는 노래를 할 줄 알아야 하고, 나담 축제가 열리는 곳에서는 씨름을 할 줄 알아야 한다(nairtai gazar duutai naadamtai gazar baavgai yav).

- 잔치에는 복장을 잘 갖추어야 하고, 나담 축제에는 시를 한편 읊어야 한다(nair'in dotor chimegtei naadm'iin dotor shü legtei).

- 해를 다 삼킨 하늘은 없고, 나담 축제를 모두 지낸 사람도 없다 (naraa barsan tengergüi naadam barsan hüngüi).

- 해가 떠서 비가 오고, 나담을 하다가 말다툼이 난다(nar garch baigaad boroo orno naadam hiij baigaad hereldene).

- 나담 축제의 규모가 크면 소비가 많고, 신체에 임파선샘이 많으면 잠이

---

54 나담 축제에는 많은 사람이 모이게 되므로 말(언행)을 조심해서 해야 하고, 비록 어린 아기지만 요람에 누워 있는 아기 앞에서도 말을 조심해서 해야 한다는 뜻이다.
55 잔치에서는 노래가 빠지지 않고, 나담 축제에는 호르(huur)와 같은 전통적인 현악기의 연주가 있어야 하듯이 반드시 선율이 함께 한다는 의미이다.

많다(naadam ihedvel nams bolno nailzuurhai ihedvel noir bolno).

- 나뭇잎이 누렇게 되면 가을이 오고, 나담 축제가 길어지면 말싸움 난다(navch sharlaval namarshina naadam ihedvel hereldene).

- 잔치는 형으로부터, 나담은 동생으로부터(nair ahaasaan naadam düü geeseen).[56]

- 잔치는 위에서 시작하고, 나담은 안에서 시작한다(nair deereeseen ehle-deg naadam dotroosoon ehledeg).

- 나담에서 옷을 아주 잘 입는 사람은 설날 때 입을 옷이 없다(naadamd ih goëson hün tsagaan saraar ömsöh deelgüi baidag).

- 잔치에는 세 가지 노래가 있고, 나담 축제에는 세 개의 경기가 있다(nairtai gazar gurvan duutai naadamtai gazar gurvan davaatai).

- 잔치하는 곳에서는 8일을 보내고, 음악이 있는 곳에서는 7일을 보내고, 나담 축제가 펼쳐지는 곳에서는 여흥을 즐기면서 보낸다(nairtai gazar naim honoj duutai gazar doloo honoh naadamtai gazar nargij honoh).

- 잔치에서 제일인 것은 노래와 악기이고, 나담 축제에서 제일인 것은 씨름과 말[馬]이다(nair'in manlai duu huur naadm'in manlai böh mor').

---

56 나이 든 사람이 잔(술잔)을 들어야 잔치가 시작되고, 나담 축제 때는 나이가 적은 어린 아이부터 시작한다. 즉, 씨름의 경우 애기 씨름을 먼저 하고 차츰 나이가 많은 어른 씨름을 시작하는 방식으로 나담 경기를 진행한다는 내용이다.

이상의 내용을 보면 나담은 최고의 축제이면서 모든 몽골인이 즐기는 축제임을 알 수 있다. 또한 남자들의 세 가지 경기가 중요하지만, 그중에서도 씨름과 말달리기가 제일로 여겨졌던 것 같다. 한편 나담 축제는 여름 축제이므로 몽골인들은 나담 다음에 가을이라고[57] 말할 만큼 나담 축제가 끝나면 곧 가을이 된다. 그만큼 만물이 생동하고 살찐 가축과 유제품이 풍족한 여름은 곧 나담 축제의 계절로 대표될 수 있음을 알 수 있다. 또한 나담 축제를 소재로 하는 몽골의 속담을 보면, 나담 축제를 강조하기 위하여 나이르(nair, 잔치 혹은 향연)와 대비시키는 형식의 속담이 많은 편이다. 속담 속에서 나이르는 노래와 복식을 가진 잔치인 반면에, 나담 축제는 시나 악기와 같은 운율이 있으며, 특히 남자들의 세 가지 경기가 반드시 포함되어 있어서 음악과 놀이가 복합적으로 행해지는 종합적인 축제임을 잘 반영해 주고 있다.

3. 몽골의 유목 문화가 내재되어 있는 전통적인 찬가(magtaal)

몽골 유목 문화에는 민요의 형식으로 노래를 부르듯이 연행하는 찬가(讚歌)가 들어 있다. 이러한 몽골의 전통적인 찬가를 몽골에서는 "몽골의 전통문화와 관련하여 축원이나 기원의 내용을 소재로 하는 말이나 문장"(mongol ёs zanshlyn holbogdoltoi erööl magtaal üg)[58]으로 풀어서 설명하기도 한다.

한편 나담 축제와 같은 몽골의 전통적인 축제 속에서 찬가는 중요한 기능을 수행한다. 예를 들어서 남자들의 세 가지 나담(eriin gurvan naadam)을 축원하면서 축제의 흥을 돋우는 몽골의 전통

전통 복식을 갖추고 몽골의 전통 민요를 부르는 몽골의 예술인들

---

57 신현덕, 앞의 책, 31쪽.

58 Ch. Ar'yaasüren and H. Nyambuu, *mongolёs zanshl' in ih tailbar tol', tergüün bot'*(Ulaanbaatar: süülenhüü hüühdiin hevleliin gazar, 1992), p. 894.

적인 찬가는 나담 축제에서 행해지는 주요한 민속놀이에 대한 자세한 내용을 몽골 특유의 곡조로 읊으면서 나담 축제 참가자들에게 흥을 돋우기도 한다. 또한 전통적인 예찬 속에는 나담 축제에 대한 은유적인 상징과 구체적인 내용이 내재되어 있는 경우가 많아서 몽골의 유목 문화를 이해하는 데 중요한 자료를 제공해 주기도 한다. 나담 축제를 적나라하게 묘사하고 있는 이러한 축가와 찬가의 내용을 구체적으로 살펴보면 다음과 같다.[59]

제 허(zee hö)! 남자들의 세 가지 나담은(eriin gurvan naadam n')
옛적부터 유명한 나담이다(ertnii tsuutai naadam yom).
용기와 힘을 가진 이는 씨름으로 힘을 겨루고(ertei hüchtei n' uraldaj)
보석 같은 귀중한 말〔馬〕은 앞뒤를 다투고(erdenet hölög n' uraldaj)
명궁수는 활을 쏘고(erhiin mergen n' harbaj)
끝없는 큰 나담을 벌인다(engüi ih naadamaa hiideg bilee).
제(zee)! 활기가 넘치는 축제용 대형 천막의 문 쪽으로(ereen asr'in züg)
많은 이의 시선이 옮겨진다(tümniin nüd shirtehüee).
용맹하고 유명한 씨름꾼들은(erölheg tsuutai böhchuud maan')
잠깐 동안 준비하여 의상을 갖추어(tödhön zuur belden zodogloj)
산 속의 독수리처럼 날개를 펼치고 나와서(uul'in bürged shig deven garch)
분노한 듯이 허벅지를 치고 서서(yyrtai yom shig shavan zogsoj)
전진하여 들어가서는 상대방의 허를 찌르기도 하고(davshij dairaad gene-düülj
   baidag)
끌고 가서 비스듬히 옆으로 향하고(tataj avaad tashaaldog baidag)
완강히 버티면 힘을 주어서 비틀어 눕힌다(zörööd irsnii n' havsarch baidag).

---

59 Ibid, pp. 894~896. 한편 막타알(magtaal)이라고 불리는 이러한 민요 형식의 찬가를 유원수는 "구비문학과 민속 음악의 한 장르로 모린 호르(morin huur)라는 몽골의 전통악기에 운문 가사를 특유의 곡조를 넣어서 부른다"고 설명하고 있다. 유원수 엮음, 앞의 책(황금가지, 2003), 161쪽.

앞으로 잡아당기면(zütgeed irsnii n'daguulj baidag)

가로채면서 잡아서는 따라가면서 눕히고(tosch avaad tongorch baidag)

신속하게 앞으로 나가면서 손을 마주 잡아(dovtolj ireed zolgonguutaa)

안으로 발을 걸어서 눕히기도 한다(dotuur degee hiij baidag).

살짝 뒤로 물러서서 밀어서 눕히기도 한다(selt halaad suilj baidag).

다시 서로 마주 잡게 되면(sermüün zolgoj sejleed)

등골 쪽으로 돌리기도 하며(seeren dungui ergüülj baih shig)

팔짱을 당기고 뒤집기도 하는 것이 있고(sutadaj avaad tongorch baih shig)

발을 걸고 밀어서 넘어뜨리기도 하여(suilj höögööd hayaj ch baih shig)

자리 잡고 뛰어 들어가서(örj baigaad güij orood)

들어 올려서 바로 누르기도 하여(örgöj dor n'darj baih shig)

속임수를 보여 주고(arga mehee gargaj)

이리저리 움직여서 내려 눕히고 전진해서(ahin dahin hayaj davshsaar)

민족의 나담에서 우승을 쟁취하여(ard'in naadm'in türüüg avch)

명예와 칭호를 얻은 천하장사로 거듭난다(aldar tsoltoi avarga boldog).

제 허(zee hö)! 엄지손가락의 활력을 지닌(erhii dee erchtei)

쇠골에 힘을 가진(egmendee hüchtei)

뾰족하게 올라온 얼룩 활을 가지고(eeten ereen numtai)

날카로운 하얀 화살이 있고(erchit tsagaan sumtai)

용감하고 진실한 용기를 가진(eremgii chin zorigtoi)

용맹스러운 몽골의 궁수들은(erelheg mongol'in harvaachid)

고국의 위엄을 불타오르게 하여(eh orn'ihoo süriig badruulan)

큰 나담의 자부심이 되어서(ih naadm'inhaa bahdaa bolj)

악한 적을 물리치는 자(ataatan daisn'ig daragch)

평화를 수호하는 자(amgalan taivn'ig hamgaaragch)

영광과 명예를 가진 영웅들처럼(aldar tsuutai baatruud shig)

통찰력을 가진 지혜로운 궁수들은(avhaalj mergen surchinguud)

남자들의 근력을 겨루어서(eriin bulchin shalgaj)

헤아릴 수도 없이 많은 이의 자랑이 되어(engüi oln'ig baharhuulj)

사자의 무늬가 있는 활을 팽팽하게 당겨서(bars tsoohor numaa telj)

축제의 환호 속에서 표적을 쏠 때(bayar'in uuhai suraa harvahad)

백조 같은 움직임은(hun tsagaan godil n')

회오리바람보다 힘 있고(hui salhinaas hüchtei)

숨죽인 순간 속에서(agshin möchin dotor)

공기를 뚫고 소리를 내며(agaar züsen isgerch)

흰 화살의 모서리는(hoshuu tsagaan sum n')

저 멀리에 있는 표적에(hol'ig tertee surand)

닿은 힘을 가지고(tusah hüchee avaad)

매우 빠르게 하늘 높이 날아오를 때(tun türgen düülehed)

금빛 태양에 반짝거리기도 하여(altan narand gyalbalzaad)

아주 멀리서도 명확히 보인다(alsad tod haragdana).

잘 차려 입힌 듯이 장식한(degjin bolgon goëoon)

말갈기 모양으로 붙인 깃털은(dellej naasan öd n')

매에 비유될 수 있을 정도로(hartsaga shonhortoi züirlemeer)

높이 올라가 소리를 내며 날아서(düülen isgeren nisch)

속도와 힘을 덧붙인다(hurd hüch nemdeg).

표적을 향해 날아가는 화살은 표적을 비워 두지 않고(ochson sum n'hoo-songüi)

들어가서 표적들을 무너뜨린다(orson suraa nuraana).

득점 때마다 흥겨움이 절로 나고(onoo büriind högjildön)

명중의 환호성이 울려 퍼진다(onol'in uuhai hanginana).

제 허(zee hö)! 신선한 고국의 계절에(serüün orn'hoo ulirald)

강인한 습성을 가지면서 자라 온(chiireg dasan össön)

여러 무리의 같은 말들 중에서(süreg ijil dundaasaa)

선택되어진 빠른 경마들(shigshmel hurdan hölgüüd)

불타는 더위에도 지치지 않고(gal haluund ch yadrahgüi)

거친 초원길의 어려움을 극복해서(gazr'in berhiig tuulaad)

아리따운 두 귀로(saihan hoër chiheeree)

소리 내는 것을 듣고(chimee ögöhiig sonsood)

양쪽을 채운 두 눈으로(salaa düüren nüderee)

반응하는 모든 것를 통찰하여(bartai bühniig ajiglan)

소리 지르는 메아리를 향해(hashgiran duulah'in tsuurai gaar)

모든 힘을 더해서(hamag hüchee nemeed)

열린 콧구멍으로(salban hamr'in hüheer)

숨을 몰아쉬어 달리고 또 달려서(am'sgalaa gargan davhisaar)

바람의 바퀴보다 더 빠르게(salhin hürdnees hurdan)

이리 또 저리 속도를 내면서(ahin dahin hurdalsaar)

내리막길이라도 지치지 않고(uruu gazar gej tsöhrölgüi)

무디어지지 않는 체력을 가지고(mohoshgüi chadl'inhaa ereer)

경마들을 차례로 제치고(mor'd'ig tsuvuulangüi tsseer)

흩어진 돌을 날리면서(zadgai chuluug üsergen)

초원길의 먼지를 일으키면서(zam'in toos'ig butargaj)

말의 고삐를 늘려 가며 경쟁하는 기수(騎手)와(joloo sungan uraldagch)

위풍당당한 말[馬]은 아름다워라(javhlant hölög saihnaa).

제 허(zee hö)! 용맹한 힘을 가진 사람은(erelheg höchtei neg n')

이번 씨름에서 뽑히고(ene barildaand shalgarch)

숙련된 기술을 지닌 명궁수는(erhii mergen harvaach n')

표적의 행렬에서 우위를 점하고(sur'in tsuvaand türüülj)

대담하고 빠른 기수는 떠오르고(eremgii hurdan n'todorch)

남자들의 세 가지 나담에서(eriin gurvan naadamdaa)

뛰어난 재주로 우승을 차지한 모두의(garguund türüülsen bügdeeree)

공훈과 칭호가 만천하에 불리며(gavyaa tsoloo duuduulj)

고향의 이름을 알리며(gazar nutgaa nerlüülj)

상(賞)과 선물을 받들어(beleg shan hürtej)

모든 이의 사랑을 받는다(büh olondoo hairlagddag bilee).

이상의 내용을 살펴보면 나담 축제의 내용이 선명하고도 세밀하게 잘 드러나 보인다. 씨름의 경우에는 다양한 몽골의 씨름 기술이 자세하게 묘사되고 있으며, 활쏘기의 경우에는 몽골인들이 전통적으로 인식하는 엄지손가락의 중요성이 포함되어 있다. 또한 말달리기를 기술하고 있는 내용을 보면 몽골 말(馬)의 억세고 강인한 습성을 잘 보여 주고 있으며, 이러한 세 가지 종류의 경기는 각 지역과 다양한 몽골 민족을 상징하고 대표하며, 따라서 몽골인들의 정체성을 잘 암시해 주고 있다.

몽골의 전통적인 유목 문화에서 볼 수 있는 이러한 막타알(magtaal)이라고 불리는 민요 형식의 찬가는 음악과 문학이 한데 어우러진 독특한 몽골의 민속 문화로, 다양한 민속놀이와 더불어서 나담 축제를 더욱더 생동감 있는 종합적인 예술의 공간으로 만들어 준다. 특히 모린 호르(morin huur)와 같은 몽골 유목 문화의 진한 향기를 느낄 수 있는 가락에 독창적인 운율과 산문이 혼합된 예찬을 통하여 몽골의 나담 축제는 진정한 몽골의 대표적인 민속 축제로 자리매김할 수 있는 것이다.

Ⅳ. 나오는 말

나담 축제는 몽골을 대표하는 민속 축제로 몽골의 전통적인 유목 문화를 그대로 반영하고 있어서 민속학적으로 큰 가치를 가지고 있다. 이 글에서는 이러한 몽골의 나담 축제를 민속학적인 잣대를 가지고 나름대로 체계적인 분석을 하기 위하여 우선 이제까지 진행된 나담 축제 관련 국내외 민속학적 연구 동향을 검토하였다. 또한 이러한 연구 성과를 바탕으로 나담 축제를, 본격적으로 접근할 수 있는 민속학적인 연구 과제를 모색하기 위하여 설화, 속담, 그리고 전통적인 찬가를 중심으로 고찰해 보았다.

한편 몽골의 나담 축제는 몽골의 다양한 민족들이 함께 행하는 축제이면서 몽골의 다양한 민족의 전통에 따라서 조금씩 차이를 가지고 있기도 하다. 이러한 차이는 몽골의 다양한 민족이 생활하는 주변의 환경과 방목하는 가축의 종류에 따라서 조금씩 나타나기도 하지만, 각 민족이 가지고 있는 나름 대로의 전통과도 밀접한 관련성을 가지고 있기도 하다. 따라서 거시적인 입장에서 나담 축제가 가지고 있는 부분과 미시적인 입장에서 몽골의 다양한 민족들이

몽골 유목민과 말

몽골 시골에서는 말과 자동차는 모두 중요한 운반수단이다.

조금씩 차이를 가지고 행하는 부분을 비교하면서, 나담 축제를 중심으로 몽골의 각 민족이 공유하거나 혹은 달리 보이는 몽골 문화의 공통점과 차이점도 아울러서 다루어 볼 수 있어야 한다. 이러한 측면은 몽골의 나담 축제가 가지고 있는 다양한 유형과 변이 형태를 살펴볼 수 있는 좋은 기회를 제공해 준다.

오늘날 몽골에서 주목할 수 있는 전통문화의 현대적 계승과 변화 양상은 나담 축제를 통하여 쉽게 이해할 수가 있다. 그리고 몽골에서 현재 진행 중인 전통문화에 대한 재인식과 다양한 논의도 나담 축제를 중심으로 고찰해 볼 수 있는데, 이러한 연구 자료는 탈사회주의 사회에서 문화 변동을 연구하는 데 있어서 대표적인 사례가 될 수 있다.

더욱이 몽골의 나담 축제는 지구 상에 몇 남지 않은 유목 문화를 대표하는 축제이다. 유목이라는, 어떻게 보면 현실과 전혀 부합되지 않는 요소가 오늘날 미래학자들에게는 중요한 관심의 대상이 되고 있기도 하다. 즉 유목을 이루는 이동성, 간편성, 그리고 방목지에 대한 공유성은 나담 축제라는 유목 문화의 대표적인 축제를 통하여 현재에도 새롭게 조명될 수 있기 때문에 더 많은 관심이 요구된다고 하겠다.

3. 몽골의 전통 의례

I. 들어가는 말

유목 문화가 여전히 지속되고 있는 중앙아시아 지역에서 몽골은 유목 문화가 가장 잘 보존된 지역 중 한 곳이다. 거의 70년 넘게 이어진 사회주의의 영향으로 전통적인 유목 문화가 많은 변모와 변화를 겪은 것도 사실이다. 그럼에도 불구하고 몽골에서 유목 문화는 오늘날 여전히 생활의 중요한 부분으로 남아 있다. 현재 남아 있는 몽골의 유목 문화를 제대로 이해하기 위해서는 과거의 유목 문화에 대한 고찰이 선행되어야 한다. 이러한 측면에서 몽골의 역사와 문화, 전통을 고스란히 담고 있는『몽골비사』에 대한 연구는 필요하다.

최근에는 이러한 연구 동향을 말해 주듯이『몽골비사』속에 내재되어 있는 다양한 역사와 문화 그리고 전통에 대한 부분적인 접근이 이루어지고 있다.[60]

---

60 『몽골비사』에 대한 최근의 연구를 살펴보면 다음과 같다. 김기선, 「蒙古秘史에 나타난 몽골인의 장례 습속」,『몽골학』13(2002), 103-127쪽; 김기선, 「'몽골비사'의 알타이적 지명요소와 관련된 한국 및 대마도 지명 연구」,『몽골학』14(2003a), 215-237쪽; 김기선, 「'몽골비사'의 터럭(나룻)과 관계된 몽골과 중앙아시아인들의 세계관」,『몽골학』15(2003b), 231-252쪽; 김천호, 「Mongol秘史의 飮食文化」,『몽골학』(2003), 181-204쪽; 박원길, 「'몽골비사'에 나타난 몽골족 기원설화의 분석」,『몽골학』13(2002), 51-90쪽; 박원길, 「'몽골비사' 195절의 표현방식을 통해서 본 13-14세기 몽골군의 전술」,『몽골학』14(2003), 271-327쪽; 박환영, 「'몽골비사'에 보이는 가족과 친

몽골 초원의 유목민

이러한 연구 방향을 보면 여전히 좀 더 다양한 분야에 대한 연구도 필요함을
인식할 수 있다. 아마도 전통적인 의례에 초점을 두고『몽골비사』를 분석해
가는 작업도 이러한 최근의 연구 동향을 이어 가면서 다양한 연구 분야로의
관심을 유발시키는 촉진제가 될 수 있다.

　다른 연구 분야 중에서 전통적인 의례(儀禮)에 대한 연구가 필요한 이유
는, 몽골의 일상적인 생활 문화 속에서 중요한 것 중의 하나가 의례이기 때문
이다. 의례란 특정한 시간과 장소에서 특별한 의미를 부여하는 민속 문화를
이해하는 핵심적인 요소이다. 의례에 접근하는 방법 중에서 통과 의례가 가
장 대표적인데, 이외에도 세시 의례, 종교 의례 등 다양한 의례가 일상적인
생활 문화 속에 내재되어 있다. 한편 의례와 관련한 연구 방법은 반겐넵(Van
Gennep, 1960)의 통과 의례(rites of passage), 터너(Turner, 1969)의 코뮤니타스
(communitas), 리치(Leach, 1976)의 전이(transition)와 리미날리티(liminality)
같은 특정한 관점에 의한 접근과, 벨(Bell, 1992)에 의한 '의례의 일반적인 이

족의 민속학적 연구」,『몽골학』제20(2006d), 215-230쪽; 박환영,「『몽골비사』에 반영된 동물의
민속학적 고찰」,『알타이학보』20(2010c), 71-91쪽; 유원수,「『몽골비사』, 몽골어의 친족 용어」,
『中央아시아硏究』1(1996), 149-181쪽.

해'에 이르기까지 다양한 연구 성과를 보여 주고 있다.

한편 몽골의 의례에 체계적으로 접근할 수 있는 방법은, 현재 전승되고 있는 의례의 역사적인 변모 양상을 파악하기 위하여 다양한 생활 문화가 내재되어 있는 역사 문헌 자료를 분석하여 그 속에서 발견되는 의례를 고찰하는 것이다. 다시 말해서 이러한 연구 시각은 몽골의 사회와 문화에 통시적으로 접근하는 한 방법으로, 역사 문헌 자료를 통하여 당시의 사회 문화를 파악하고 이러한 문화와 전통이 오늘날에는 어떻게 전승되어왔으며 또한 변용되어 왔는지를 살펴보는 접근 방식인 셈이다. 이러한 관점에서 13세기에 간행된 것으로 알려진『몽골비사』는 가장 대표적인 몽골의 역사 문헌 자료인 셈이다. 따라서 이 글에서는 역사 문헌 자료로서의 가치는 물론이고, 몽골의 민속 문화를 압축해서 기술하고 있는『몽골비사』[61]의 내용을 심도 있게 분석하여 그 속에 담겨 있는 몽골인들의 전통 의례를 중심으로 몽골의 생활 문화를 고찰해 보고자 한다.

II.『몽골비사』속의 구체적인 전통 의례 보기

몽골의 전통 의례는 몽골인들의 생활 문화를 구체적으로 보여 주고 있을 뿐만 아니라, 특히 몽골의 유목 문화를 잘 나타내어 준다. 역사 문헌 자료이

---

61 여기서 주로 인용하고 있는『몽골비사』자료는 대부분 유원수,『몽골비사』(사계절, 2004)의 내용이다. 또한 세부적인 내용을 비교하고 분석하기 위하여 다른 자료도 함께 참고하였다. 예를 들어서, 유원수,『몽골비사』(혜안, 1994); 최기호·남상긍·박원길 공역,『몽골비사 역주(1)』(두솔, 1997); Sh. Gaadamba, *Mongolyn nuuts tovchoo*(Ulaanbaatar: uls' in hevleliin gazar, 1990); U. Onon, *The Secret Hisrory of the Mongols*(Ulaanbaatar: Bolor Sudar, 2005); D. Tumurtogoo(ed.), N. Dorjgotov and Z. Erendo(translated), *The Secret History of the Mongols*(Ulaanbaatar: Monsudar, 2007). 또한 논문에서 중요하게 다루어질 몇몇 몽골 용어와 관련한 몽골어 전사(轉寫)는 13세기 원전의 전사형을 먼저 제시하고, 아울러서 이해를 돕기 위하여 현대 할하 몽골어의 전사도 함께 이어서 제시하고자 한다. 13세기 원전의 전사는 유원수,『몽골비사』(사계절, 2004)를, 그리고 현대 할하 몽골어의 전사는 Sh. Gaadamba, 위의 책과 Sh. Palamdorj and G. Myagmarsambuu, *Mongolyn nuuts tovchoo*(Ulaanbaatar, 2009)의 자료를 기초로 참조하였다.

자 몽골의 다양한 민속 문화를 담고 있는 13세기 문헌인『몽골비사』라는 틀을 중심으로 고찰했을 때, 그 속에 담겨져 있는 몽골의 전통적인 의례는 크게 네 종류로 나누어서 살펴볼 수 있는데, 그 내용은 인위적인 친족 관계를 맺는 의례, 통과 의례, 종교 의례, 잔치와 같은 음주 가무(飮酒歌舞)와 관련된 의례 및 세시 의례 등이다. 한편『몽골비사』에 반영되어 있는 의례와 관련된 내용은 역사적인 사건과 정치적인 동맹에 관한 내용에 기초를 두고 있는 역사적인 기술이다보니 구체적인 내용의 기술이기보다는 상징과 은유를 사용한 기술이거나, 축약되고 생략된 기술이 많은 것이 특징이다.

먼저『몽골비사』속에서 쉽게 찾아볼 수 있는 의례로 인위적인 친족 관계를 맺는 의례가 눈에 띈다.『몽골비사』에 나오는 이러한 의례는 의형제 관계인 안다(anda;and)[62]를 맺는 의례와 인위적으로 부자(父子) 관계를 맺는 의례로, 현대 할하 몽골어로는 호라이(huurai)[63]라는 용어로 상징화해서 나타내기도 한다. 태어나면서 자동적으로 가지게 되는 혈족(consanguineal kinship)과 결혼을 통하여 형성되는 인적 관계(affinal kinship)와는 구분되는 인위적

---

62 13세기『몽골비사』의 원전에 기초하면 anda로 전사(轉寫)할 수 있고, 현대 할하 몽골어로 전사하면 and가 된다.

63 『몽골비사』에는 인위적인 친족 관계를 의미하는 호라이(hurrai, 문자 그대로의 뜻은 '마른' 혹은 '건조한' 상태를 의미함)라는 용어가 나오지 않는다. 다만 안다(의형제) 관계가 성립되었을 때 그 자손들은 친부(親父)의 안다를 "아버지와 같은" 관계로 설정하는 예를 통하여 오늘날의 호라이 관계로 이해할 수 있는 내용이『몽골비사』96장에 잘 기술되어 있다. 언제부터 호라이가 몽골 문화 속에 들어왔는지 정확하게는 알 수 없지만, 18세기에 간행된 몽골어 교재인『몽어유해』에도 호라이라는 용어는 나오지 않는다. 그럼에도 불구하고 현대 몽골 사회에서 호라이 친족은 널리 퍼져 있는 것이 사실이다. 한편 중국 문화 속에도 인위적인 친족을 상징적으로 나타내기 위하여 "마른 혹은 건조한[乾]" 용어를 사용하기도 한다. 예를 들어서, 중국어의 간(干, 건(乾) 자는 접두어로 사용되면서 '마르다'라는 뜻을 가지고 있는데 몽골의 호라이와 마찬가지로 '혈연이나 혼인이 아닌 의리로 맺은 친족 관계'를 가리키는 경우가 있다. 이러한 예를 보면 간파(干爸, 양아버지), 간마(干媽, 양어머니), 간아자(干兒子, 양아들), 간녀아(干女兒, 양딸) 등이다. 따라서 13세기 자료인『몽골비사』와 18세기 자료인『몽어유해』에는 나타나지 않지만, 현대 몽골 사회에서는 흔히 사용되는 호라이라는 인위적인 친족을 나타내는 용어는 중국 문화의 영향으로 몽골에 유입된 것으로 볼 수도 있다. 이러한 점에서 호라이 친족 관계에 대한 좀 더 본격적인 연구가 필요한 것 같다. 자세한 내용은 H.Y.Park, "Metaphorical and Ideological Concepts of Post-Socialist Mongolian Kinship", *Inner Asia* 5(2003), pp. 143-162와 박환영,「蒙語類解에 나타난 친족어휘의 민속학적 연구」,『알타이학보』14(2004b), 111-127쪽.

인 친족(fictive kinship)은, 몽골의 유목 문화에서 중요한 기능을 가지고 있었던 것이 분명하다. 즉 한곳에 정착하지 않고 끊임없이 이동을 하는 유목 문화에서 자연스럽게 만들어지고 배우자를 선택하면서 맺어지는 혈족과 인척에 못지않는 인위적인 관계를 당사자들끼리 필요에 따라서 맺게 되는 것이다. 이러한 인위적인 관계는 『몽골비사』 속에서도 중요하게 다루어지고 있다. 예를 들어서 『몽골비사』 속에는 의형제 관계와 현대 몽골 사회에서 호라이(huurai)[64] 관계로 간주될 수 있는 인위적인 친족 관계가 자세하게 묘사되어 있다. 『몽골비사』에 나오는 이러한 인위적인 관계와 관련된 내용을 기술해 보면 다음과 같다.

- 셍구르 개울에서 이동하여 켈루렌 강의 발원 지역인 부르기 기슭에서 목영할 때 '초탄 어머니의 예물'이라고 처가에서 검은 담비 외투를 보내 왔다. 그 외투를 들고 테무진과 카사르와 벨구테이가, "옛날 예수게이 칸 아버지와 케레이드 사람들의 옹칸이 의형제가 되기로 했다. 우리 아버지와 의형제를 맺은 분도 우리 아버지나 같다"고 하며 옹칸이 토올라의 카라 툰(검은 숲)에 있다는 것을 알고 갔다. 테무진이 옹칸에게 가서, "일찍이 저희 아버지와 의형제를 맺으신 바 있습니다. 아버지와 같다고 생각하여 아내를 얻은 기념으로 예복을 가져왔습니다"고 하며 담비 외투를 주었다. (……) (96장)

- 테무진과 자모카는 코르코낙 숲에서 함께 설영하고, 옛날 자신들이 의형제 맺은 일을 생각하며, "의형제를 다시 한 번 새로 맺어 우애를 다짐

---

64 현대 몽골 사회에서 호라이 관계는 혈족 혹은 인척과 비교하여 자신의 의사에 의하여 맺어지는 관계로 정의할 수 있는데, 호라이 아브(huurai aav)의 경우에는 아이의 후견인으로서의 대부 (代父)를 의미한다. 자세한 내용은 Tsevel, Ya., Mongol hernii tovch tailbar tol'(Ulaanbaatar, 1966), p. 738 ; Hangin, J. A., *Modern Mongolian-English Dictionary*(Bloomington: Indiana University Press, 1986), p. 696.

하자!"고 했다. 맨 처음 의형제를 맺을 때 테무진이 열한 살이었는데, 자모카는 수노루의 발목뼈로 만든 주사위를 테무진에게 선물하고 테무진은 구리를 부어 만든 주사위를 선물하며 의형제가 되기로 약속했다. 오난 강의 얼음 위에서 주사위 놀이를 할 때 거기서 의형제를 맺은 것이었다. 그 뒤 봄에 나무 화살을 쏘며 함께 놀고 있을 때 자모카는 두 살바기 송아지의 두 뿔을 붙이고 구멍을 낸 자기의 우는살을 테무진에게 주고, 테무진의 노간주나무로 끝을 낸 고두리살과 바꾸어 의형제를 맺었다. 두 번째로 의형제를 맺은 내력은 그러하다. (116장)

- 옛 어른들의 말에 따라 "의형제가 된 사람들의 목숨은 하나, 서로 버리지 않으며 서로에게 생명의 보호자가 된다"며 서로 우애하는 사연은 그러하다. "이제 다시 의형제를 또 맺어 앞으로도 계속 사랑하자!"고들 다짐하며, 테무진은 메르키드의 톡토아를 노략질해 약탈한 금띠를 자모카 형제가 매게 했다. 뿔 돋은 새끼 염소같이 흰 다이르 오손의 말을 테무진이 타게 했다. 코르코낙 숲의 골다가르 벼랑 남면의 사글라가르 모돈(우거진 나무)에서 의형제가 되기로 약속하고 서로 우애하며, 잔치를 하며 즐기고 밤에는 한 담요를 덮고 함께 자는 것이었다. (117장)

- 의형제를 맺게 된 내력은 옹칸이 자기 아버지 코르차코스 보이록칸(소생)의 동생들을 죽이려고 했기 때문에 작은아버지 구르칸과 싸움이 일어났다. 그런데 싸움에 져서 카라온 협곡으로 숨어들었다가 겨우 100명만 데리고 빠져나와 예수게이칸에게 오게 되었다. 예수게이칸은 그를 자기에게 오게 하고, 자기 군대를 출동시켜 구르칸을 카신 쪽으로 몰아내고 그 백성을 도로 빼앗아 옹칸에게 돌려주었다. 그 일로 해서 두 사람은 의형제가 된 것이었다. (150장)[65]

---

65 의형제를 맺는 의식이나 의례는 아니지만, 의형제를 맺게 되는 배경을 잘 설명해 준다.

- 나의 아우들은 인품이 없다. 나의 독자는 없는 것이나 마찬가지인 셍굼 뿐이다. 테무진 아들을 셍굼의 형으로 만들어 두 아들을 갖게 된 뒤 쉬어야 하겠다! 하고 생각하고 칭기즈칸과 옹칸이 토올라 강의 카라 툰에 모여 부자가 되기로 언약했다. 부자가 되기로 언약한 법도는 옛날 예수게이칸 아버지와 옹칸이 형제가 되기로 약속한 법도에 따라, "아버지와 같다"고 하여 부자를 맺은 것이다. 서로 약속하기를, "많은 적을 공격할 때 함께 하나가 되어 공격하자! 도망 잘 하는 짐승을 사냥할 때 함께 하나가 되어 사냥하자!"고들 했다. 다시 칭기즈칸과 옹칸이, "우리 둘을 시기하는 이빨 있는 뱀에게 부추김을 받아도 부추김에 빠지지 말자! 이빨로 입으로 서로 말하고 나서 믿자! 어금니 있는 뱀에게 이간질당해도 그 이간질을 서로 취하지 말자! 입으로 혀로 확인하고 나서 믿자!"고 그렇게 다짐하고 친하게 같이 지냈다. (164장)

- "친한 위에 겹으로 친하게 되자!"고 칭기즈칸이 생각하여 조치를 위해 셍굼의 누이 차오르 베키를 구하면서, 셍굼의 아들 토사카에게는 우리의 코진 베키를 주겠다고 청혼하였다. 그러자 셍굼이 자신을 대단하게 생각하고, "우리의 일가가 그들에게로 가면 문 옆에 서서 항상 상석을 바라보고 있을 것이다. 그들의 일가가 우리에게 오면 상석에 앉아 문 쪽을 바라보고 있을 것이다"며 우리를 천히 여겨 말하면서, 차오르 베키도 안 주고, 안 좋아했다. 그 말에 칭기즈칸은 마음속으로부터 옹칸과 닐카 셍굼에게서 정나미가 떨어졌다. (165장)

- "이제 아들을 보고 못된 생각을 하면 이와 같이 피를 보리라!"고 맹세하며 새끼손가락 끝을 화살 오늬 다듬는 칼로 찔러 피를 흐르게 하여 뚜껑 있는 통에 담아 "내 아들에게 주어라!"고 해서 보냈다. (178장)[66]

---

66 한편 호라이 관계의 연장선상에서 본다면 『몽골비사』 96장과 164장의 내용도 연계되어 있다.

- 자모카가 "옛날 어릴 적에 코르코낙 숲에서 칸 형제와 의형제를 맺고
는 아니 소화될 음식을 같이 먹고, 아니 잊혀질 말들을 서로 이야기하며
〔밤에는〕 한 담요를 같이 덮고 지냈다. (……) (201장)

이상의 내용에는 안다(anda 혹은 and)와 호라이(huurai) 관계와 관련하여
13세기 당시의 공동체 조직과 사회에 대한 배경과 내용이 비교적 자세하게
기술되고 있다. 특히 의형제와 인위적인 부자 관계를 맺으면서 행해지는 의
례의 과정을 비교적 자세하게 묘사하고 있다. 예를 들어서 당사자들이 자신
들이 가지고 있는 귀중한 선물을 서로 교환하는 것이나 특별한 음식을 같이
먹고, 한 담요를 덮고 자기도 한 것은 당시 몽골의 의례를 연구하는 데 중요
한 실마리를 제공해 준다. 특히 몽골의 친족과 관련된 연구 중에서 인위적인
친족은 혈족과 인척에 못지않게 몽골 사회에서 중요하게 다루어지고 있기
때문에 좀 더 체계적인 연구가 필요한 것 같다.

한편 『몽골비사』에는 의형제 관계를 13세기 몽골어 원어로 anda[67]로 표기
하고 있는데 반하여, 현대 할하 몽골어로는 and 혹은 dotnoand[68]라고 풀어서
표기 하고 있다. 즉 현대 할하 몽골어로 dotnoand는 문자 그대로 "맹세로 맺
어진 의형제" 혹은 "맹세로 맺어진 신뢰할 수 있는 의형제"를 의미한다. 이에
반하여 인위적인 부자 관계는 『몽골비사』에 보면 "아버지와 같다고 하여 부
자를 맺은 것"[69]으로 묘사되어 있다. 따라서 오늘날 몽골 사회에서 볼 수 있는
인위적인 부자 관계와 같은 인위적인 친족 관계를 호라이라고 표기한 내용은
『몽골비사』에는 찾아볼 수 없기 때문에 인위적인 친족 관계를 호라이라고 부
르는 것이 언제부터 시작되었는지는 정확하게 알 수 없다. 다만 『몽골비사』
에는 옹칸과 칭기즈칸 사이에 인위적인 부자 관계를 의례로 형성하게 된 배

---

67 유원수, 앞의 책(2004), 344쪽.

68 Gaadamba, op. cit., 54쪽.

69 유원수, 앞의 책(2004), 128쪽.

경과 의례의 내용이 부분적으로 나오고 있어서 이것을 오늘날의 일종의 호라이 관계와 같은 맥락에서 접근해 볼 수 있을 것 같다.

둘째로『몽골비사』에는 통과 의례 중에서 기자 의례(祈子儀禮)와 혼례, 장례, 조상을 위한 제사 의례가 들어 있다. 물론 부분적인 내용이라서 당시(13세기) 몽골인들의 통과 의례를 제대로 알 수는 없지만, 그래도 단편적인 내용을 토대로 하여 몽골인들이 태어나면서 죽을 때까지 행하는 다양한 의례와 의식을 이해하는 데 실마리를 제공해 주고 있다는 점에서 나름 대로 의의를 가지고 있다고 할 수 있다. 특히 위에서 언급한『몽골비사』96장에 보면 "초탄 어머니의 예물이라고 처가에서 검은 담비 외투를 보내왔다"는 내용이 나오는데, 이 것은 신부 집에서 신랑 집으로 보내는 혼자금(dowry)인 셈이다.『몽골비사』에 나오는 통과 의례에 대한 구체적인 내용은 다음과 같다.

- 셋이 뒤에서 일곱 개의 언덕을 넘을 때까지 쫓아갔다가 다시 돌아와서 후엘룬 부인이 탄 수레의 고삐를 예수게이가 끌고, 형 네쿤타이지가 앞장을 서고, 동생 다리타이 막내가 수레 옆에 붙어 나아갈 때 후엘룬 부인이, "내 신랑 칠레두는 바람을 거슬러 머리칼을 흩뜨린 적도 없고 (……) 큰 소리로 울어 대자 다리타이 막내가 옆에서 나란히 가면서 (……) 이제 그만 좀 해 두시오!" 하고 달랬다. 후엘룬 부인을 예수게이는 이렇게 해서 집으로 데려왔다. (56장)

- 예수게이 용사는 테무진이 아홉 살이 되자 후엘룬 어머니의 친정인 올코노오드 사람들에게서, 즉 테무진의 외가에서 테무진의 색시를 구하고자 테무진을 데리고 떠났다. (……) (61장)

- 그의 딸을 보니 얼굴에는 빛이 있고, 눈에는 불이 있었다. 딸을 보니 마음에 들어 했다. 테무진보다 한 살 많은 열 살이었다. 부르테라는 이름

이었다. 하룻밤을 묵고 이튿날 청혼을 하니 (……) 그렇게 되어 예수게이 용사가 "내 아들을 사위로 맡기겠습니다. 내 아들은 개한테 잘 놀랍니다. 사돈, 내 아들이 개한테 놀라는 일이 없도록 하세요!" 하고 당부하고 자신의 예비마를 예물로 주고, 테무진을 사위로 맡기고 돌아갔다. (66장)[70]

- 그해 봄 암바가이칸의 카톤들이 우르베이와 소카타이의 주관하에 조상들의 묘역으로 제사를 지내러 갔다. 후엘룬 부인은 늦게 도착하였다 해서 아무것도 주지 않았다. 후엘룬 부인이 우르베이와 소카타이에게 "예수게이 용사가 죽고, 우리 아들들이 아직 장성하지 않았다고 해서 제삿밥도 안 주고, 음복조차 못하게 합니까? 사람을 보고도 당신들끼리만 먹고, 제사를 지내러 가면서도 깨워 주지도 않고 떠나게 되었군요?" 하고 따졌다. (70장)

- 오리앙카이 사람 자르치오다이 노인이 풀무를 지고 젤메라는 이름의 아들을 데리고 와서, "오난 강의 델리운 동산에서 테무진이 태어났을 때 나는 담비 가죽 배내옷[71]을 주면서 나의 이 아들 젤메도 주었다. 그 때는 젤메가 아직 어리다고 해서 도로 데리고 갔다. (……) (97장)

- 그러자 셍굼이 "그들은 우리의 차오르 베키를 원하고 있었습니다. '이제

---

70 앞에서도 언급한 바와 같이 『몽골비사』 96장에 보면 테무진의 장모인 초탄 어머니가 테무진에게 담비 외투를 선물하게 되는데, 이것은 일종의 혼자금(dowry)으로 『몽골비사』 66장에 나오는 신부대(bridewealth)와 비교해서 고찰할 수 있다.

71 『몽골비사』 원전에 기록되어 있는 13세기 몽골어는 buluyan nelkei(담비 가죽 배내옷)이다. 유원수, 『몽골비사』(사계절, 2004), 345쪽 참조. 반면에 현대 할하 몽골어로는 이 부분을 bulgan ölgii(담비 가죽으로 만든 요람)으로 풀어서 기술하고 있다. Sh. Gaadamba, *Mongolyn nuuts tovchoo*(Ulaanbaatar: uls' in hevleliin gazar, 1990), p. 55와 Sh. Palamdorj and G. Myagmarsambuu, Mongolyn nuuts tovchoo(Ulaanbaatar, 2009), p. 46.

약혼 잔치를 잡수러 오시오!' 하고 날을 잡아 불러다가 거기서 붙듭시다!" 하고 제안하여 "그러자!" 하고 의논을 정하고, "차오르 베키를 드리겠습니다! 약혼 잔치 음식을 잡수러 오십시오!" 해서 칭기즈칸에게 보냈다. (……) (168장)

- 보이지 않는 곳에 있는 아들을 찾기 위하여 비법의 오색 끈을 갖추어 아보이 바보이 하며 찾으며 빕니다, 우리는. 이렇게 해서 태어나게 된 아들 셍굼을 돌봅시다. (……) (174장)[72]

- 코일다르는 칭기즈칸이 말려도 안 듣고 채 상처가 아물기도 전에 사냥감으로 달려들었다가 상처가 악화되어 사망했다. 칭기즈칸은 칼카 강의 오르 습원의 켈테게이 카다에 그의 뼈를 안장했다. (175장)[73]

- 나이만의 타양칸의 어머니 구르베수가, "옹칸은 왕년의 노대칸이었다. 그의 머리를 가져와라! 그 사람이면 우리가 제사를 지내주자!"고 해서 코리 수베치에게 사자를 보내 그의 머리를 잘라 보내도록 하였다. 옹칸이라는 것을 알아보고는 흰색 큰 모전 위에 놓고 자신의 며느리들에게 며느리의 예를 올리게 하고, 잔을 올리게 하고, 호금을 켜게 하고, 잔을 받들어 제사 지냈다. (……) (189장)[74]

- 칭기즈칸이 이르러 전투가 벌어졌고, 톡토아는 거기서 유시에 맞아 쓰러

---

72 일종의 기자 의례(祈子儀禮)로 볼 수 있다.

73 몽골의 전통적인 장례 습속을 보면 죽은 시체를 뼈(yas)로 상징해서 표현하기도 한다. 박환영, 『몽골의 유목 문화와 민속 읽기』(민속원, 2005c), 274쪽.

74 『몽골비사』 198장에도 유사한 내용이 기술되어 있다. 즉, 전사한 톡토아의 아들이 전쟁터에서 톡토아의 뼈를 거둘 수도 없고 시신을 가져갈 수도 없어서 전사한 톡토아의 머리를 잘라서 가지고 도망갔다 라는 내용이 나온다.

졌다. 그의 아들들은 그의 뼈를 거둘 수도 없고 그의 시신을 가져 갈 수도 없어 그의 머리를 잘라 갖고 도망갔다. (……) (198장)

- "형제가 허락하여, 죽일 때 피가 안 나오게 죽여라! 죽어 누우면, 나의 유골이라도 높은 곳에서 영원히 그대의 후손의 후손에 이르기까지 가호하여 주겠다." (……) "피가 안 나오게 가게 하고, 그의 뼈를 보이게 버리지 마라! 잘 거두어라!" 하고 명했다. 자모카를 거기서 가게 하고, 그의 뼈를 거두게 했다. (201장)

- 젤메에게는 "자르치오드 노인이 풀무를 지고, 젤메가 요람에서, 보르칸 성산에서 내려왔을 때, 오난 강의 델리운 동산에서 내가 태어날 때, 담비 가죽으로 안감을 댄 배내옷을 준 바 있다. (……) 태어날 때 같이 태어나 자랄 때 함께 자란 담비 가죽 요람의 사연이 있는, 복이 있고 길함이 있는 젤메, 아홉 번까지 죄를 묻지 말도록 하라! (……) (211장)

이상에서 살펴본 바와 같이 『몽골비사』에는 아이가 태어나기 전후에 행해지는 출생 의례와, 개인과 집단을 하나로 묶어 주는 혼례의 한 과정인 약혼, 그리고 돌아가신 조상들에게 제의를 올리는 제사 의례 등의 내용이 들어 있다. 출생 의례[75]와 관련해서 아기가 태어나면 아기의 출생을 축하하는 다양한 선물을 해 주는데, 그중에서 『몽골비사』 97장에는 담비 가죽 배내옷(buluyan nelkei)이 잘 기술되어 있다. 또한 혼례의 한 과정으로 약혼을 하게 되면 처갓집에 일시적으로 예비 신랑을 머무르게 하는 당시 몽골의 전통이 나오며, 예비 말[馬]을 예물로 주고 테무진을 맡기는데 이것은 신랑 측에서 신부 측으로

---

75 몽골의 출생 의례에 대한 연구는 장장식, 『몽골민속기행』(자우, 2002), 209-215쪽과 남질, 『몽골의 가정예절과 전통』, 이안나 옮김, (민속원, 2007), 50-76쪽, 그리고 박환영, 「한·몽 출생 의례의 비교민속학적 고찰」, 『비교민속학』 40(2009d), 129-161쪽.

보내는 신부대(bridewealth)[76]로 볼 수 있다. 역시 혼례의 전통으로 칠레두가 아내인 후엘룬 부인을 데려가는 도중에 칭기즈칸의 아버지인 예수게이가 빼 앗아서 아내로 삼는 약탈혼[77]의 흔적을 엿볼 수 있기도 하다. 한편『몽골비사』 70장에 기술되어 있는 조상의 묘역으로 제사를 지내러 갔다는 내용과 제삿 밥에 대한 언급은『몽골비사』속에 내재되어 있는 13세기 당시 몽골인들의 제 사 의례를 연구하는 데 좋은 자료를 제공해 주고 있다.

셋째로는 종교 의례로, 여기에는 샤먼 의례와 텡게르(tenger, 하늘신)에게 올리는 의례, 그리고 왕의 추대와 관련된 의례[78] 및 전쟁 그리고 군대와 관련 된 의례[79] 등이 포함되어 있다. 특히 몽골의 유목 문화를 대표하는 샤먼 의례 와 신성한 산(山)과 하늘에 제의를 올리는 몽골의 전통 의례가『몽골비사』속 에 자세히 묘사되어 있다는 사실이 흥미롭다. 이러한 의례의 구체적인 내용 은 다음과 같다.

- "나는 몹시 무섭다. 보르칸 성산에 아침마다 제사 지내리라! 날마다 기도 하리라! 내 자손의 자손까지 깨닫게 하리라!" 하고 해를 향해 허리띠를 (풀 어) 목에 걸고, 모자를 팔에 끼고, 손으로 가슴을 치며, 해 쪽으로 아홉 번 무릎 끓고 젖(술)을 뿌려 바치고 맹세를 했다. (103장)[80]

---

76 박환영, 앞의 논문(2006d), 220–222쪽.

77 몽골 부리야트족의 결혼 방식에도 약탈혼이 부분적으로 남아 있다. 장장식, 앞의 책, 217쪽.

78 『몽골비사』141장에 보면 자모카를 칸으로 추대하면서 "종마와 암말을 베어 맹세하는" 내용이 기술되어 있다. 유원수, 앞의 책(2004), 106쪽.

79 전쟁과 관련된 이러한 의례를 토그(tug) 제(祭)라고 부르기도 한다. 박원길,『북방민족의 샤머 니즘과 제사 습속』(국립민속박물관, 1998a), 389–397쪽. 또한 1957년 내몽골에서 출판된 Höh Sudar이라는 역사 소설 속에도 토그 제에 대한 내용이 나온다. 자세한 내용은 출템수렝,「처인 성 전투를 바라보는 몽골 학자의 시선」,『한·몽 교류 협력과 처인성의 역사적 의의』(천안: 단국 대 몽골학연구소, 2010), 62쪽.

80 같은 맥락에서『몽골비사』244장에 보면 "칭기즈칸이 카사르의 소매를 묶고, 그의 모자와 허리 띠를 뺏고, 심문을 하고 있다가 어머니가 나타나자 놀라 두려워 했다"라는 내용이 나온다. 따 라서 허리띠를 푸는 것은 완전한 복종과 항복을 상징한다고 추측할 수 있을 것 같다.

- 멀리서도 잘 보이는 군기에 술 뿌려 제사 지냈다. 검은 황소의 가죽으로 메운 울려 퍼지는 소리 나는 북을 두드렸다. (……) 길어서, 멀리서도 잘 보이는 군기에 술 뿌려 제사 지냈다. 쇠가죽으로 덮은 굵은 소리 나는 북을 두드렸다. (……) (106장)

- 이러한 부족들이, 알코이 샘에 모여 "자지라드(자다란)의 자모카를 카로 추대하자!"며 종마와 암말을 베어 명세하고 거기서 에르구네 강을 따라 이동하여 켄 강이 에르구네 강에 실어다 붓는 삼각주의 넓은 습원(濕原)에서 자모카를 구르 카로 추대했다. (……) (141장)

- 날이 밝아 보니 뒤에서 한 사람이 온다. 보오르초였다. 보오르초가 오고 나서 칭기즈칸이 "영생의 하늘께서 아시도록 하라!"고 하면서 가슴을 두드렸다. (……) (172장)[81]

- 거기서 우구데이칸이 병이 나서 입과 혀가 마비되어 견딜 수 없게 되자 무당, 점쟁이들을 불러 무꾸리를 하였다. 무꾸리를 해 보니 "키타드 사람들의 땅과 물의 귀신들이 자기네 백성이 약탈당하고 성들, 도시들이 파괴당하자 단단히 달라붙는다. 백성과 속민, 금과 은, 가축과 식량을 그 대신으로 주마 했으나 풀어지기는커녕 더 단단히 달라붙는다. 친척을 바치면 되겠는가?" 하고 물으니 칸이 눈을 뜨고 물을 청하여 마시고, "무슨 일이냐?" 하고 물었다. 무당들이 "키타드 사람들의 땅과 물의 귀신들이 자기네 땅과 물이 파괴당하고, 백성과 속민이 약탈당하자 단단히 달라붙습니다. '다른 무엇이라도 대신으로 주마!'고 했으나 더욱 심하게 혼미해지셨습니다. '친척으로 되겠는가?'하고 물으니 풀어집니다. 이제 분부를

---

81 한편 『몽골비사』 103장에 보면 "칭기즈칸이 손으로 가슴을 치며, 해 쪽으로 아홉 번 무릎을 꿇고 젖(술)을 뿌려 바치고"와 같이 하늘에 의식을 행하던 제천 의식과 관련된 내용이 기술되어 있다.

알게 하소서!" 하고 아뢰었다. (……) 무당들은 재앙을 빌어라! 저주하라!고 하였다. 무당들이 저주하자 저주의 물을 톨로이 아들(대왕)이 마셨다. 잠시 있다가 "취했습니다, 제가. 내가 취한 것이 깰 때까지 고아가 된 어린 조카들, 과부가 된 계수를 마음이, 지혜가 자랄 때까지칸 형께서 맡아 돌보아 주실 것을 약속하소서! 할 말을 다 했습니다. 저는, 취했습니다, 저는" 하고 나가 잘못된(죽은) 사연은 그와 같다. (272장)

이상에서 기술한 바와 같이 『몽골비사』에는 13세기 몽골 초원에서 행하여졌던 다양한 의례[82]가 자연환경과 사회적 상황에 맞게 적절하게 기술되어 있다. 몽골의 민속 문화 속에 담겨져 있는 토착적인 종교 의례를 적나라하게 보여 주고 있다는 점에서 민속학적인 연구 가치도 지니고 있다고 할 수 있다.

넷째로는 음주(飮酒)와 가무(歌舞), 씨름과 같은 민속놀이가 부수적으로 행해지는 의례, 그리고 잔치와 관련한 의례 및 세시 의례를 살펴볼 수 있다. 이러한 의례는 주로 시간의 구분을 명확하게 해 주는 주기적인 세시 의례의 성격이 강한 편이며, 음주와 가무 그리고 씨름과 같은 민속놀이를 동반하고 있어서 유목 문화 속의 축제를 연구하는 데 중요한 자료가 될 수 있다. 다음은 이러한 축제와 관련되어 있는 의례의 구체적인 내용이다.

- 오난 강의 숲에서 잔치를 할 때 벨구테이의 어깨를 내리쳐 벤 그자다. (50장)

- 오난 강의 코르코낙 숲에 모여 코톨라를칸으로 추대했다. 몽골인의 기쁨은 뛰고 잔치하며 즐기는 것이었다. (……) (57장)

- 예수게이 용사는 도중에 첵체르의 시라 초원에서 타타르 사람들이 잔

---

82 한편 극히 부분적이기는 하지만 『몽골비사』에는 신목제(神木祭)에 대한 내용도 들어 있다. 박원길, 앞의 책, 447-452쪽.

치를 하고 있는 곳을 지나치게 되었다. 목이 말라 그들이 잔치하는 데서 말을 내렸다. (……) (67장)

- 여름의 첫 달 열엿새, 붉은 만월의 날 타이치오드가 오난 강의 기슭에서 잔치를 하다가 해가 떨어지자 흩어졌다. 테무진을 그 잔치에 약골의 소년이 데리고 와 있었다. 잔치에 온 사람들이 흩어지자 테무진은 목에 쓰고 있던 칼을 그 약골 소년에게서 잡아채어 그의 머리를 한차례 때리고 달아나 오난 강의 숲 속에 엎드려 있다가 (……) (81장)

- 칭기즈칸 자기에게 백성들이 왔다고 기뻐서 칭기즈칸이 후엘룬 부인, 카사르, 주르킨의 사차 베키, 타이초 등과 오난의 숲에서 잔치를 하게 되었다. 첫 동이의 술을 칭기즈칸, 후엘룬 부인, 카사르, 그리고 사차 베키에게 먼저 따랐다. 다음 동이를 사차 베키의 작은어머니 에베게이부터 따랐다. 그러자 카톤과 코오르친 카톤이 "나부터 아니 따르고 어찌 에베게이부터 따르냐?"며 집사장 시키우르를 때렸다. (……) (130장)

- 그 잔치를 우리 측에서는 벨구테이가 총괄하면서 칭기즈칸의 거세마를 돌보고 있었다. 주르킨 쪽에서는 부리 장사가 그 잔치를 총괄하고 있었다 (……) 벨구테이가 그렇게 베였으나 아무 문제도 삼지 않고, 개의치 않고, 지혈시키고 있는 것을 칭기즈칸이 그늘에 앉아 있다가 보고는 잔치 중에 나왔다. (……) (131장)

- "우리가 지친 간에 의논한 것을 벨구테이가 누설하는 바람에 우리 병력이 몹시 희생되었다. 이 뒤로는 벨구테이를 회의에 들어오지 못하게 하라! 의논이 끝날 때까지 밖에서 모두를 다스리게 하라! 다툼질, 도둑질, 사기질한 자들을 처단케 하라! 의논이 끝나고 다른 참석자들이 의식의

술을 마신 뒤에, 벨구테이와 다아리타이(다리타이)는 거기 들어오도록 하라!"고 명을 내렸다. (154장)

- 칭기즈칸이 "메르키드의 땅 셀렝게를 목영지로 하여 목영지를 자유로 이 선택할 것, 자손 대대로 전통을 휴대케 하고, 의식의 술을 마시게 하며, 다르칸으로서 살게 하라! 아홉 번까지 죄를 벌하지 말라!"고 명을 내렸다. (……) "소르칸 시라로 말하자면 타이치오드의 투데게의 속민이었다. 바다이와 키실릭으로 말하자면 체렌의 말치기였다. 이제 나의 지팡이(가 되어) 전통을 휴대하고, 의식의 잔을 비우며, 다르칸의 지위를 누리거라!" 하고 은혜를 베풀었다. (219장)

- 영생의 하늘의 힘으로, 칸 숙부의 음덕으로 메게드 성을 부수고, 오로소드(오로스 백성)를 약탈하고 열하나의 외방 백성을 옳은 방향에 들게 하고, 황금 고삐를 돌려 잡고 "이별의 잔치를 하자!"고들 하여 큰 천막을 세우고 잔치를 하였습니다. 제가 이 모든 아들(왕자)의 연장자로서 한두 잔 의식의 술을 먼저 마셨습니다. 그랬다고 부리와 구육이 제게 기분 나빠하며 잔치를 아니 하고 떠나 버리는 수모를 주었습니다. 부리가 떠나면서, "바토는 동등한 사이에 어떻게 먼저 마시는가? 수염 난 노파들이 대등하게 굴었으니 뒷발바닥으로 밀고 앞발바닥으로 밟아야 하겠다"고 했습니다 (……) (275장)

이상에서 기술한 바와 같이 『몽골비사』 속에는 여러 가지 사회적 상황에서 음주와 가무, 씨름과 같은 민속놀이가 포함된 의례, 그리고 잔치를 비롯한 세시 의례의 내용이 들어 있다. 특히 의식(儀式)이나 의례에서 마시는 술의 중요성과 참석자의 지위에 대한 기술(記述)은 술의 의례적 중요성을 상징적으로 보여 준다고 하겠다. 다시 말해서 의식의 술은 일상적인 생활 공간으로부터 신성한 제의(祭儀) 공간을 설정할 수 있게 해 주는데, 의례적인 술을 중심으로 이러한 의례의 과정이 잘 반영되어 있는 것이다.

Ⅲ. 『몽골비사』에 반영된 13세기 몽골 전통 의례의 민속학적 의미와 가치

『몽골비사』를 중심으로 몽골의 유목 문화 속에서 찾을 수 있는 다양한 의례는 민중들의 진솔한 삶을 그대로 반영해 준다. 가령 태어나서 성인이 되고 혼인을 하여 가족과 친족을 형성하고 늙어서 죽으면 조상으로 대우받는 일생 의례는 물론이고, 주어진 자연환경을 극복하고 효율적인 유목 생활을 영위하기 위하여 맺어지는 의형제와 관련된 의례나 인위적인 부자(父子) 관계를 맺을 때 행해지는 의례는 몽골의 유목 사회가 가질 수 있는 독특한 문화 중의 하나이다. 또한 종교 의례와 세시 풍속을 포함하는 잔치와 음주 가무와 관련된 의례도 많은 편이다. 이러한 일상생활에서 보이는 다양한 의례는 몽골의 생활 문화를 이해하는 데 중요한 자료가 된다. 물론『몽골비사』는 역사 문헌 자료의 형식에 맞게 기술되었고, 또한 상당 부분은 상징과 은유를 가미한 역사 기술이며 축약되고 압축된 형식으로 기술되어 있기는 하지만 한 문장씩 자세하게 분석해 보면 그 속에는 13세기 몽골의 생활 문화가 잘 반영되어 있어서 당시 몽골인들의 생활상을 가늠해 볼 수 있는 좋은 기회를 제공해 준다. 한편 역사적인 기술의 특성상 축약된 형식의 기술로 인하여 의례의 구체적인 과정이 잘 드러나 보이지 않는 경우도 있지만, 나름대로 구체적인 전통 의례를 보여 주기도 한다.

『몽골비사』 속에 반영되어 있는 몽골의 전통 의례 중에서 두드러지는 의례를 살펴보면 다음과 같다. 첫째 안다(anda, and)와 같은 의형제를 맺는 의례가 잘 묘사되어 있다. 몽골의 민속 문화 속에서 안다가 되기 위해서는 의형제를 맹세하는 의례를 행하는데, 서로 진귀한 선물을 교환하거나 특별한 음식을 나누어 먹기도 한다. 안다 의례는 테무진과 자모카의 사례가 대표적인 경우인데,『몽골비사』를 기초로 하여 테무진의 어린 시절을 역사인류학적으로 분석한 웨더포드(Weatherford, 2005)에서도 테무진과 자모카의 안다 관계를 구체적으로 기술하면서 "피를 나눈 형제보다도 더 강력한 유대를 형성하였다"고 강조하고 있다. 예를 들어서,

테무진과 자모카가 처음 의리의 맹세를 한 것은 테무진이 열한 살 때쯤이었다. 두 아이는 이 맹세의 상징으로 장난감을 교환했다. 자모카는 테무진에게 노루 수컷의 복사뼈를 주었고, 테무진은 자모카에게 같은 복사뼈지만, 작은 놋쇠 조각을 박아 넣은 것을 주었다. 이것은 먼 곳에서 온 진귀한 보물이었을 것이다. 다음 해에는 어른처럼 화살촉을 서로 선물했다. 자모카는 송아지 뿔 두 조각을 가져다가 구멍을 뚫어 우는(소리 나는)[83] 화살촉을 만들어 주었다. 두 번째 맹세 의식을 할 때 소년들은 서로의 피를 약간씩 삼켜 영혼의 일부를 교환하기도 했다.[84]『몽골비사』를 보면 나중에 자모카는 그들 둘이 잊을 수 없는 말을 했고, 무엇인지는 알 수 없지만 "소화되지 않는 음식"(201장)을 함께 먹었다고 회고한다. 어쨌든 이런 맹세를 통해 두 소년은 안다(의형제)가 되었다. 안다는 자유롭게 상대를 택하기 때문에 피를 나눈 형제들보다 유대가 더 강했다. 자모카는 테무진이 평생 얻은 유일한 안다였다. 그러나 어린 시절에 맺어진 이 유대는 훗날 테무진이 권좌에 오르는 데 중요한 자산이자 장애가 되었다(웨더포드:2005:66-67).[85]

---

83 『몽골비사』의 원문에는 "우는(소리 나는)"으로 묘사되어 있다. 유원수, 앞의 책(2004), 80쪽.

84 한편 13세기『몽골비사』원문에는 피를 삼켜서 영혼의 일부를 교환했다는 내용이 나오지 않는다.

85 여기에 덧붙여서『몽골비사』117장에 보면 안다를 맺는 의례의 하나로 옷을 바꾸어 입기도 하며, 애지중지하는 말을 바꾸어 타며, 함께 잔치를 하고 즐기고 특별한 음식을 나누어 먹기도 하며, 같은 이불에서 자기도 한다. 유원수, 위의 책, 80-81쪽.

위의 내용과 같이 안다 의례에서 중요한 것은 선물 교환인 것을 알 수 있다. 또한 안다는 피를 나눈 형제들보다 유대가 더 강할 정도로 13세기 몽골의 유목 문화 속에서 중요한 기능을 담당했음을 알 수 있게 해 준다. 같은 방식으로 몽골의 민담[86] 속에도 의형제를 맺는 내용이 많이 내포되어 있다. 다만 이러한 경우에 구체적인 절차나 의례에 대한 내용은 없는 경우가 대부분이다. 그러나 전통적인 유목 문화 속에서 의형제를 맺는 문화가 널리 퍼져 있었음을 암시해 준다고 볼 수 있다.

한편 현대 몽골 사회에서 안다 관계는 거의 나타나지 않는 반면에, 인위적인 친족 관계인 호라이(huurai) 관계는 매우 활성화되어 있다.[87] 특히 안다 관계는 수평적인 관계로, 테무진과 자모카처럼 나이가 비슷한 사이에서 형성된다면 호라이 관계는 수평 관계와 수직 관계가 모두 포함될 수 있어서 탈사회주의 이후 사회적 네트워크(social network)[88]가 절실하게 필요한 현대 몽골 사회에서 좀 더 활성화되고 있다고도 볼 수 있다.

둘째로 통과 의례의 입장에서 『몽골비사』를 들여다보면 그 속에는 13세기에 행하여졌던 출생 의례, 약혼 의례를 포함한 혼례, 장례(葬禮), 제례(祭禮)가 구체적으로 기술되어 있다. 특히 제사를 지낼 때 죽은 사람을 위해 망자(亡者)가 사용하던 물건이나 말[馬] 그리고 마유주와 곡물을 태워 바치는 의식을 나타내는 툴레시(tülsh) 제(祭)에 대한 내용이 부분적으로 들어 있다.[89] 한편 『몽골비사』에서 볼 수 있는 혼례의 내용 중에서 신랑 측에서 신부 측에게 예물을 주고 약혼을 하는 풍속은 몽골의 민담 속에서도 쉽게 찾아볼 수 있다. 예를 들어서 몽골의 민담에 보면 "세상에서 가장 힘센 네 가지 짐승(호랑

---

86 유원수, 『세계민담전집: 몽골편』(황금가지, 2003), 16-24쪽.

87 Park, op. cit., 154쪽.

88 박환영, 「경제적인 측면에서 본 현대 몽골의 실제적인 친족과 네트워크」, 『역사민속학』 8(1999), 125-130쪽.

89 툴레시(tülsh) 제(祭)에 대한 내용은 『몽골비사』의 161장과 177장에 들어 있다. 박원길, 앞의 책, 477쪽과 김기선, 앞의 논문(2002), 113쪽 참조.

이, 사자, 눈표범, 늑대)을 약혼 예물로 바치고 (딸을) 데려가라"[90]는 내용이 나온다. 신랑 측에서 신부 측으로 보내는 신부대(bridewealth)는 보통 말, 소, 양과 같은 가축이거나 의류, 귀금속, 돈 등인데, 이러한 혼례와 관련한 예물은 현대 몽골 사회에서도 전승되는 혼례의 전통이다.

한편 몽골에서 혼자금(dowry)은 세 가지 유형[91]으로 나누어지기도 한다. 이 중에서 정확하게 어느 유형에 속한다고 단언할 수는 없지만 『몽골비사』 96장에는 신부의 부모가 신랑 측으로 선물을 보내는 내용이 들어 있다. 가령 테무진의 장모인 초탄 어머니가 테무진에게 선물하는 담비 외투는 넓은 의미의 혼자금으로 볼 수 있으며, 좁은 의미로는 혼자금의 첫 번째 혹은 세 번째 유형으로 볼 수도 있을 것 같다.[92] 결국 처가(妻家)에서 보내 준 혼자금의 도움으로 테무진이 옹칸과 인위적인 친족 관계를 형성할 수 있는 결정적인 기회를 가지게 되는 것이다.

셋째로 『몽골비사』 속에 들어 있는 샤먼 의례를 포함한 종교 의례를 보면 산과 하늘을 포함한 자연에 대한 숭배 사상이 드러나 있기도 하다. 이러한 전통 의례는 몽골의 민속 문화 속에 내재되어 있기도 하다. 즉 몽골의 전통 중에는 오래된 애니미즘과 함께 산의 정상이나 하천의 샘을 숭배하는 전통이 있어서 몽골인들은 텡게르(tenger)에 근접한 뒤 그를 부르기 위하여 성산(聖山)의 정상을 오르기도 한다. 한편 종교 의례와 관련된 의례 행위와

---

90 유원수, 앞의 책 (2003), 65쪽 참조.

91 첫 번째 유형은 신부의 부모가 신랑의 부모나 신랑의 친척들에게 주는 것으로 의류, 신발, 코담배통 등이고, 두 번째 유형은 신부의 부모가 신부에게 주는 것으로 귀금속, 의류 등이고, 세 번째 유형은 신부의 부모가 신부에게 주는 "죽기 이전의 유산(pre-mortem inheritance)"이다. 자세한 내용은 박환영, 앞의 책(2005), 256-257쪽.

92 혼자금의 첫 번째 유형으로 볼 수 있는 것은 신부 측에서 신랑 측으로 예물을 보냈기 때문이며, 세 번째 유형으로 볼 수 있는 것은 신부가 혼례를 치른 후 어느 정도 시간이 흐른 후에 신랑 측의 어려움을 돕기 위하여 장모가 사위에게 예물을 보냈기 때문이다. 한편 혼자금의 두 번째 유형은 일반적으로 혼례와 함께 신부가 신랑 측으로 떠나올 때 주는 경우가 많으며, 직접 신부에게 주어지기 때문에 초탄 어머니의 예물은 여기에 속하지 않는 것 같다. 현대 몽골 사회의 신부대(bridewealth)와 혼자금(dowry)은 박환영, 앞의 논문(1999), 120-124쪽.

몽골의 수도 울란바토르의 간단 불교 사원을 참배하고 있는 몽골인들

금기를 보면 텡게르에 대한 복종의 상징으로 모자를 벗고 벨트를 어깨 너머로 던지기도 하며, 또한 몽골인들은 샘은 엄청난 힘을 가지고 있다고 믿기 때문에 물을 오염시키는 것을 허용하지 않기도 한다. 따라서 몸을 씻거나 의복, 식기와 요리도구를 종교적인 장소에서 씻는 것을 엄격하게 금하고 있으며,[93] 이러한 전통으로 인하여 몽골인들 사이에는 전통적으로 위생 관념을 강조하기보다는 자연의 영원함과 위대함을 더 존중하여 한 개인의 위생보다는 자연이라는 전체의 신성함과 건강함을 지속시키기 위하여 물을 오염시키지 않는 유목 전통이 남아 있다. 다시 말해서 몽골의 유목민들은 일상생활에서 물을 소중하고 신성한 대상으로 여기는데, 이러한 몽골의 유목 전통으로 인하여 유목민들은 물이 오염되는 것을 방지하기 위하여 물 속에 이물질을 넣는 것을 금기(禁忌)시 하고, 우유가 묻어 있는 통이나 그릇을 물에 넣어서 씻지 못하고 물을 떠와 물 밖에서 씻어서 초원에 뿌려 주

---

93 L. Hartog, Genghis Khan : Conqueror of the World (London : I. B. Tauris & Co. Ltd., 1989), p. 7 참조.

몽골의 초원에서 전통 양고기 요리인 호르혹(horhog)을 준비하는 몽골인들

는 민속[94]도 유지하고 있다.

　넷째로 음주와 가무 그리고 잔치와 관련한 의례와 세시 의례에 대한 내용을 분석해 보면, 오난의 강과 코르코낙 숲과 같은 잔치를 자주 행하는 장소가 드러나 있으며, "여름의 첫 달 열엿새, 붉은 만월의 날"과 같이 잔치를 벌이는 시간[95]이 명확하게 묘사되어 있다. 또한 의식의 술과 같이 어떠한 의례를 행할 때 마시는 의례 술이 많이 언급되고 있는 점도 눈여겨볼 만하다. 특히 의례의 술을 마실 때 반드시 지켜야 하는 주어진 사회적 지위에 의한 순서는 당시(13세기) 몽골의 유목 사회 속에서 기능했던 위계질서가 의례 속에서 어떻게 표출되었는지를 잘 반영해 준다. 이와 같은 맥락에서 『몽골비사』

94　박환영, 앞의 책(2005c), 108쪽과 이평래, 「몽골 유목민의 죽음에 대한 인식」, 『아시아의 죽음 문화 – 인도에서 몽골까지』(서울: 소나무, 2010), 194쪽.

95　『몽골비사』에 보면 역사적인 시간을 기술하면서 12띠 동물의 상징을 통하여 해(年)를 나타내며, 좀 더 구체적인 시간은 특정한 계절의 몇 번째 달[月], 혹은 달[月]의 변화를 통한 구체적인 날(日)을 보여주기도 한다. 박환영, 「몽골의 유목 문화 속의 세시풍속 고찰」, 『몽골학』 24(2008c), 300쪽.

165장에서 기술되고 있는 호이모르(hoimor)[96]라는 상석(上席)에 대한 민속은 현대 몽골 사회에서도 여전히 지켜지고 있어서, 다양한 의례를 행하게 되면 사회적 지위와 관련하여 공간의 구분이 명확하게 드러나게 된다.

끝으로 위에서 언급한 네 종류의 전통 의례에 정확하게 포함시킬 수는 없지만, 『몽골비사』 속에는 몽골의 전통적인 제사의식인 주겔리(jügeli) 제(祭)에 대한 내용도 들어 있는데, 그 내용은 다음과 같다.

보돈차르가 세상을 떠난 뒤 그 제우레데이를 "집에 항상 아당카 오리앙카이 사람이 있었다. 그의 자식이다" 하며 주겔리 제사에서 배제시키고 제우레이드씨를 만들었다. 제(우)레(이)드의 시조는 그가 되었다. (44장)

위에서 기술하고 있는 주겔리 제(祭)는 나무 위에 고기를 매달거나 술을 뿌려서 하늘에 제의를 올리는 행위이다.[97] 주겔리 제를 자세하게 살펴보면 형식적인 면에서는 산과 하늘을 대상으로 제의를 올리는 종교 의례로 볼 수 있다. 그런데 『몽골비사』 44장의 내용이 암시하는 바와 같이 내용적인 측면에서 보면 의례에 참여하는 대상은 혈통을 같이하는 부계 씨족에 한정되어 있기[98] 때문에 통과 의례의 입장에서 제례(祭禮) 속에 포함시킬 수도 있는 것이다. 다시 말해서 주겔리 제는 『몽골비사』 70장에 언급되어 있는 조상 제사와 함께 몽골인들의 조상 숭배를 고찰하는 데 유익한 자료를 제공해 준다.

---

96 박환영, 『몽골의 전통과 민속 보기』(박이정, 2008a), 224~225쪽.

97 박원길, 앞의 책, 373쪽과 발터하이시이, 『몽골의 종교』, 이평래 옮김(소나무, 2003), 96쪽.

98 박원길, 위의 책, 373쪽.

Ⅳ. 나오는 말

『몽골비사』는 13세기에 기술된 역사 문헌 자료이면서 당시 몽골을 비롯하여 중앙아시아 지역의 생활 문화를 적나라하게 보여주는 민속지(民俗誌)적인 성격도 가지고 있다. 이러한 학문적인 가치로 인하여 최근에는 『몽골비사』를 다각적인 면에서 분석하려는 시도가 진행된 바 있으며, 앞으로도 좀 더 다양한 연구 성과가 기대된다. 이러한 측면에서 『몽골비사』에 반영된 전통적인 의례에 대한 집중적인 분석은 나름대로의 가치를 가질 수 있는 것이다.

무엇보다도 넓은 초원 지역에서 정기적으로 이동을 하는 유목 생활과 관련한 몽골의 민속 문화를 제대로 고찰하기 위해서는, 유목 문화가 내재되어 있는 전통적인 의례에 대한 분석은 반드시 필요하다. 즉 개인의 일상적인 통과 의례에서부터 집단적인 세시 의례와 종교 의례에 이르기까지 몽골인들의 생활 문화 곳곳에 의례가 숨어 있다고 해도 과언이 아니다. 이러한 의미에서 『몽골비사』를 중심으로 그 속에 반영되어 있는 몽골의 전통 의례를 다루어 보는 것은 몽골의 민속 문화에 통시적으로 접근해 보는 데 있어서 나름대로의 가치가 있는 필요한 작업이라고 할 수 있다.

『몽골비사』의 내용을 차근차근 분석해 보면 인위적인 인간관계를 맺기 위한 의례, 통과 의례, 종교 의례, 잔치와 세시 의례 등 크게 네 가지 의례로 구분해서 살펴볼 수 있다. 이러한 의례의 과정을 살펴보면 의례를 통하여 시간의 분기점과 같이 특정한 사건을 기념하거나, 지나온 과거를 종결시키고 새로운 시작을 알리고 과거와는 다른 지위를 부여하기도 한다. 또한 안다와 같은 의형제를 맺는 의례를 보면 진귀한 선물을 서로 교환하거나, 상대방과 의복을 바꾸어 입고 말을 바꾸어 타기도 하며, 혼례에서는 신부대와 혼자금을 서로 교환하기도 한다. 따라서 『몽골비사』에 반영되어 있는 몽골의 전통 의례는 가족, 친족, 인위적인 친족 관계 그리고 다양한 유목 공동체를 포함한 몽골 유목 문화의 사회 구조를 이해하는 데 중요한 자료를 제공해 준다.

역사적인 기술은 때로는 축약되어서 나타나고, 또한 동맹과 다툼 그리고 원정과 정복 같은 복잡한 정치적 갈등의 내용을 많이 담고는 있지만, 그 이면에는 또한 당시의 생활 문화가 상당히 잘 반영되어 있기도 하다. 시간과 공간을 초월해서 13세기 몽골의 전통적인 의례를 통하여 당시 몽골의 유목 문화를 부분적이지만 그래도 세부적으로 접근할 수 있기 때문에『몽골비사』는 여전히 많은 연구를 기다리고 있다. 몽골의 총체적인 생활 문화와 관련하여 다른 연구 영역에서도 심도 있는 체계적인 접근과 분석이 요구된다고 하겠다.

4. 몽골의 색깔 상징

I. 들어가는 말

북아시아의 유목 문화는 몽골을 중심으로 중앙아시아와 시베리아 지역까지 폭넓게 분포되어 있다. 따라서 하자노프[99]가 지적한 바와 같이 주어진 자연환경과 지역적인 특성 그리고 방목하는 가축에 따라서 유목의 주요 형태는 북방유라시아형, 유라시아 초원형, 근동형, 중동형, 내륙아시아 고지대형 등으로 다양한 편이다. 이러한 동북아시아 지역의 유목 민속이 가지는 특징을 고찰하기 위하여 13세기에 저술된 것으로 학계에서 일반적으로 받아들여지고 있는『몽골비사』는 몽골을 중심으로 주변 중앙아시아 지역의 넓은 유목 문화를 모두 포괄하고 있어서 동북아시아 유목 문화의 특징을 살펴보는 데 중요한 문헌이다. 즉『몽골비사』는 당시(13세기) 동북아시아 유목 민속의 특징을 고스란히 잘 반영해 주고 있는데, 특히 하나의 통일된 국가라는 개념보다는 더 넓은 동북 아시아 유목 지역의 여러 부족이 함께 유목 문화를 공유하던 당시의 사회적 분위기와 일상적인 생활 문화를『몽골비사』는 잘 보여주고 있다.

그동안 국내 학계에서는 몽골을 중심으로 중앙아시아 지역의 다양한 유목

---

99 하자노프,『유목사회의 구조: 역사인류학적 접근』, 김호동 옮김(지식산업사, 1990), 74-104쪽.

문화를 잘 반영해 주고 있는『몽골
비사』의 내용을 심도 있게 분석하
였다. 그리하여 그 속에 담겨 있는
유목민들의 생활 문화와 민속에
대한 고찰이 여러 가지 측면에서
시도된 바 있다. 예를 들어서,『몽
골비사』에 대한 국내의 연구는 기
원 설화, 가족과 친족, 음식, 장례
습속, 동물 상징 등 다양한 편이
다.[100] 그러나 아직까지도『몽골비
사』 속의 색깔 상징에 대한 구체적
인 연구는 눈에 드러나게 이루어
지지 않은 것 같다. 아마도 일종의

몽골의 초원에서 게르(ger) 모형 민속공예품을 파
는 몽골 유목민

편린(片鱗)이 될 수도 있겠지만, 이 글에서는 색깔 상징에 초점을 두고서 13
세기 중앙아시아 유목 문화의 정수를 간직하고 있는『몽골비사』의 분석[101]을
통하여 몽골 유목 문화의 특징에 한번 접근해 보고자 한다.

---

100 『몽골비사』와 관련한 국내의 선행연구로는 박원길,「'몽골비사'에 나타난 몽골족 기원설화의 분
석」,『몽골학』 13호(한국몽골학회, 2002) ; 김기선,「'몽골비사'에 나타난 몽골인의 장례 습속」,『몽
골학』 13호(한국몽골학회, 2002) ; 김천호,「Mongol秘史의 飮食文化」,『몽골학』 15호(한국몽골학
회, 2003) ; 박환영,「'몽골비사'에 보이는 가족과 친족의 민속학적 연구」,『몽골학』 20호(한국몽골
학회, 2006d) ; 박환영,「'몽골비사'에 반영된 동물의 민속학적 고찰」,『알타이학보』 20호(한국알
타이학회, 2010c) 등이 있다.

101 본 논문에서는 『몽골비사』에 반영되어 있는 색깔 상징을 체계적으로 분석하기 위하여 몽
골어 원문은 Sh. Gaadamba, *mongol'in nuuts tovchoo*(Ulaanbaatar, 1990)와 Sh. Palamdorj, and G.
Myagmarsambuu, *mongol'in nuuts tovchoo*(Ulaanbaatar, 2009)를, 한국어 번역본은 유원수,『몽골
비사』(사계절, 2004)와 박원길, 김기선, 최형원,『몽골비사'의 종합적 연구』(민속원, 2006)을, 그
리고 영문 번역본은 Urgunge Onon, *The History and the Life of Chinggis Khan(The Secret History of the
Mongols)*(Leiden: E. J. Brill, 1990)과 Urgunge Onon, *The Secret Hisrory of the Mongols*(Ulaanbaatar: Bolor
Sudar, 2005)를 주로 참조하였다.

Ⅱ. 몽골의 유목 문화와 색깔 상징이라는 문화 요소

주어진 자연환경을 최대한 경제적으로 활용하기 위해서는 환경과 인간 그리고 가축과 같은 동물 사이의 적절한 유기적 질서와 밀접한 공생 관계가 필요하다. 문화생태학에서는 이러한 요소를 설명하기 위하여 주어진 환경과 인간 그리고 가축과 같은 가변적인 조건이 어떻게 조화를 이루고 있는지를 분석한다.[102] 몽골의 유목 문화 속에도 자연환경과 인간 그리고 가축이 어떻게 조화를 이루고 있는지가 잘 반영되어 있다. 이러한 생태 문화를 보여 주는 한 측면은 몽골 유목 문화 속의 색깔 상징에도 잘 내재되어 있다. 몽골 유목 문화의 색깔 상징과 관련하여 다쉬돈도브(Dashdondov)는 다음과 같이 요약해서 설명하고 있다.

몽골인들은 흰색과 푸른색 그리고 붉은색을 선호한다. 흰색은 시초 그리고 근원을 나타내는데, 흰색 달(tsagaan sar)은 새해를 상징한다. 검은색은 흰색과 반대의 색으로 불행, 재난, 위협, 반역 등을 상징하며, 종종 가난과 외로움을 나타내기도 한다. 푸른색은 하늘의 색깔이며 영원, 조화 그리고 성실을 상징한다. 몽골인들은 13세기 첫 번째 독립국가(몽골 제국)를 '푸른색'으로, 자신들을 '푸른색 사람들'이라고 부르기도 했다. 붉은색은 즐거움의 색깔이며 승리와 환대의 상징인데, 민속예술에서는 고귀함과 아름다움을 상징하여 몽골의 소녀들은 순결함과 젊음의 표시로 머리에 붉은색 리본을 매기도 했다. 노란색은 황금의 색깔로 '모국〔母國〕'이나 '광할한 초원'에 자주 붙이는 색깔이다. 붉은색, 푸른색, 노란색, 녹색 그리고 흰색은 몽골인들의 집에 있는 가구나 불교 사원의 벽 등에 자주 보인다. 창문, 문, 기둥은 주로 빨간색이며, 천장은 황금색의 갈색이거나 녹색이다. 대

---

102 Z. Sokolewicz, "Traditional Worldview in Contemporary Mongolia", Vinson Sutlive(ed.), *Contemporary Nomadic and Pastoral People: Asia and the North*(College of William and Mary, 1982) ; Robert Worden and Andrea Savada(eds.), *Mongolia: A Country Study*(Washington, D.C., 1991).

부분의 가구 내 민구(民具)는 붉은색에 노랑색으로 장식되어 있다. 일상적으로 가장 선호하는 옷의 색깔은 흰색, 푸른색, 붉은색 그리고 녹색이다. 이러한 선호하는 색깔은 전통적인 국가의 상징, 국기(國旗), 문장(紋章) 그리고 심지어 국가적인 상(賞)과 통화(通貨) 등에 자주 사용된다.[103]

이상의 내용에서 알 수 있는 바와 같이 몽골의 전통문화 속에서는 흰색, 검은색, 푸른색, 붉은색, 노란색 등 오색(五色)이 주요한 색깔이다. 이러한 몽골의 오색은 음양오행(陰陽五行)과도 밀접하게 연계되어 있다. 즉 몽골의 전통문화 속에서 오색은 다섯 가지 요소인 오행(五行)과 관련되고, 다시 남성을 상징하는 양(陽)의 색깔과 여성을 상징하는 음(陰)의 색깔로 나누어진다. 예를 들어서, 오행인 나무[木], 불[火], 흙[土], 쇠[金], 물[水]은 다시 양과 음으로 구분되어질 수 있는데, 나무는 푸른색이며 동쪽을 상징하는데, 양의 색깔인 허흐(höh)와 음의 색깔인 허흐친(höhöögchin)으로 나누어진다. 불은 붉은색이며 남쪽을 상징하는데, 양의 색깔인 올란(ulaan)과 음의 색깔인 올란친(ulaagchin)으로 나누어진다. 같은 방식으로 흙은 노란색이며 중앙을 상징하는데, 양의 색깔인 샤르(shar)와 음의 색깔인 샤르친(sharagchin)으로 나누어진다. 쇠는 흰색인데 서쪽을 상징하며, 양의 색깔인 차간(tsagaan)과 음의 색깔인 차간친(tsagaagchin)으로 구분된다. 끝으로 오행의 마지막 요소인 물은 검은색인데 북쪽을 상징하며, 양의 색깔인 하르(har)와 음의 색깔인 하르친(haragchin)으로 나뉜다.[104]

한편 일상생활에서는 전통적인 오색 중에서 불행과 재난 등을 상징하는 검은색보다는 조용하고 평화로움을 상징하는 녹색이 좀 더 두드러져서 흰색, 푸른색, 붉은색, 노란색, 녹색 등 다섯 가지 색깔이 주요한 색깔이며,[105] 이 중에

---

103 Ts. Dashdondov, *Mongolian Tradition at a Glance*(Ulaanbaatar, 2009), 15-16.

104 자세한 내용은 이안나, 『몽골인의 생활과 풍속』(첫눈에, 2005), 174쪽과 박환영, 『몽골의 유목문화와 민속 읽기』(민속원, 2005c), 291-292.

105 몽골인들의 일상적인 생활에서 전통적인 오색인 흰색, 검은색, 푸른색, 붉은색, 노란색은 여

서도 흰색, 푸른색, 붉은색, 녹색은 오늘날 몽골인들이 가장 선호하는 색깔이라서 생활 문화의 곳곳에서 자주 볼 수 있는 색깔이기도 하다. 또한 몽골의 민속 문화 중에서 전통 음식과 관련한 다양한 종류의 색깔 상징이 있다. 예를 들어서, 몽골의 대표적인 음식은 유제품을 의미하는 흰 음식(tsagaan idee)과 고기를 의미하는 붉은 음식(ulaan idee)으로 크게 나눌 수 있다. 그런데 몽골의 유목 음식과 관련해서 색깔 상징이 들어 있는 것은 민간 의료와 관련해서 음식의 색깔로 상징화될 수 있는 검은색, 노란색, 흰색, 녹색, 붉은색 음식이다.[106] 한편 몽골의 수수께끼 속에도 색깔 상징이 많이 들어 있는데, 예를 들어보면 다음과 같다.[107]

- 인생에 있어서 네 가지 검은 것은? - 램프가 없는 집, 뿌려지지 않은 기장, 우유가 들어가지 않은 차(茶), 종교적인 믿음이 없는 가슴

- 세상에서 네 가지 녹색인 것은? - 채소, 식물, 머리에 장식하는 청록색의 탄생석, 복부의 담즙)

- 세상에서 세 가지 흰 것은? - 죽은 사람의 뼈, 웃을 때의 이〔齒〕, 나이든 사람의 머리카락

전히 중요하다. 예를 들어서 몽골의 달력에는 여전히 음양오행에 기초한 다섯 가지 색깔과 방향 그리고 우주의 구성 요소가 내재되어 있다. 또한 오색 외에도 조용하고 평화로움을 상징하는 녹색도 자주 사용되는 색깔이며, 또한 황금 혹은 귀중한 것을 상징하는 오렌지색은 노란색과 동일하게 사용되기도 한다. 자세한 내용은 Sh. Bold, *Insight into the Secrets of a Mongolian Healthy Lifestyle*(Ulaanbaatar, 2007), p. 31.

106 Sh. Bold and M. Ambaga, History and Fundamentals of Mongolian Traditional Medicine, (Ulaanbaatar, 2002), p. 87.

107 여기에서 인용하는 몽골의 수수께끼는 테일러(Taylor)에 실려 있는 몽골의 수수께끼 중에서 색깔 상징이 들어 있는 수수께끼인데, 영문으로만 실려 있고 몽골어 원문은 없다. 몽골의 수수께끼는 A. Taylor, *An Annotated Collection of Mongolian Riddles*(Philadelphia:The American Philosophical Society, 1954)와 박환영, 『몽골의 유목 문화와 민속 읽기』(민속원, 2005c), 312-314쪽 참조.

• 세상에서 세 가지 붉은 것은? – 바람이 불 때의 지평선, 즐거운 여자의
  볼, 성난 사람의 눈〔目〕[108]

이상의 내용은 수수께끼 속에 반영되어 있는 검은색, 녹색, 흰색, 붉은색
등에 대한 색깔 상징을 부분적이지만 잘 보여 준다. 같은 맥락에서 다쉬돈도
브(Dashidondov)는 다음과 같은 수수께끼를 기술하고 있다. 예를 들어서, "세
상에서 세 가지 검은 것은 무엇인가?"라는 수수께끼인데, 이러한 물음에 대
한 답으로 "천박하고 지식이 없는 사람의 마음, 양(羊)이 없는 양(羊) 우리,
달(月)이 없는 저녁"[109] 등을 기술하고 있다.

한편 몽골의 전통적인 민간 의료를 보면, 사계절을 다섯 가지의 색깔 상징
으로 비유하면서 각 계절에 맞는 음식을 색깔과 연결시키고 있다. 예를 들어
보면 봄은 검은색과 노란색으로, 여름은 흰색으로, 가을은 녹색으로, 그리고
겨울은 붉은색으로 상징화되고 있다.[110] 따라서 각 계절마다 그 계절에 속하
는 음식을 많이 먹는 것이 건강에 좋다는 것을 몽골의 전통적인 민간 의료에
서는 음식과 색깔 상징을 연관시켜서 설명하기도 한다. 또한 몽골의 샤머니
즘과 색깔 상징도 밀접하게 연계되어 있다. 예를 들어서 몽골의 샤먼은 흰색
샤먼과 검은색 샤먼으로 우선 구분할 수 있는데, 흰색 샤먼은 주로 좋은 정령
과 접촉하여 선(善)한 일을 하는 샤먼이고, 검은색 샤먼은 대개 나쁜 정령과
접촉하여 해로운 일을 행하는 샤먼이다. 한편 16세기에 몽골에 라마 불교가
본격적으로 유입되면서 전통적인 몽골의 샤머니즘을 고수하는 검은색 샤먼

---

108 "세상에서 세 가지 붉은 것은?〔건강한 여자의 볼, 추워지기 전의 지평선, 아픈 사람의 눈〔目〕〕"
   과 같이 몽골의 색깔 상징과 관련해서 같은 내용의 수수께끼도 있다. 자세한 내용은 A. Taylor,
   ibid와 박환영, 위의 책 참조. 한편 유사한 내용의 수수께끼의 몽골어 원문은 "ertöntsiin
   gurvanulaan?(jargaltai hatny hatsar ulaan; javartai tengeriin hayaa ulaan; jartgai hünii hüd ulaan)"인데, Ts.
   Dashdondov, ulamjlal(Ulaanbaatar, 1988), p. 160에서 찾아볼 수 있다.

109 이 수수께끼의 몽골어 원문은 "ertöntsiin hurvan gar?(nomgüi hönii uhaan har; hon'güi ailyn hot har;
   sargüi shöniin öngö har)"이다. Ts. Dashdondov, ibid, p. 161.

110 Sh. Bold, and M. Ambaga, op. cit, 87-92.

과 라마 불교의 요소를 수용하는 노란색 샤먼으로 다시 구분하기도 한다.[111]

덧붙여서 전통적으로 몽골을 상징하는 아홉 개의 상징이 있는데, 이중에는 색깔이 반영되어 있는 것이 다섯 종류가 있다. 예를 들어서, 적의 기운을 잃게 만드는 검은색 깃발, 모두를 존중하는 붉은색 뿔 모양 악기인 호른(büree), 모국(母國)을 수호하는 황금색 화살, 칸(Khans)으로 높이 받들어진 노란색 양산, 안락하게 탈 수 있는 황금색 안장 등이다.[112] 즉 이러한 상징 속에는 검은색, 붉은색, 그리고 노란색 혹은 황금색과 같은 색깔 상징이 함께 포함되어 있다. 몽골의 상징 속에 내재되어 있는 노란색과 붉은색은 몽골인들의 일상적인 생활 문화 속에서도 가장 친근한 색깔이며, 검은색은 외부로부터의 위험과 위협으로부터 몽골을 보호하는 색깔로, 적의 사기를 약화시키는 초차연적이고 주술적인 기능을 가지고 있다고 하겠다.

Ⅲ. 『몽골비사』에 반영된 색깔 상징

색깔 상징(colour symbol)은 일상적인 생활 문화 곳곳에 내재되어 있는 문화 코드(culture code)의 하나이다. 색깔을 통하여 그 속에 담겨져 있는 문화를 읽을 수 있는데, 몽골의 유목 문화는 특히 색깔과 관련해서 많은 문화 코드가 숨어 있다고 해도 과언이 아닐 것이다. 특히 자연환경과 가축 그리고 인간이 서로 조화를 이루면서 공생해 가는 몽골 유목민들의 자연관을 보면 색깔에 대한 문화 상징은 몽골의 유목 문화를 이해하는 데 필수적인 요소가 될 수 있다. 따라서 몽골을 중심으로 주변 동북아시아 지역의 유목 문화를 고스란히

---

111 몽골 샤머니즘과 색깔 상징에 대한 자세한 내용은 박환영, 「몽골 샤머니즘에 나타나는 색깔 상징에 대한 일 고찰」, 『한국무속학』, 5집 (한국무속학회, 2002b) ; O. Pürev, *The Religion of Mongolian Shamanism*(Ulaanbaatar, 2002) ; 장장식, 『몽골민속기행』(자우, 2002) 등 참조.

112 이렇게 다섯 가지의 색깔이 포함된 상징 외에도 몽골을 상징하는 아홉 가지의 상징에는 국가를 섬기는 다이아몬드 칼, 공덕을 가져다주는 벨트, 왕위를 상징하는 높은 의자, 우정을 상징하는 믿음직한 영웅 등이 있다. Ts. Dashdondov, op. cit(2009), pp. 14-15.

담고 있는『몽골비사』속에서 색깔 상징을 초점으로 13세기 당시의 유목 문화를 분석한다는 것은 큰 의의가 있는 셈이다.

『몽골비사』에 반영되어 있는 색깔 상징은 크게 세 가지로 나누어서 살펴볼 수 있는데, 예를 들어서 민속 분류(folk classification), 시간 민속, 오색(五色)[113]을 중심으로 하는 특징적인 주요한 색깔 상징이다. 이 중에서 민속 분류는 말〔馬〕을 중심으로 몽골의 가축을 색깔로 분류하는 전통적인 방식이며, 시간 민속은 상징적인 동물과 색깔을 이용하여 시간을 기억하고 구분하는 민간전승 지식의 하나이다. 한편 오색은 몽골의 생활 문화 전반에 내재되어 있는 대표적인 색깔로, 몽골의 유목 문화를 이해하는 데 가장 중요한 색깔 상징이다. 먼저 민속 분류의 내용을 시작으로 시간 민속 그리고 오색 상징에 대하여 구체적으로 고찰해 보고자 한다.

1. 민속 분류

색깔 상징과 관련해서 민속 분류(folk classification)로 묶여 질 수 있는 내용은 유목민들이 오랜 시간 동안 축적한 자신들만의 방식으로 가축을 분류하는 유목민 특유의 문화와 민속을 잘 보여 주고 있다. 특히 몽골의 대표적인 오축(五畜)이라고 불리는 말, 소, 염소, 낙타, 양을 나이, 신체적 특징, 암수의 구분을 비롯하여 수컷의 경우 거세 여부 등 가축이 가지는 중요한 특징을 가지고 구분하는데, 여기에 가축이 가지는 고유한 색깔이 덧붙여져서 보다 세련되고 세세한 구분이 가능해 진다. 따라서 색깔 상징과 관련한 민속 분류는 몽골 유목민들이 가축을 구분하기 위하여 가축이 가지고 있는 색깔의 차이를 섬세하게 잘 반영해 주고 있다.

몽골 유목 문화를 적나라하게 반영하고 있는『몽골비사』의 내용 중에서 민속 분류에 색깔 상징이 내재되어 있는 경우를 크게 두 가지로 나누어서 살펴볼 수 있다. 즉 몽골의 대표적인 오축 중에서 주로 말을 중심으로 가축이 가

---

113 오색은 흰색, 검은색, 노란색, 붉은색, 푸른색 등이다.

지고 있는 고유한 신체적인 특징을 색깔과 연계해서 분류하는 것인데, 첫째는 유목민들에게 널리 인식되었던 전통적인 지식에 기초를 두면서 색깔을 첨가한 말의 종류이고, 둘째는 단순하게 색깔을 통하여 특정한 말이나 다른 가축을 구분하는 내용이다. 예를 들어서, 첫번째에 해당하는 말의 종류로는 다이르(dair), 보로(bor), 싱콜라말(shinhur mor'), 시라가말(sharga mor'), 암고라말(hulagch güü), 공골말(hongor mor'), 가리온말(haliun), 조류말(heer), 절따말(unah mor'), 조소트 보로(zost bor mor') 등이다.

특히 『몽골비사』의 내용 중에 가장 두드러지는 것 중의 하나는 섬세한 색깔의 차이를 이용하여 몽골의 가축을 구분하는 것인데, 이러한 분류 방식은 몽골의 유목민들이 가지고 있는 전통 지식이 포함된 민속 분류의 대표적인 방법이기도 하다. 색깔을 통한 민속 분류와 관련하여 『몽골비사』에는 다양한 종류와 특징으로 말을 구분하고 있다. 예를 들어서 다이르, 보로, 싱콜라말, 시라가말, 암고라말이 기술된 내용은 아래와 같다.

- 카르초의 아들 보르지기다이 명궁에게는 (……) 다이르(안장에 쓸린 상처가 있는 말), 보로(잿빛말)라고 부르던 준족의 거세마 두 마리가 있었다. (……) (3절)

- 보돈차르는 "형제로도 안 쳐주는데 여기 있으면 무엇 하나?" 하고 등에는 안장에 쓸린 상처가 있고 꼬리털은 빠져 버린 오록 싱콜라말(등줄기는 검은 털로, 다른 부분은 파르스름한 빛이 나는 흰 털로 덮인 말)을 타고 (……)[114]

- 그렇게 지내다 암보라매가 검은 멧닭을 잡아먹고 있는 것을 보고 등에는 안장에 쓸린 상처가 있고 꼬리털은 빠져 버린 오록 싱콜라말의 말총

114 싱콜라말에 대한 내용은 『몽골비사』 25, 90, 193, 205절에도 나온다.

으로 올가미를 만들어 잡아 길렀다. (25절)

- 벡테르가 둔덕 위에서 거세한 시라가말(털빛이 흰 듯 노르스름한 말) 아홉 마리를 지키고 앉아 있을 때, 테무진은 뒤에서, 카사르는 앞에서 살을 시위에 메긴 채 몰래 접근하는 것을 벡테르가 보고 (……) (77절)[115]

- 이제 어머니와 동생들을 찾아가라! 하며 입이 희고, 새끼를 낳지 못하는 암고라말(몸통의 털빛은 흐릿하게 누렇고 갈기와 꼬리털은 거뭇거뭇한 말)에 태우고, 두 어미의 젖을 빠는 새끼양을 잡아 음식을 만들고 (……) (87절)[116]

말과 관련하여 색깔을 통한 민속 분류는 13세기 당시 몽골 초원에 방대하게 펼쳐져 있던 유목이라는 생업 현장에서 말이 주요한 교통의 수단이면서도 재화(財貨)와 같이 교환이나 기타 경제 활동을 영위하기 위하여 필수적인 요소였음을 잘 반영해 준다. 한편 도지고토브(Dorjgotov)에서는 몽골의 말을 색깔로 분류하면서 약 60개의 민속 어휘를 기술하고, 다이르와 보로도 색깔에 의한 말의 민속 분류로 간주하고 있다.[117] 같은 맥락에서 『몽골비사』에는 색깔의 구분을 통하여 공골말, 가리온말, 조류말, 절따말, 조소트 보로 등을 잘 묘사하고 있다. 즉 말의 신체 여러 부분의 색깔을 자세하게 묘사하면서 이러한 색깔을 가진 말을 고유한 민속 어휘로 구분하던 말의 전통적인 분류 방식이 잘 반영되어 있는 것이다. 『몽골비사』에 기술되어 있는 내용은 아래와 같다.

---

115 시라가말에 대한 내용은 『몽골비사』 90절과 205절에도 기술되어 있다.

116 암고라말과 같은 맥락에서 고라말(hul mor')에 대한 기술은 『몽골비사』 147절에 들어 있다.

117 다이르를 "안장에 쓸린 상처"로, 보로는 "잿빛"으로 해석할 수 있다. 예를 들어서 유원수, 앞의 책, p. 23. 반면에 다이르를 "진주빛 회색말"로, 보로를 "푸른빛이 도는 회색말"로 의미를 부여하기도 한다. 예를 들어서 N. Dorjgotov, *angli mongol züilchilsen tol'*(Ulaanbaatar, 2008), p. 84.

- 하루는 거세한 시가라말 여덟 마리가 집 곁에 서 있는 것을 강도가 와서 뻔히 보고 있는데 훔쳐갔다. (……) 벨구테이는 꼬리가 짧은 공골말(털빛이 엷은 누런 갈색말)을 타고 땅굴토끼 사냥을 나가고 없었다. (……) 꼬리가 짧은(밝은) 공골말을 놔두게 하고 테무진에게 오록 싱콜라말을 타게 했다. 자신은 발 빠른 호박색 말을 탔다. (……) (90절)[118]

- 요 몇 해 동안 망아지를 낳지 않은, 톡토아의 가리온말(노랑인지 흰 빛인지 가늠하기 어려운 털이 몸의 대부분을 덮고 갈기와 꼬리는 검은 말)을 자모카 형제가 타게 했다. (……) 뿔 돋은 새끼 염소같이 흰 다이르 오손의 말을 테무진이 타게 했다. (……) (117절)[119]

- 그렇게 말하고 나서 나린 케엔이 다시 제 말치기 키실릭에게 "메르키드종 흰 말과 입이 흰 조류말(거무스레하거나 흐릿하게 누르스름한 말)을 끌어와라! 매어 두었다가 새벽에 출발할 것이다" 하고 지시했다. (……) (169절)

- 잊은 것을 일깨우고, 잠든 것을 깨워, '그러자' 하는 동무, 절따말(붉은 빛이 도는 누런 말)의 채찍이 되어 '그러자' 할 때 아니 늦고, 대오에서 떨어지지 아니하며 (……) (255절)

- 칭기즈칸은 조소트 보로(황갈색 점박이 잿빛 말)를 타고 있었다. (……) 죽을 때 죽더라도 그 흰소리를 근거로 삼아 가자! (……) (265절)

이상에서 살펴본 바와 같이 유목 문화 속에서 말이 가지는 신체적 특징 중

---

118 공골말은 『몽골비사』 95절과 205절에도 기술되어 있다.
119 가리온말은 『몽골비사』 152절과 177절에도 포함되어 있다.

에서 색깔을 통하여 말의 종류를 체계적으로 구분하는 방식 외에도, 말을 비롯한 가축이 지니고 있는 고유한 색깔은 유목 문화 속에서 변별적인 요소로 인식되고 있다. 한편 한 가지 덧붙여서『몽골비사』와 같은 역사적인 기술에서도 어떠한 가축인가에 못지않게 단순히 어떠한 색깔의 가축인가가 중요하게 취급되고 있기도 하다. 예를 들어서,

- 그들이 다가오자 칠레두는 겁이 나서 타고 있던 발 빠른 호박색 말의 뒷다리를 때려 언덕을 넘어 달아나고 그 뒤를 셋이서 쫓았다. (……) 당신은 살아만 있다면 수레의 앞방마다 처녀들이, 수레의 검은 방마다 귀부인들이 있어요. (……) (55절)

- 제게 계시를 하여 눈으로 보게 했습니다. 담황갈색 암소가 와서 자모카의 주위를 돌며 그의 집 수레를 들이받고, 자모카를 들이받고, 한쪽 뿔이 부러져 짝짝이가 되자. (……) (121절)

- 얼룩박이 암양들을 길러 수레 밑에 가득하게 하겠습니다. 담황색 암양들을 길러 우리가 가득하게 하겠습니다. (……) 수베에테이 용사는 쥐가 되어 거두어들이겠습니다! 검은 까마귀가 되어 밖에 있는 것을 모아들이겠습니다! (……) (124절)

이제까지 살펴본 내용에서 알 수 있는 바와 같이『몽골비사』에는 대표적인 오축 중에서 특히 말을 대상으로 색깔 상징에 기초한 민속 분류를 많이 하고 있는 것을 쉽게 발견할 수 있다. 또한 몽골을 중심으로 동북아시아의 초원 지역에 걸맞는 대표적인 토종 말을 다른 말과 구별하기 위하여 토종말이 가지고 있는 고유한 색깔을 잘 묘사해 주고 있기도 하다.

2. 시간 민속

몽골의 유목 문화 속에서 시간을 구분하는 방법은 다양하다. 그중에서 색깔을 통하여 시간을 구분하는 방식은 푸른색, 붉은색, 노란색, 흰색, 검은색과 같은 다섯 가지 색깔을 각각 남성과 여성으로 다시 구분한 열 가지 색깔이 사용된다. 예를 들어서 남성의 노란색(shar), 여성의 노란색(sharagchin), 남성의 흰색(tsagaan), 여성의 흰색(tsagaagchin), 남성의 검은색(har), 여성의 검은색(haragchin) 등으로 한 색깔이 2년 동안 지속되면서 한 해[年]는 남성 그 다음 해는 여성으로 구분하는 방식이다.[120] 예를 들어서, 2008년은 남성의 노란색 쥐의 해, 2009년은 여성의 노란색 소의 해, 2010년은 남성의 흰색 호랑이의 해, 2011년은 여성의 흰색 토끼의 해, 2012년은 남성의 검은색 용의 해 등으로 색깔과 동물이 해를 구분하는 중요한 상징이 되고 있다.

이러한 전통적인 몽골의 시간 민속과 비교해서 『몽골비사』의 내용을 분석해 보면 당시(13세기) 유목민들이 시간을 어떻게 구분했는지 부분적으로 잘 기술되어 있다. 특히 색깔을 가지고 달[月]을 구분하고 있는 내용이 몇 구절 엿보인다. 한편 『몽골비사』의 내용과 비슷하게 현대의 몽골 유목민들도 일상생활에서 색깔을 가지고 달을 구분하기도 하는데, 예를 들어보면 "여성의 성질을 지닌 붉은색 소의 달(1995년 1월 2일부터 1월 30일까지), 남성의 성질을 지닌 노란색 호랑이의 달(1995년 1월 31일부터 3월 1일까지), 여성의 성질을 지닌 노란색 토끼의 달(1995년 3월 2일부터 3월 31일까지), 남성의 성질을 지닌 흰색 용의 달(1995년 4월 1일부터 4월 29일까지)" 등으로 각 달을 색깔로 구분하고 있다.[121] 비록 『몽골비사』에는 이러한 내용이 몇 부분에만 언급되어 있기는 하지만, 색깔을 가지고 시간을 구분하는 몽골 유목민들의 민속이 13세

---

120 담딘슈렝(Damdinsüren)은 몽골의 전통적인 시간 구분과 관련해서 기원후 1000년부터 2001년까지 다섯 가지 색깔과 남성과 여성 그리고 12띠 동물이 조합을 이루면서 순환되는 해에 대한 자세한 내용을 정리한 바 있다. Ts. Damdinsüren, *myangan jiliin haritsuulsan hüsnegt*(Ulaanbaatar, 1995).

121 박환영, 앞의 책(2005c), 67-68쪽.

기에도 부분적으로 사용되었음을 알 수 있다.

색깔 상징이 시간 민속과 함께 『몽골비사』에 기술되어 있는 내용은 모두 "첫 달 열엿새, 붉은 만월의 날"이라는 표현으로 되어 있다. 오논(Onon)은 『몽골비사』에 실려 있는 이러한 내용을 분석하면서 음력으로 각 달의 15일 경이 되면 태양과 달의 위치가 180도 각도로 바뀌게 되는데, 이때 태양과 달은 더 밝아지게 되며, 붉은색 원형은 음력으로 매달 16일쯤에 생겨난다[122]고 설명하고 있다. 또한 여름의 첫 달은 음력으로 4월이라서 『몽골비사』에 기술되어 있는 여름의 첫 달 열엿새 붉은 만월의 날을 4월 16일로 보기도 하며,[123] 유목 문화를 세시 풍속과 연계하여 당시(13세기)에는 음력으로 4월 16일이 몽골의 실질적인 설날이었을 가능성[124]을 제기하기도 한다.

- 여름의 첫 달 열엿새, 붉은 만월의 날 타이치오드가 오난 강의 기슭에서 잔치를 하다가 해가 떨어지자 흩어졌다. (……) (81절)

- 테무진과 자모카가 서로 우애하기를 1년하고도 이듬해가 반쯤 지났을 어느 하루, 그 살던 목영지에서 이동을 하기로 되어 여름의 첫 달 열엿새, 붉은 만월의 날에 이동을 했다. (……) (118절)

- 쥐해 여름의 첫 달 열엿새, 붉은 만월의 날(1204년 음력 4월 16일경) 군기에 술을 뿌려 제사 지내고 출정하는데, 제베와 코빌라이를 전위로 하여 켈루렌 강을 거슬러 가서 사아리 초원에 이르니 캉카르 칸 산의 꼭대기에 나이만의 전초가 있었다. (……) (193절)

---

122 Urgunge Onon, op. cit(2005), p. 81의 각주 356.

123 유원수, 앞의 책, 54쪽의 각주 15와 박환영, 『몽골의 전통과 민속보기』(박이정, 2008a), 167쪽.

124 박원길, 「몽골의 오보(oboo) 및 오보제(祭)」, 『몽골민속현장답사기』, 김선풍 외(민속원, 1998b), 133쪽.

이상의 내용은 색깔을 가지고 시간을 구분했던 유목민들의 시간 민속을 잘 보여 주고 있다. 시간 민속도 넓은 의미로는 민속 분류의 한 영역으로 다루어 지기도 하는데,[125] 가축을 색깔로 구분하는 것과는 달리 시간의 변화를 천체의 움직임과 연계하여 색깔로 구분하는 유목민 특유의 생활 문화를 강조하기 위하여 별개의 항목으로 다루어질 수도 있는 것이다.

3. 오색(五色) 상징과 기타 색깔 상징

색깔을 통하여 가축을 구분하고 시간을 분류하는 것은 몽골 유목민들의 일상적인 생업 활동과 생활의 현장에서 잘 보인다. 이러한 전통은 『몽골비사』에도 그대로 나타나 있어서 13세기의 유목 문화가 현재 몽골의 생활 문화 속에서도 면면히 전승되고 있음을 알 수 있다. 가축의 구분 및 시간의 분류와 같이 색깔에 의한 민속 분류(folk classification)는 물론이고, 몽골의 유목 문화 속에서 색깔 상징은 다양한 문화를 내포하고 있는 주요한 문화 기호인 셈이다. 좀 더 초점을 확대해서 『몽골비사』에 자주 등장하는 색깔은 흰색, 검은색, 노란색, 푸른색, 붉은색 등과 같은 몽골의 전통적인 오색이며, 여기에 잿빛, 갈색 등이 덧붙여져 있다.

색깔 상징과 관련해서 『몽골비사』 속에는 흰색과 검은색이 특히 많이 기술되어 있는데, 이것은 몽골을 중심으로 동북아시아의 유목민들에게 흰색은 가장 신성하고 고귀한 색깔로 인식되는 경우가 많기 때문이다. 반면에 흰색과 대비해서 검은색은 평범하고 일상적이며, 위험과 불행을 상징적으로 보여 주는 색깔로 간주될 수 있다. 또한 노란색은 황금색과 혼용해서 사용되기도 하며, 푸른색은 흰색과 같은 맥락에서 하늘과 영원성을 상징하며, 붉은색은 젊음과 열정을 상징한다. 그 외에도 잿빛과 갈색 등의 색깔도 종종 『몽골비사』에 상징적으로 묘사되어 있다. 먼저 『몽골비사』에 상징화되어 있는 흰색에 관한 내용은 다음과 같다.

---

125 박환영, 앞의 책, (2005c), 62~78쪽.

- 흰 송골매가 해와 달을 움켜쥐고 날아와 내 손에 앉았지요. (……) 이제 이 송골매가 움켜쥐고 가져와서 내 손에 내렸다. 흰 것이 내렸다. (……) (63절)

- 다시 나오려고 할 때 숲 들머리에 작은 집만한 흰 바위가 떨어져 들머리를 막았다. (……) 이름 없이 어떻게 죽겠는가? 나가자! 하고 그 들머리를 막고 있는 (작은 천막) 집만한 흰 바위 옆으로 비켜 나오려 했으나 잘 안 되어서 흰 바위 주변의 나무들을 화살 다듬는 칼로 자르고 (……) (80절)

- 뒤에서 사람들이 잇따라 쫓아왔다. 흰 말을 탄 사람이 장대 올가미를 들고 앞서 쫓아오고 있었다. (……) (91절)

- 웅구드족의 알라코시 디기드 코리에게서 온 사르탁 사람 아산이 흰 낙타를 타고, 1천 마리의 거세양을 몰고, 담비며 다람쥐와 바꾸러 에르구네 강을 따라 내려오는 것을 가축에게 물을 먹이러 발조나 호수로 들어가다가 만났다. (……) (182절)

- 옹칸이라는 것을 알아보고는 흰색 큰 모전 위에 놓고 자신의 며느리들에게 며느리의 예를 올리게 하고, 잔을 올리게 하고, 호금을 켜게 하고, 잔을 받들어 제사 지냈다. (……) (189절)

- 그렇게 몽골 및 주변 유목 민족의 나라들을 평정하고, 범해(1206)에 오난의 발원에 모여 아홉 다리를 가진 흰 기를 세우고 칭기즈칸에게 칸의 칭호를 바쳤다. (……) (202절)

- "가라!"고 했을 때 돌이라도 부수고, "덤벼라!" 했을 때 바위라도 치며, 흰 돌을 부수며 깊은 물을 끊고 있었다. (……) (209절)

- 베키로 추대하여 흰 데엘을 입고 흰 거세마를 태워 자리 위에 앉혀 받들고, 또한 해마다 달마다 의논하며 그렇게 지내도록 하라! (……) (216절)

- 키르기소드(키르기즈 사람들)의 노얀들인 예디 이날, 알 디에르, 우레벡 디긴 등이 흰 송골매, 흰 거세마, 검은 담비 들을 갖고 귀순해 와서 조치를 알현했다. (……) 숲의 사람들의 노얀들을 데려다 칭기즈칸에게 흰 송골매, 흰 거세마, 검은 담비 들을 바치며 알현케 했다. (……) (239절)

이상의 내용에서 알 수 있듯이 『몽골비사』 속에서 흰색이 상징하는 것은 길조(吉兆), 신성함, 평화 등이다. 또한 오논(Onon)은 『몽골비사』 216절의 내용 중에서 베키가 흰색 델을 입고 흰색 거세마를 탄 내용을 설명하면서, 흰색은 존경과 존중의 상징[126]이라고 기술하고 있다. 다음으로 『몽골비사』에 내재되어 있는 검은색과 관련된 내용은 아래와 같다.

- 도와 소경은 저 이동해 오는 사람들 가운데 한 검은 수레의 앞자리에 있는 아가씨가 아름답다. (……) (6절)

- 왜들 검은 머리의 인간들과 견주어 말하는가. (……) (21절)

- 우리 옹기라드 사람들은 예로부터 (……) 볼이 고운 딸들을 그대들의 칸이 된 이를 위해 큰 수레에 태워 검은 수낙타를 매어 달려가게 해서 카톤의 자리에 함께 앉힙니다. (……) (64절)

---

126 Onon, op. cit (2005), p. 103의 각주 432.

- 내 뜨거운 곳에서 힘차게 나올 때, 이놈이 제 손에 검은 핏덩어리를 쥐고 태어났다. (……) (78절)

- (……) 처가에서 검은 담비 외투를 보내왔다. (……) "우리 아버지와 의형제를 맺은 분도 우리 아버지나 같다"고 하며 옹칸이 토올라의 카라 툰(검은 숲)에 있다는 것을 알고 갔다. (……) (96절)

- 코아그친 노파는 부르테 부인을 숨기려고 포장을 친 검은 수레에 태워 허리가 얼룩인 소를 매어 텡게리 개울을 따라 올라가고 있을 때 (……) (100절)

- 멀리서도 잘 보이는 군기에 술 뿌려 제사 지냈다. 검은 황소의 가죽으로 메운 울려 퍼지는 소리 나는 북을 두드렸다. 검은색 발 빠른 말을 탔다. (……) (106절)

- 천하고 못난 칠게르의 제 검은 머리에 그 재앙이 닥치게 되었다 (……) 나는 양의 똥 같은 내 목숨을 보존할 검고 어두운 골짜기로 숨어들어 가겠다. (……) (111절)

- 우리의 모든 비복으로부터 여자와 아내 들로부터 떼어내어 우리의 검은 머리를 땅바닥에 버리고 가라! (……) (123절)

- 우회할 때마다 대형이 정확합니다. 진퇴할 때마다 대오가 정확합니다. 어려서부터 칼과 창에 숙달된 사람들이 그들입니다. 검은색, 얼룩색 군기를 갖고 있습니다. 그들은 경계해야 할 자들입니다. (……) (170절)

- 그대들의 아버지께서 모든 나라를 세울 때 당신의 검은 머리를 안장에 매달고, 당신의 검은 피를 가죽 부대에 담고, 당신의 검은 눈을 깜빡도 하지 않고, 당신의 평평한 귀를 베개에다 아니 놓고 (……) (254절)

『몽골비사』에 나오는 검은색은 흰색이 상징하는 귀족과 대비하여 평민을 상징한다. 특히 『몽골비사』 21절에 나오는 내용을 해석하면서 오논(Onon)은, 평민들은 검은색 머리에 모자를 쓰지 않아서 검은색으로 상징화된다고 설명한다.[127] 또한 흰색 군기가 평화를 상징한다면 검은색 군기는 전쟁이나 분쟁을 상징한다고 설명한다. 그 외에도 검은색은 『몽골비사』에 자주 등장하는 색깔이라고 주장한다.[128]

한편 『몽골비사』에 나오는 노란색, 푸른색, 그리고 붉은색에 대한 내용을 살펴보면 흰색과 검은색에 비하여 기술된 내용이 그렇게 많은 편은 아니다. 그러나 현대 몽골의 일상적인 생활 문화 속에서 노란색, 푸른색, 붉은색은 몽골인들의 가정(家庭)이나 전통적인 복식의 색깔로 가장 친숙한 색깔[129] 중 하나인데, 특히 의례(儀禮)를 행할 때 사용하는 신성한 하닥(hadag)의 색깔은 보통 푸른색이다. 『몽골비사』에서 찾을 수 있는 노란색, 푸른색, 붉은색과 관련된 내용은 아래와 같다.

- 밤마다 밝은 노란색 사람이 게르의 천창이나 문의 위 틈새로 빛으로 들어와 내 배를 문지르고, 그의 빛은 내 배로 스며드는 것이었다. 달이 지고 해가 뜰 새벽 무렵에 나갈 때는 노란 개처럼 기어나가는 것이었다. (……) (21절)

---

127 Onon, ibid, p. 11의 각주 29.

128 이외에도 검은색은 『몽골비사』 101, 194, 200, 201, 210, 219절 등에도 기술되어 있다.

129 Dashdondov, op. cit(2009), pp. 15-16.

- 고개 위에서 붉은 옷을 입은 한 여인이 "테무진이다!" 하고 큰 소리로 울며 불며 외치고 있는 것을 칭기즈칸이 몸소 듣고 무슨 여자가 저리 울고 있는지 알아보라고 사람을 보냈다. (……) (146절)

- 우리 중에 먼저 일어난 자가 칸 아버지의 푸른 술잔으로 마시도록 되어 있었다. 그대는 내가 먼저 일어나 마셨기 때문에 질투했다. 이제 그대들이 칸 아버지의 푸른 술잔을 비워라! (……) (179절)

- 칼리오다르가 쫓아가서 차마 붙들 마음이 나질 않아 그의 앞으로 뒤로 질러 다니기만 하고 있을 때 차고르칸이 뒤에서 화살의 최대 사정거리의 끝에서 이투르겐의 황금 안장을 놓은 검은 군마의 뒷다리를 쏘아 주저앉혔다. (……) (184절)

- 몫을 나눈 것을, 송사를 처결한 것을 푸른 책에 글로 써서 기록하라. 또한 후손의 후손에 이르기까지 시기 코토코가 내게 상의하여 법도로 정해 푸른 책, 흰 종이에 기록한 것을 변개하지 마라! (……) (203절)

- 전초가 지킬 만한 목마다 허식으로 병력을 출몰케 하면서, 붉은 황소나 다니던 험한 길로, 용기 없는 자를 매질하기 위해 한 병사에게 매 열 개씩을 지우고 (……) (240절)

- 못 잊을 말들을 서로 주고받았기 때문에, 빨간 내 얼굴이 드러날까 봐 영원한 마음을 가진 형제의 진실한 얼굴을 (다시) 볼 수 없었다. (……) (201절)

- 뭉릭 아버지, 그대가 안 말렸으면 소용돌이치는 물에, 붉게 타오르는 불

속에 들어가자는 것이었다. (……) (204절)

- 황금 띠의 죔쇠라도, 진홍 옷의 자투리도 얻는다면 (……) (238절)

이상의 내용 중에서 『몽골비사』 240절을 분석하면서 오논(Onon)[130]은 붉은 황소나 다니던 험한 길이 실제로는 동물들이 다니는 통로이며, 문맥상 황소이기보다는 사슴으로 보는 것이 더 적절하다고 기술하면서, 붉은 색으로 묘사된 것은 여름철에 사슴의 털이 빠지면서 겨울철에 털이 붉게 변한 것으로 설명하기도 한다.

덧붙여서 오색이 아닌 기타 색깔과, 한 가지 색깔이 아닌 두 가지 색깔이 함께 기술되고 있는 경우도 있다. 특히 『몽골비사』의 내용은 역사적인 서술이기 이전에 몽골인들의 역사적인 발자취와 대제국으로의 발전 과정을 비롯해서 일상적인 생활 문화를 상징적으로 압축해서 열거하고 있다. 따라서 어떤 단락에서는 하나의 색깔이 아닌 몇 가지 색깔이 혼합되어서 기술되고 있기도 하는데, 이러한 경우는 색깔을 서로 대비시키거나 비교해서 살펴볼 수 있다. 먼저 오색 이외의 기타 색깔과 관련한 내용을 분석해 보면 다음과 같다.

- 앞방이 있는 수레에 태워 잿빛 점박이 수낙타가 끌고 가게 해서 높은 자리 한쪽에 앉게 합니다. (……) (64절)

- 평민과 노복은 제 칸에게 손을 대게끔 되었다. 나의 칸 형제가 무슨 실수를 하겠는가? 잿빛 말똥가리가 암오리를 잡아먹게끔 되었다. (……) (200절)

- 뭉릭 아버지가 알아차리고 눈물을 떨어뜨리고 나서, "갈색 대지가 흙덩어

130 Onon, op. cit(2005), p. 113의 각주 457 참조.

리만할 때부터, 바다로 들어가는 강이 개울만할 때부터 동무했습니다, 저는"이라고 했다. (……) 칭기즈칸이 수레들의 끝에서 텝 텡게리의 등허리 뼈를 분질러 버린 것을 보고 뒤에서 잿빛 텐트 하나를 가져오게 하여 텝 텡게리 위에 치게 하고 (……) (245절)

이상의 내용을 보면 잿빛과 갈색에 대한 내용이 들어있는데, 특히『몽골비사』245절에 기술되어 있는 잿빛 텐트에 대한 내용이 흥미롭다. 즉 몽골의 화가인 샤라브(B.Sharav. 1869-1939)가 그린「몽골의 하루」라는 민화(民畵)[131]에 보면 몽골의 전통 혼례(婚禮) 부분에 신랑과 신부를 위한 흰색 텐트와 잔치용 간이 텐트인 푸른색 마이항(maihan)이 그려져 있다. 몽골의 전통 장례식과 관련해서 잿빛 텐트는 혼례식 때의 흰색 텐트 및 잔치용 푸른색 텐트와 비교해서 고찰해 볼 수 있다.

마지막으로 두 가지 혹은 그 이상의 색깔이 한 문장에 함께 묘사되고 있는 내용도 제법 있다. 예를 들어서, 푸른색과 흰색, 검은색과 푸른색, 흰색과 검은색, 검은색과 붉은색, 오색 등 다양하다.『몽골비사』에 나오는 내용을 자세하게 살펴보면 다음과 같다.

- 지고하신 하늘의 축복으로 태어난 부르테 치노(잿빛 푸른 이리)가 있었다. 그의 아내는 코아이 마랄(흰 암사슴)이었다. (……) (1절)

- 셍구르 개울의 카라 지루겐(검은 심장)의 쿠쿠 호수(푸른 호수)에서 살 때는 땅굴토끼, 들쥐를 잡아 연명했다. (89절)

- 정말로 칸 아버지 그대가 흰 것에 사레 들고, 검은 것에 목이 메이면 아버지의 아버지이신 코르차코스 보이룩 칸이 고생해서 이만큼 모여 있던 아

---

131 자세한 내용은 Ts. Narantuya, *One day of Mongolia*(Ulaanbaatar, 2002).

버지의 나라를 우리가 다스리게 하실 생각이십니까? (……) (167절)

- 보이지 않는 곳에 있는 아들을 찾기 위하여 비법의 오색 끈을 갖추어
  "아보이 바보이" 하며 찾으며 빕니다. 우리는 이렇게 해서 태어나게 된
  아들 생굼을 돌봅시다. (……) (174절)

- 집의 북쪽에서 제테이와 젤메가 뿔 없는 검은 소를 양식으로 잡고 있다
  가 알타니의 소리에 도끼를 들고, 주먹에 피를 묻힌 채로 달려가 (……)
  제대로 앉아 있지도 못하는 것을 뒤에서 끌어안고 막힌 피를 빨아 대
  며, 입가를 붉게 물들이며, 우구데이를 산 채로 안전하게 데리고 왔다.
  (……) (214절)

- 어머니가 알고, 밤이었지만 서둘러 흰 낙타를 매어 검은 수레를 타고 밤
  새워 가서 해뜰 무렵에 도착하니, 칭기즈칸은 카사르의 소매를 묶고, 그
  의 모자와 허리띠를 뺏고 심문을 하고 있었다. (……) (244절)

『몽골비사』167절의 내용은 음식과 관련해서 흰색과 검은색이 대비를 이
루고 있는데, 흰색이 상징하는 것은 우유이며 검은색이 상징하는 것은 고기
이다. 한편 "흰 것에 사래 들고, 검은 것에 목이 메이면"을 "우유에 사래가 들
고, 고기 조각에 목이 메일 만큼 늙으면"으로 해석하기도 한다.[132] 이러한 역
사·문화적인 서술 방식을 통하여 몽골의 유목 문화에서는 우유와 유제품으
로 상징화되는 흰색 음식과 가축들의 고기로 상징화되는 붉은색 음식이 있는
데, 부분적이지만 『몽골비사』에서는 붉은색 음식을 검은색으로 상징화해서
기술하고 있음을 알 수 있다.

이상의 내용에서 볼 수 있듯이 오색이 『몽골비사』에 많이 내재되어 있는데,

---

132 유원수, 앞의 책, 132쪽의 각주 39.

신성하고 고귀한 색깔인 흰색과 대비하여 검은색은 일상적인 그리고 일반 민중들을 상징하는 경우가 많은 것 같다. 또한 오색에 속하면서 몽골인들의 일상적인 생활 공간에서 흔히 볼 수 있는 노란색, 푸른색, 붉은색에 대한 내용도 제법 포함되어 있으며, 몽골의 대표적인 오색은 아니지만 잿빛과 갈색에 대한 내용도 들어 있다. 한편『몽골비사』174절에는 "비법의 오색 끈을 갖추어 '아보이 바보이' 하며 찾으며 빕니다"라는 구절이 있는데, 오논(Onon)은 이것을 불운이나 재앙을 막아 내는 몽골 고유의 샤머니즘 의식으로 간주하면서 두 나무 사이에 줄을 걸어서 가축들의 이미지가 새겨진 줄무늬가 있는 천을 묶어 놓은 것으로 묘사하고 있다.[133] 같은 맥락에서 동쪽 몽골 지역의 샤머니즘을 보면 신(神)에게 천을 바칠 때 흰색, 검은색, 붉은색, 푸른색, 노란색 등 오색의 천을 바친다.[134] 따라서 오색의 천은 13세기 일상적인 민간 신앙의 형식으로서 보편적으로 행해지던 몽골 초원의 샤머니즘 의례와 관련하여 신에게 올리는 신성한 의례를 상징하는 것으로 볼 수 있다.

IV. 나오는 말

몽골 유목 민속의 특징을『몽골비사』속의 색깔 상징을 중심으로 세심하게 살펴보면, 민속 분류와 관련된 색깔, 시간 민속과 관련한 색깔, 그리고 흰색, 검은색, 푸른색, 붉은색, 노란색과 같은 다섯 가지 종류의 색깔 등 크게 세 가지 주요한 색깔 상징이 두드러진다. 이러한 세 가지 내용을 좀 더 구체적으로 요약해 보면 다음과 같다.

첫째, 몽골의 대표적인 오축(말, 양, 낙타, 염소, 소)을 색깔로 구분해 주는 일종의 민속 분류(folk classification)와 관련한 색깔이 많이 내재되어 있다. 몽골

---

133 Onon, op. cit (2005), p. 70의 각주 320 참조.
134 박환영, 앞의 논문(2002b), 70쪽.

유목 문화의 특성상 방목한 가축을 통하여 일상적인 생활의 대부분을 해결하기 때문에 가축은 유목 경제에서 중요한 재화(財貨)인 셈이다. 따라서 가축의 신체적 특징이나 나이, 생김새 못지않게 가축을 세밀하게 구별하거나 변별할 수 있는 색깔이 중요하게 다루어질 수 있다.『몽골비사』에는 오축 중에서도 말이 가지는 섬세한 색깔 구분에 대한 다양한 표현이 잘 묘사되어 있다. 예를 들어서 등줄기는 검은 털로 다른 부분은 파르스름한 빛이 나는 흰 털로 덮인 말인 오록 싱콜라말(24절), 털 빛이 흰 듯 노르스름한 말인 시라가말(71절), 몸통의 털빛은 흐릿하고 누렇고 갈기와 꼬리털은 거뭇거뭇한 말인 암고라말(87절), 털빛이 엷은 누런 갈색말인 공골말(90절), 노랑인지 흰 빛인지 가늠하기 어려운 털이 몸의 대부분을 덮고 갈기와 꼬리는 검은 말인 가리온 말(117절), 붉은 빛이 도는 누런 말인 절따말(255절), 황갈색 점박이 잿빛 말인 조소트 보로(265절) 등이 민속 분류와 관련한 색깔 상징의 대표적인 예이다.

둘째,『몽골비사』에는 시간 민속과 관련하여 색깔을 통해 시간을 구분해 주는 표현이 부분적으로 들어 있다. 예를 들어서 여름의 첫 달 열엿새 붉은 만월의 날(81절과 118절)은 색깔을 이용하여 시간을 구분하던 유목민들의 일상적인 생활 문화를 잘 보여 준다.

셋째,『몽골비사』에는 여러 가지 색깔이 적절하게 잘 기술되어 있다. 특히 앞에서도 언급한 바와 같이 가축을 구별하기 위하여 여러 가지 색깔이 포함된 것은 물론이다. 그러나 이러한 민속 분류와 관련된 색깔 외에도 흰색, 검은색, 노란색, 푸른색, 붉은색 등의 오색에 대한 기술이 많은 편이다. 특히 흰색과 검은색이『몽골비사』속에 많이 보이는데, 가축의 경우는 낙타와 말을 중심으로 사슴, 소, 닭, 매, 오리 등과 관련하여 흰색과 검은색의 색깔 상징이 보인다. 예를 들어 흰 암사슴(1절), 검은 멧닭(25절), 흰 송골매(63절), 검은 수낙타(64절), 흰 말(91절), 검은 황소(106절과 214절), 검은색 발 빠른 말(106절), 검은 군마(184절), 검둥오리(200절), 흰 거세마(216절), 흰 낙타(244절) 등이『몽골비사』에서 색깔로 상징화되어 있는 대표적인 가축이다. 또한 검은색과 흰색

몽골의 불교 사원에서 흔히 볼 수 있는 사슴은 극락세계를 상징한다.

이라는 색깔 상징으로 묘사되고 있는 사람이나 사물의 경우는 검은 수레(6절, 100절, 101절, 244절), 검은 머리(21절, 111절, 123절, 254절), 검은 방(55절), 검은 핏덩이(78절), 흰 바위(80절), 검은 심장(89절), 검은 담비 외투(96절), 검은 얼룩 새끼 양가죽 외투(152절), 검은 얼룩이 있는 군기(170절), 흰색 큰 모전(189절), 검은 밤(201절, 210절), 흰 돌(209절), 흰 데엘(216절) 등이 대표적인 예이다.

한편 셋째 특징의 연장선상에서『몽골비사』속에는 푸른색과 붉은색을 중심으로 잿빛, 노란색 그리고 갈색과 관련된 색깔 상징도 들어 있다. 예를 들어서, 잿빛 푸른 이리(1절), 보로(잿빛)라 부르던 준족의 거세마(3절), 밝은 노란색 사람(21절), 푸른 호수(89절), 붉은 옷을 입은(146절), 푸른 술잔(179절), 푸른 책(203절), 붉게 타오르는 불 속(204절), 입가를 붉게 물들이며(214절), 갈색 대지(245절) 등이 대표적인 예이다.

5. 부탄의 축제와 민중불교

I. 들어가는 말

부탄은 히말라야의 작은 불교 왕국이다. 외부로부터의 접근이 용이하지 않은 자연 및 지리적인 여건으로 인하여 부탄의 전통문화는 잘 보존되어 있는 편이다. 특히 부탄의 불교 문화는 다른 히말라야의 불교 문화권(예를 들어서 티베트, 시킴, 라닥, 무스탕 등)과 비교해서 히말라야 특유의 라마 불교의 모습을 가장 잘 간직한 곳으로 여겨질 정도이다.

부탄의 불교가 가지는 이러한 특징은 부탄의 전통문화를 더욱더 가치 있게 만들어 준다. 부탄의 불교 문화가 잘 전승될 수 있는 것은 일상적인 생활에서 흔히 경험하는 일생 의례 속에 불교가 깊이 숨어 들어가 있기 때문이기도 하다. 또한 전국 곳곳에서 정기적으로 행해지는 불교 축제인 체츄(tshechu)를 통하여 부탄의 고유한 전통문화는 더욱더 중요하게 취급되고 있을 정도이다. 다시 말해서 일생 의례에서 보이는 부탄의 민중불교는, 하나는 일상적인 생활 그 자체로서의 생활 불교이다. 그리고 다른 하나는 불교 축제인 체츄에서 보이는데, 이것은 좀더 규격화되고 형식을 가진 제의적(祭儀的)인 불교이다. 따라서 이 글에서는 부탄의 축제와 관련된 민중불교의 현대적 전승을 일생 의례와, 불교 축제인 체츄처럼 대략 두 가지 측면으로 나누어서 살펴보고자 한다.

II. 일생 의례에 투영된 일상적인 생활 속의 불교 문화

일생 의례를 넓은 의미의 축제로 보고, 출생 의례(出生儀禮), 혼인 의례(婚姻儀禮), 그리고 장례 의식(葬禮儀式)에서 보이는 불교 민속에 대하여 우선 살펴보고자 한다. 첫 번째로 출생 의례를 살펴보면 불교 문화가 제법 많이 들어 있다. 예를 들어서 부탄에서는 불교의 교리(敎理)에 의하여 어떠한 생명이라도 죽일 수 없다고 믿어지기 때문에 결혼 전에 임신한 경우에도 낙태는 허용되지 않으며, 끝내는 출산으로 이어지는 경우가 대부분이다. 아기의 출산 후 산모는 처음 3일 동안 가족을 제외한 외부인들과의 접촉을 삼가한다. 그리고 아기에게 적당한 이름을 찾을 때까지 기다렸다가 이름을 짓는다.[135] 보통은 유명한 스님이나 지역의 승려 겸 점성가 들에게 부탁하여 아기의 이름을 짓는다. 부탄 사람들은 이름이 적절하지 못하면 아기에게 해롭다고 생각하기 때문에 새로 태어난 아기를 위한 이름의 선택은 매우 중요하게 취급된다. 이렇게 아기의 이름이 정해지면 국가에 출생신고를 해야 하는 것말고도 각 지역에 있는 불교 사원의 지역 신들에게도 등록을 해야 한다. 이것을 부탄 사람들은 각 지역에 있는 불교 사원의 지역 신들의 영적 영역에 아기들을 등록한다고 생각하며, 그렇게 함으로써 아기들의 일생이 평안하고, 혹시 어려움에 봉착하더라도 지역의 신들로부터 보호를 받게 된다고 믿는다. 이러한 이유 때문에 많은 부탄 사람은 혼인, 사업, 그리고 새로이 집을 짓는 것과 같은 일상생활에서 중요한 일이나 고비 때에 그들이 태어나면서 처음으로 등록한 불교 사원을 자주 방문하기도 한다.

두 번째로 혼인 의례의 경우도 불교 문화에 입각해서 진행되는 것이 보통이다. 부탄의 혼인식은 경제적으로 넉넉한 경우에는 규모도 크고 다채롭게 거행되기도 하지만, 보통은 규모가 작아서 눈[目]에 잘 띄지 않고, 제한된 양가의 친척들이나 친구들만이 참석하여 조촐하게 치르어 지는 것이 특징이

---

135 박환영, 『부탄의 민속문화 엿보기』(민속원, 2001c:90-93).

부탄의 불교 사원

불교 사원을 순례하는 부탄인들

부탄의 수도 팀푸에 있는 불교 사원의 점심 공양에 참여한 부탄인들

부탄의 불교 사원에서 스님들의 공양이 이루어지고 있다.

다. 그러나 반드시 불교 사원의 스님들이 초청되어서 부부로서의 인연의 끈을 단단히 매어준다. 즉 불교 의식을 통하여 한평생 행복하게 살 수 있도록 부정한 것을 정화하여 새로이 탄생하는 부부의 앞날에 축복을 선사해 준다.

세 번째로 장례 의식에는 불교적인 요소가 특히 많이 내재되어 있는 것 같다. 예를 들어서 부탄인들은 대체로 불교적인 인생관을 가지고 현세(現世)는 내세(來世)로 가기 위한 일종의 정거장 정도로 생각한다. 한편 부탄의 장례 의식은 불교 전통에 따라 화장하는 것이 일반화되어 있다. 화장을 하는 날짜는 승려들이나 점성가와 의논하여 결정하는데, 죽은 뒤 3일 안에 화장을 하는 것이 보통이다. 화장을 하고 나면 제삿날을 기념하여 3년동안 의식을 거행하기 때문에 3년이 지나야 비로소 장례 의식이 완전히 끝나는 것이다.[136] 화장이 부탄 사회에 널리 퍼지게 된 것은 티베트처럼 국토의 대부분이 산악지대라서 땅속에 매장하고 분묘를 쓸 만한 공간이 절대 부족하다는 이유도 있겠지만, 부탄인들이 추구하는 불교적인 삶에 더 큰 이유가 있다고 할 수 있다. 예를 들어서 부탄인들은 죽음을 끝이 아닌 새로운 시작이라는 개념으로 이해하기 때문에 죽은 사람의 영혼이 육체와 같은 헌 옷에 연연하지 않고, 더 좋은 세상에 다시 태어나기를 기원한다. 그렇기 때문에 화장으로 현세에서 몸 담아왔던 육체를 미련 없이 떨쳐버리고 영혼이 새로운 세상에서 다시 삶을 시작할 수 있도록 한다.

불교의 영향으로 부탄의 장례식은 일반적으로 한국과 비슷한 49일 동안 진행된다. 그러나 경제적인 여건으로 인하여 하루도 빠지지 않고 49일 동안 장례 의식을 진행할 수 없는 경우가 많아서 대다수의 부탄인들은 죽은 후 일곱 번째, 열네 번째, 스물한 번째 그리고 마흔아홉 번째 되는 날 죽은 사람을 위하여 의식을 행한다. 특히 스물한 번째와 마흔아홉 번째 되는 날은 보통 불교 사원에서 장례 의식을 거행하여 죽은 사람의 영혼을 바른길로 인도하고, 죽은 사람의 가정을 정화해서 그 가정에 행복이 충만하길 축원한다.

---

136 Pommaret(1998:15).

팀푸의 불교 사원 입구에 있는 사자상. 부탄에서 사자는 흰 말, 호랑이, 용, 그리고 전설의 새인 가루다(garuda)와 함께 영적인 동물이라 집이나 불교 사원에서 흔히 볼 수 있다.

부탄에서는 화장을 하고 남은 재를 진흙과 혼합해서 초르텐 주변에 놓아두어 망자의 영혼이 좋은 곳으로 가도록 염원하기도 한다.

부탄의 마을 입구에 있는 불교의 사리탑인 초르텐과 염원용 깃발

　화장해서 남은 재는 강에 뿌리는데, 이것을 물고기가 먹어서 다시 새로운 생명으로 태어나게 한다. 일부 부탄인들은 화장해서 남은 재를 진흙과 배합해서 봉헌의 조각으로 만들어서 불교 사원의 벽이나 불사리탑인 초르텐(chorten), 혹은 산이나 바위에 올려놓아서 죽은 사람의 영혼이 좋은 세상으로 갈 수 있도록 염원한다. 이러한 봉헌의 조각은 삼각형의 탑 모양인데, 부탄에서 흔히 볼 수 있다.

Ⅲ. 불교 축제인 체츄와 불교 문화의 대중화

부탄의 불교 축제[체츄(tshechu)라고 하는데, 열번째 날이라는 뜻]는 부탄의 달력[음력(陰曆)]으로 거의 매달 열 번째 되는 날을 전후해서 전국적으로 열리는데, 날짜와 행사 기간은 각 지역에 따라서 다르다. 부탄의 여러 지역에 있는 종(dzong)이나 불교 사원에서 개최되는 체츄는 기원후 8세기경에 부탄에 불교를 전한 구루 린포체(Guru Rinpoche)의 업적을 찬양하는 데 그 의의가 있다. 이러한 불교 축제는 대략 1670년경부터 시작되었다고 믿어지는데, 체츄는 오늘날까지 부탄에서 가장 중요한 민속 축제이다.

부탄의 불교 축제 때 선보이는 종교적인 춤은 관객들을 위하여 액운(厄運)을 없애주고 행운을 가져다 줄 뿐만 아니라, 불교의 가르침[다르마(dharma)]을 일반인들에게 널리 알리는 역할을 한다. 그러므로 많은 부탄 사람은 단지 이러한 불교 축제에 참석하는 것만으로도 선(善)한 업(業)을 축적할 수 있다

파로 체츄를 즐기는 사람들

파로 체츄에 모인 부탄의 여성들

고 믿는다. 특히 부탄의 불교 축제에서는 관객들에게 불교의 진리를 내포한 일련의 춤들을 공연함으로써 참석자들에게 모든 중생들은 더 넓은 우주의 질서 속에 일시적으로 생존하고 있는 미미한 한 존재임을 자각하게 해 준다. 또한 많은 부탄 사람은 축제 기간 중에 구루 린포체가 함께 한다고 믿기 때문에 이제까지 쌓아온 악(惡)한 업을 씻어 버리고 앞으로는 선한 업만을 만들어 가야 함을 깨닫게 된다. 그러므로 축제 기간 동안에 축제의 참석자들은 평상시보다 더 많은 양보도 하게 되고, 길가에서 가난한 수도승을 만나면 쉽게 가진 돈의 일부를 기부하게 된다. 부탄인들에게는 축제장 주위를 배회하는 개들에게 먹다가 남은 음식물을 챙겨서 주는 것도 축제 기간 중에 빼놓을 수 없는 중요한 일인 것 같다.

축제 기간 동안 지역 주민들을 비롯해서 인접한 시골이나 도시에서 온 장사꾼들이 모여든다. 특히 이들 중 많은 사람은 경제적인 이익보다 좋은 업을 쌓기 위해서 축제가 열리는 곳마다 가서 장사를 하는 사람들이다. 즉 이들은 축제에 참가하는 것으로 선한 업을 쌓을 뿐만 아니라, 경제적인 활동에서 벌어들인 수입금 중 일부를 그 지역의 종이나 불교 사원에 기부함으로써 또한 선한 업을 축적할 수 있는 것이다. 일상생활에서도 이렇게 종교적인 신념을 가지고 경제적인 활동을 하는 부탄 사람들이 대부분이기 때문에 부탄 사회에서 속임수는 아주 드물다. 이러한 이유 때문에 특히 불교 축제 기간 중에 행해지는 거의 모든 상거래는 질서정연하고 이타적이어서 더욱더 축제의 종교적인 가치를 높이게 된다.

불교 축제는 단순한 축제로 끝나지 않고 민중들의 생활에 계속 영향을 미

부탄의 파로 체츄

부탄의 파로 체츄에서 흥을 돋우어 주는 역할을 하는 아짜라

치기도 한다. 예를 들면 불교 축제에서 보이는 여러 종류의 가면 춤에 등장하는 가면들 중 일부는 부탄인들의 가정에서도 흔히 볼 수 있다. 특히 빨간색 바탕에 무서운 얼굴을 한 도르제 드라그포(Dorje Dragpo, 구루 린포체의 변형된 여덟 가지 모습 중 하나) 가면과 동물(뿔 달린 사슴, 사자 그리고 뱀을 입에 물고 있는 전설의 새) 가면[137]이 일반 가정의 불방(佛房)이나 거실 벽에 많이 보이는데, 부탄인들은 이들 가면이 집안에 들어오려는 악귀를 쫓는다고 믿는다.

Ⅳ. 나오는 말

부탄의 민중불교는 현대에도 면면히 전승되고 있다. 과거 부탄의 불교 문화와는 연속선성에서 일상적인 생활뿐만 아니라 정기적으로 그리고 국가적으로 개최되는 불교 축제인 체츄에서도 쉽게 찾을 수 있다. 일상적인 생활과 관련해서 부탄인들의 일생 의례를 보면 불교 문화가 생활 문화의 중요한 부분임을 알 수 있다.

한편 불교 축제인 체츄의 경우 매번 참가하게 되면 자연스럽게 불교의 교리를 이해할 수 있고, 이것을 일상생활 속에서 쉽게 실행할 수 있다. 덧붙여서 일상생활에서 개인들이 종, 불교 사원, 초르텐, 그리고 각 개인의 불방에서 불상이나 벽화 혹은 탕카(thangka, 괘불) 등을 통하여 개별적으로 실행하던 생활 불교가 체츄를 통하여 더욱더 체계화되고 표준화되어서 민중들의 의식 속에 깊이 뿌리내리게 된다. 즉 부탄의 불교 축제인 체츄는 일상생활을 하면서 흩어졌던 민중들의 불심(佛心)을 다시 모아서 개인들의 종교적인 삶을 윤택하게 해 줄 뿐만 아니라, 나아가서는 사회적·국가적으로 이러한 공통된 불교 문화를 함께 공유할 수 있는 문화적 공동체를 형성하는 원동력을 제공해 준다.

---

137 박환영(2001b와 2004d).

부탄의 축제는 그것이 일생 의례와 관계하든, 혹은 불교 축제이든 상관없이 부탄인들에게는 일상적인 생활과 종교적인 삶을 위하여 중요하게 취급된다. 다시 말해서 축제 속에 보이는 다양한 부탄의 불교 문화는 단지 과거의 전통이거나 책에 쓰인 이론이나 철학이 아니라, 살아 움직이는 현재의 생활 문화 그 자체인 것이다.

Ⅲ. 한국과 아시아 지역의 문화와 민속 비교

1. 한국과 일본 오키나와의 장례 습속 비교

I. 들어가는 말

동아시아 지역에서 각 지역의 사람들끼리 문화적인 동질성을 공유하고 있다는 사실을 발견하기는 그리 어렵지 않다. 특히 한국과 일본의 문화를 보면 서로 상당히 밀접한 문화적인 동질성을 공유하고 있다. 이러한 이유로 인하여 한국과 일본에 대한 비교문화적인 접근이 최근에 들어서 많이 진행되고 있는 것 같다. 이러한 입장에서 이 글에서는 비교문화적인 측면에서 매장 습속에 초점을 두고 한국과 일본의 민속을 좀 더 구체적이고 집중적으로 분석하고자 한다.

오늘날 한국과 일본에서 행해지는 장례 풍속으로는 땅에 매장하는 토장(土葬), 화장(火葬), 그리고 죽은 사람의 뼈나 뼈가루를 안치하는 납골(納骨)뿐만 아니라, 죽은 조상들을 위한 추모 의례도 행해지고 있다. 그러나 이러한 현재에 행해지고 있는 매장 풍속은 역시 이전에 행하여졌던 과거의 장례 풍속과 밀접하게 연계되어 있는데, 이러한 과거의 전통은 어떠한 의미에서는 다소 약화되었지만, 어느 지역에서는 여전히 볼 수 있기도 하다.

이 글에서 필자는 한국과 일본의 매장 습속을 비교 분석하기 위하여 세 가지 주요한 측면에서 논의하고자 한다. 첫째로 한국과 일본에서 보이는 다양한 형태의 매장 습속을 요약하고, 둘째로 한국과 일본의 매장 습속을 비교민속학적으로 심도 있게 분석하기 위하여 필자는 전통적인 매장 습속이 오늘날에도 여전히 전승되고 있는 한국과 일본의 섬 지역을 각각 한 지역씩 선정하여 이 지역의 매장 습속을 중심으로 한국과 일본의 매장 습속을 고찰하고자 한다. 셋째로 매장 습속과 관련해서 죽음과 조상에 대한 효(孝)가 가지는 진정한 그리고 상징적인 의미를 집중적으로 논의하고자 한다.

Ⅱ. 한국과 일본에서 보이는 매장 습속의 유형

일본뿐만 아니라 한국에서 오늘날 보이고 있는 주요한 장례 풍속은 토장인 매장과 화장이다. 최근의 통계에 따르면 일본에서는 약 94%에서 95% 정도가 화장을 하고 있는 것 같다(편무영, 1997과 최인택, 2003). 그러나 한국에서는 화장이 점차로 대중에게 널리 행해지고는 있지만, 여전히 매장도 많이 진행되고 있기도 하다. 한편 한국에서 행해지는 장례 습속을 보면 그 배경에는 불교의 기본 요소들을 가지고 있는 유교의 영향을 대부분 받고 있다. 이에 반하여 일본에서는 불교의 요소가 장례에서 진행되는 다양한 의례의 대부분 과정에서 중요하게 작용한다.

어떠한 의미에서 한국과 일본의 매장 습속은 기본적으로 불교의 삼사라(samsara)와 관련되어 있다. 특히 한국의 일상생활에서 사용되는 달력 체계는 "인생의 수레바퀴"를 나타내기도 한다. 다시 말하면 일요일부터 토요일까지(日, 月, 火, 水, 木, 金, 土)라는 시간의 주기(週期)는 우주론적인 세상에서 생명체의 순환을 암시한다. 예를 들어 한국의 민속 문화 속에 보면 태양(日)은 남자를 상징하는 반면에, 달(月)은 여자를 상징한다. 남자와 여자가 함께 있게 되면 사랑을 느끼게 되는데, 이것은 상징적으로 불(火)로 보인다. 그리고 남자와 여자가 사랑을 나누게 되면 아기를 태어나게 하는 요소를 포함하는데, 즉 물(水)

은 남자의 정자(精子)를 상징적으로 나타내는 것으로 볼 수 있다. 이러한 방식으로 나무[木]는 새로운 생명을 상징하는 반면에, 쇠[金]는 민속학적으로 탯줄을 자르기 위한 가위와 낫 같은 금속성 도구를 의미한다. 덧붙여서 땅[土]은 상징적으로 사람이 매장(埋葬)되는 장소를 나타내고, 그리고는 우주론적인 원래 순서 대로 태양[日]부터 다시 주기가 시작된다.

한국 사회에는 매장 습속과 관련해서 몇 가지 유형이 보이는데, 이러한 유형의 종류를 들어보면 고인돌 혹은 지석묘(支石墓), 대지 밖에 시체를 두어서 공기 중에 살과 피가 육탈(肉脫)하여 뼈만 남게 되는 풍장(風葬), 매장 형태인 토장, 화장, 그리고 초분(草墳)과 같은 이중장제(二重葬制) 등을 들 수 있다. 또한 전통적으로 한국 사람들은 개장(改葬)과 세골(洗骨) 같은 독특한 장례 풍속을 가지고 있었는데, 이러한 의례는 조상들을 위하여 뼈를 적절하게 취급하는 것과 효(孝)를 잘 반영해 주고 있다. 이와 유사하게 일본에서도 여러 가지 종류의 장례 행위를 볼 수 있는데, 예를 들면 밖에서 시체를 장례지내는 풍장, 동굴 무덤이나 돌로 만든 무덤과 같은 지시(jisi), 매장 형태인 토장, 화장 그리고 간부타(ganbuta)와 같은 이중장제가 있다. 특히 한국의 청산도(靑山島)와 일본의 요론도(與論島)에서는 여전히 이중장제가 발견되고 있다.

오늘날 일본에서는 현대적인 방식으로 죽은 사람의 유골이나 유해를 납골실에 안치하는 것이 점차로 대중화되고 있다. 그리고 요론도와 같은 일본의 일부 지방에서는 일정 기간 동안 가매장(假埋葬) 했다가 시간이 흐른 후 다시 유골을 수습해서 다시 매장하는 이중장제가 과거부터 오늘날까지 전승되고 있는데, 최근에 화장장이 들어서면서 화장이 점차 대중화되고 있다. 이러한 최근의 매장 습속과 관련한 새로운 경향에 요론도 사람들은 죽은 조상들을 위하여 이중장제만 가지고는 효를 행하기가 충분하지 않기 때문에, 여기에 덧붙여서 조상의 유골이나 유해를 현대식으로 다시 납골하여 납골실에 안치하는 일종의 삼중장제로 발전하고 있기도 하다.

Ⅲ. 청산도의 초분과 요론도의 간부타

한국과 일본에서는 아직까지도 전통적인 방식의 매장 습속이 보인다. 이러한 전통 중의 하나가 소위 이중장제로 불리는 것인데, 한국에서는 이것을 초분(草墳)이라고 부르고, 일본에서는 간부타라고 부른다. 필자는 장례 습속과 관련한 이러한 구체적인 주제에 관심을 가지고 한국과 일본에서 비교민속학적인 입장에서 현지 조사를 실시했는데, 한국의 청산도와 일본의 요론도가 조사지였기 때문에 이 글에서 논의되는 대부분의 내용은 이러한 현지 조사의 결과로 나온 것이다.

한국의 초분은 청산도를 비롯해서 주로 남해안을 중심으로 서해안의 일부 지방에까지도 분포하는 한국의 장례 습속 중에서 이중장제에 속한다. 그중 청산도의 초분이 가장 대표적인 예에 해당되며, 일본의 간부타는 주로 오키나와 주변의 일부 섬에서 보이는 이중장제인데, 특히 요론도의 것이 가장 대표적인 경우이다. 이중장제가 보이는 청산도와 요론도에서는 장례 습속과 관련해서 조상 숭배의 중요성이 두드러지며, 조상 숭배는 섬 사람들 사이에서는 일상적인 생활의 중요한 부분으로 인식될 정도로 매일 행해지기도 한다. 다시 말해서 조상들의 유골이나 유해가 모셔져 있는 곳이면 어디든지 거의 매일 방문해서 조상에 대한 효를 실천하는 경우가 많다.

1. 초분

초분은 한국에서 보이고 있는 이중장제의 장례 습속이다. 즉 초분과 관련한 장례 습속을 구체적으로 살펴보면, 첫째로 시체를 땅에 매장하기 전에 볏짚으로 덮어두는데, 몇 년이 지나면 피와 살이 육탈하면서 오직 뼈만 남는다. 둘째로 이렇게 남아 있는 뼈를 깨끗하게 세골(洗骨)하고 정화 의례를 행한 후 다시 매장하게 된다. 이러한 전통은 한반도의 남서 해안을 중심으로 발견되는 독특한 풍속이다. 초분이 보이는 지역 중에서 진도와 청산도가 가장 대표적인 장소이다. 부분적이기는 하지만 초분은 청동기 시대의 고인돌 혹은 지석묘와 연계되어 있다고 추측하기도 한다. 다시 말해서 한국에서 보이는 고인돌 혹은 지석묘의 경우 북방형과 남방형의 두 종류가 있는데, 한강을 경계로 하여 북쪽에 주로 분포하는 북방형은 탁상형(卓床型)으로, 덮개인 복석(覆石)이 비교적 얇고 이를 받치는 3-4장의 굄돌이 석실(石室)을 이루는 구조로 되어 있어서 석실이 곧 묘실(墓室)이라 지상으로 노출되어 있다. 반면에 한강을 기준으로 남쪽에 주로 분포하는 남방형은 기반형(碁盤型)으로 복석이 두껍고 굄돌이 작아 마치 바둑판 같은데, 묘실이 땅속에 매장되어 있다.

또한 초분이 한반도에서 성행했음을 보여 주는 증거는 무속 신앙에서도 찾아볼 수 있다. 이 중의 한 예로 한국의 무속 신앙의 하나인 진도씻김굿과 초분과의 연관성을 들 수 있다. 진도씻김굿은 오늘날에도 여전히 전승되고 있는 민속적인 의례인데, 이러한 의례 속에 초분이 포함되어 있다는 것은 초분이 민간 신앙에 접목되어서 현대에까지 전승되고 있음을 보여 주는 좋은 사

청산도의 초분(草墳)

례가 될 것 같다. 아마도 초분이 가지고 있는 효에 대한 민속적인 상징과, 진도씻김굿이 가지고 있는 효에 대한 민중들의 의식이 잘 조화를 이루어서 현대의 도시 공간 속에서도 전해지고 있는 것이다.

한편 진도씻김굿이 초분과 어떻게 연계되어 있는지를 살펴보면 다음과 같다. 한국 남해안의 진도 지방에서는 초분의 한 과정으로 피와 살이 없어지고 남아 있는 뼈를 정화하여 풍수(風水)에 맞는 좋은 매장지를 잡아서 뼈를 묻을 때 죽은 사람의 한(恨)과 현세에 대한 미련을 풀어주는 씻김굿을 행하기도 한다. 이것을 진도 지방에서는 "초분장(草墳葬)씻김굿"이라고 부르는데, 초분과 무속 신앙이 적절하게 잘 혼합되어서 오늘날에도 행해지고 있다.

2. 조상의 영혼이 잠시 머무르는 간부타

요론도는 오키나와 주변의 여러 섬 중에서 전통이 가장 잘 보존된 곳 중의 하나이다. 특히 장례 습속과 관련해서 이중장제가 오늘날에도 보이고 있는 곳으로 대표된다. 요론도에서도 빠르게 진행되고 있는 현대화와 도시화의 영향으로 과거의 전통이 위축되거나 시대적인 추세에 맞게 변형되고 있기도 하지만, 여전히 과거의 전통이 많이 남아 있기도 하다.

요론도에서는 매장하지 않고 밖에 시체를 두어서 바람에 의해 부패하게 만들어 장사를 지내는 풍장이 전통적으로 유행하였다. 그런데 1878년 이후부터는 위생 문제 때문에 점차로 풍장의 풍속이 약화되다가 1902년에는 법적으로 풍장을 못하게 하고, 주로 땅에 매장을 하는 토장이 유행하게 되었다. 이러한 토장이 요론도에서 줄곧 행해지다가 최근에는 일본 본토에서 주로 행해지는 화장의 풍속도 많이 행해지고 있기도 하다. 특히 2003년 요론도에 처음으로 화장장이 생기면서 화장이 점차 많은 사람에 의하여 행해지고 있기도 하다.

간부타는 일본 오키나와의 주변에 있는 요론도에서 전승되고 있는 이중장제의 민속적인 상징이다. 간부타는 죽은 영혼을 위한 일시적인 공간을 상징하는 나무로 만든 집이다. 이러한 나무 집은 상대적으로 작은 편이지만, 나무 집 밑에 임시로 가매장(假埋葬)되어 있는 시체가 있음을 나타내기에는 충분히 큰 편이다. 나무 집의 네 면에는 여러 가지 색깔의 깃발이 놓여져 있다. 또한 나무 집 주변에는 죽은 사람의 신발, 지팡이 그리고 죽은 사람이 평소에 사용했던 물건들이 놓여 있다. 또한 간부타 주변에는 후손들이 조상들에게 올리기 위하여 가져온 쌀, 물, 꽃 등이 놓여 있다.

나무 집으로 만들어진 간부타는 프랑스의 민속학자인 반겐넵(Van-Gennep; 1960)이 주장한 통과 의례의 과정 중에서 중간적인(liminal) 과정으로 묘사될 수 있다. 그러므로 간부타 밑에 놓여 있는 시체는 죽은 것도 아니고 살아 있는 것도 아닌, 중간적인 존재인 것이다. 다른 말로 표현하자면 죽은 사람은 살아 있는 것과 죽은 것의 중간에 위치해 있는 셈이다. 이러한 이유로 인하여 죽은 사람의 가족과 친척들은 매일 간부타를 방문하여 음식을 공양하기도 하며, 또한 나무 집과 주변을 청소하거나 보살핀다.

오키나와의 요론도 옆에 있는 오키노에라부도(沖永良部島)에서도 장례 습속의 하나로 요론도의 것과 비슷한 유형의 나무 집이 동일한 기능을 하며 사용되기도 한다. 두 섬에서 보이는 나무 집의 크기는 조금 다르지만 기능적인 면에서도 거의 일치한다고 볼 수 있다. 요론도와 오키노에라부도 사람들은 나무 집으로 상징되는 이중장제를 통하여 죽은 조상에 대한 효를 실천할 뿐만 아니라 죽은 사람과 죽은 사람의 가족 혹은 가까운 친족 사이의 유대가 더욱더 강화된다고 믿고 있는 것 같다. 따라서 오키노에라부도를 포함해서 요론도 지역에서는 나무 집으로 상징되는 간부타를 통하여 조상들을 향한 효를 분명하게 드러낸다는 점은 부인할 수 없는 사실이다.

IV. 진정한 그리고 상징적인 죽음의 의미와, 조상을 향한 효의 실천

대부분의 인류 문화 속에서 "죽음"의 의미는 일상적인 생활 문화 속에서 아주 중요한 부분을 차지한다고 할 수 있다. 즉 한편으로는 죽음은 인간들이 아주 두려워하는 것이지만, 또 다른 한편으로 보면 죽음은 인간이 받아들여야만 하는 자연적인 과정이기도 하다. 프랑스의 민속학자인 반겐넵(2000)[1]은 인생에서 중요한 고비마다 이루어지는 중요한 의례를 설명하면서 이것을 통과 의례(rites of passage)라고 불렀다. 통과 의례에는 여러 가지 종류의 의례가 포함되어 있는데, 그중에서도 출생 의례, 성인식, 결혼식, 장례와 같은 네 가지가 제일 중요하다고 주장한 바 있다.

한국의 문화와 민속은 주변의 아시아 여러 나라의 문화 및 민속과 유사한 것이 많은 편이다. 그럼에도 불구하고 한국인들은 나름대로의 문화와 민속을 오랜 시간 동안 유지하고 전승시켜 왔다. 한국의 문화와 민속 중에서 가장 두드러지는 것 중의 하나가 조상을 숭배하는 문화적인 의례이다. 오늘날 한국의 사회를 보면 한편으로는 빠르게 진행되고 있는 산업화와 도시화로 인하여 이전의 전통적인 생활 양식과 민속이 약화되거나 변화고 있기도 하지만, 다른 한편으로는 여전히 많은 한국인이 조상 숭배와 같이 오랜 시간 동안 지켜온 전통을 여전히 따르고 있기도 하다. 이러한 점에서 좀 더 고찰해 보면 반겐넵(2000)에 의하여 제기된 인류 문화 속에서 보이는 네 가지 중요한 통과 의례가 출생 의례(出生儀禮), 성인식(成人式), 결혼식, 장례라고 한다면, 한국인들이 인식하는 통과 의례로는 흔히 관혼상제(冠婚喪祭)로 대표되는 네 가지 의례와 일상적인 생활 문화 속에서 보이는 출생 의례를 포함하여 다섯 가지 의례를 들 수 있다. 특히 한국의 문화와 민속 속에는 서구적인 개념의 통과 의례와 비교해 볼 때 하나가 더 덧붙여져 있는데, 이것이 바로 죽은 조상을 숭배하는 의례와 관련된 제례(祭禮)이다. 또한 한 개인이 인생의 여러 가

---

1 자세한 내용은 반겐넵(2000) 참조.

지 과정 중에서 꼭 겪게 되는 중요한 시점에서 행해지는 통과 의례 중에서 한국인들에게 제례는 가장 중요한 의례로 인식되고 있다고 해도 과언이 아닐 것이다.

한국의 제례에는 세 가지 종류가 있다. 예를 들어서 조상이 돌아가신 날에 매년 지내는 기제사(忌祭祀)가 있고, 음력 설날이나 추석에 지내는 차례(茶禮)가 있으며, 매년 음력 10월에 4대(四代) 이상의 조상들을 위한 의례인 시제(時祭)가 있다. 차례(茶禮)의 문자 그대로의 의미는 "조상들을 위해 차(茶)를 올리는 것"인데 이것은 아주 오래전에는 차를 준비해서 조상들을 숭배하는 의례를 행하였기 때문이다. 한편 일부 학자는 조상들을 기억하는 의례에 차를 올리는 풍속이 불교 의례에서 기원했다고 주장하기도 한다. 오늘날 한국 사회에서는 차례 때 차 대신에 술[酒]을 올린다.

차례는 각 가정이나 집안의 전통에 따라서 조금의 차이가 있으며, 정확한 시간은 정해져 있지는 않지만 보통 아침 8시나 9시경에 지낸다. 반면에 기제사는 보통 밤에 지낸다. 한편 기제사는 죽은 조상과 그/그녀의 직계 자손들이 만나는 때라면, 차례는 이미 돌아가신 여러 조상과 그들의 후손들이 모두 함께 만날 수 있는 때이기도 하다. 그러므로 차례 때 후손들은 돌아가신 부모, 조부모, 증조부모, 고조부모에게 진심으로 정성을 들여서 여러 가지 종류의 음식을 올린다. 오늘날에는 차례 때 돌아가신 부모와 조부모에게만 음식을 올리는 경우도 간혹 있기는 하지만, 차례는 후손들이 돌아가신 조상들을 진정으로 생각하고 정성을 들여서 공양하는 효를 실천하는 하나의 과

国指定重要有形民俗文化財

八葉寺奉納小型納骨塔婆及び納骨器

일본의 국가 지정 중요 유형 민속 문화재인 팔엽사 봉납 소형 납골탑에 대한 안내문

정으로 볼 수 있다.

차례를 마친 후에는 보통 친척들끼리 모여서 조상들의 묘(墓)를 방문하는데, 이것을 성묘(省墓)라고 부른다. 이러한 여행을 통하여 연로한 친족 구성원들은 젊은 친족 구성원들에게 조상들에 대한 이야기를 들려주곤 한다. 그러므로 공통의 조상에 대한 인식을 공유함으로써 친족 구성원들 사이에는 강력한 친족의 유대가 형성되는 것이다.

한편 조상들을 위한 헌신적인 의례를 행하게 되면 음식을 준비해서 올리는데, 이렇게 음식을 진설(陳設)할 때는 특정한 법칙이 존재한다. 예를 들어서 음식을 제사(祭祀) 상(床)에 올릴 때는 음식을 올리는 사람을 기준으로 하여 오른쪽은 동쪽이 되고, 왼쪽은 서쪽이 된다. 그리고 생선은 동쪽에 올리고, 육고기는 서쪽에 올린다[魚東西肉]. 또한 생선의 머리는 동쪽에 두고, 생선의 꼬리는 서쪽에 둔다[東頭西尾]. 음식을 올리는 사람을 중심으로 하여 말린 고기는 왼쪽에 놓고, 소금에 절인 물고기는 오른쪽에 둔다[左脯右醢]. 또한 조상들의 위패(位牌)나 신위(神位)를 놓을 때는 아버지는 서쪽에, 어머니는 동쪽에 둔다[考西妣東]. 대추는 동쪽에 놓고, 밤은 서쪽에 놓는다[東棗西栗]. 마지막으로 과일을 놓을 때는 붉은색 과일은 동쪽에 놓고, 흰색 과일은 서쪽에 놓는다[紅東白西]. 이러한 전통은 지역에 따라서 그리고 집안에 따라서 항상 일치하지는 않지만, 조금의 차이에도 불구하고 거의 대부분은 여전히 지켜지고 있다. 즉 조상들을 위한 의례인 제사가 형식적이기는 하지만 후손들의 정성이 담겨져 있는 의례임을 잘 반영해 준다고 하겠으며, 이러한 의례를 통하여 죽은 조상들을 위한 효가 실천되는 것으로 볼 수 있다.

한편 일본에서 행해지는 조상 숭배와 관련된 의례를 보면 한국에서는 백중[우란분(盂蘭盆)이라고도 함] 제의라고 부르는 오봉(obong) 축제 기간 동안에 일부 지방에서는 공야상인(空也上人, AD 902~AD 972) 춤이 연행되기도 한다. 이 공야상인 춤은 죽은 조상들의 영혼을 좋은 곳으로 인도하기 위해 벌이는 일종의 천도(薦度)를 위한 춤인 셈이다. 또한 많은 일본인은 조상들의 위패

망사의 머리카락, 치아, 손톱, 발톱 등을 보관하는 오륜탑들

일본 팔엽사(八葉寺)에 있는 오륜탑 모양의 비석

와 오륜탑(五輪塔)이 모셔져 있는 시골의 고향에 있는 지역의 불교 사원을 방문한다. 특히 오륜탑은 나무로 만든 상징적인 작은 크기의 탑으로, 탑에는 우주의 다섯 가지 요소가 새겨져 있다. 즉 오륜탑에 새겨져 있는 다섯 가지 종류의 우주의 요소는 땅, 물, 불, 바람, 공기 등이다. 특히 이 오륜탑은 작으며, 나무로 만든 탑 모양으로 그 속에는 죽은 사람의 이빨이나 머리카락, 손톱과 발톱 등이 들어 있다. 오륜탑에는 일련의 번호가 적혀 있어서 돌아가신 조상의 유해(치아, 머리카락, 손톱과 발톱)가 들어 있는 오륜탑을 후손들은 쉽게 찾아낼 수 있다. 또한 비록 매년 오봉 때 행해지기는 하지만 1년에 최소한 한 번은 조상들의 위패가 모셔져 있고 또한 조상들의 흔적이 남아 있는 오륜탑을 보면서 후손들은 조상에 대한 사랑과 은혜에 감사하는 마음을 가지게 된다. 더욱이 돌아가신 조상들을 보지 못한 후손들도 조상의 유품이 들어 있는 오륜탑을 대하면서 보이지는 않지만 그리고 만나지는 못하지만 조상들의 숨결을 조금이라도 느낄 수 있는 것이다. 일본에서는 이렇게 죽은 사람의 뼈는 물론이고 치아, 머리카락, 손톱, 발톱 등을 소중하게 여기는 풍속이 잘 보존되어 있다. 이렇게 뼈를 중심으로 돌아가신 조상들의 유골이나 유해를 소중히 여기는 풍속이 장례 습속과 연계되어서 오키나와 주변의 요론도에서 오늘날까지도 잘 전승되고 있다.

일본에서 조상들의 뼈를 소중하게 다루는 것은 물론이고 일부 지방에서는 오륜탑에 죽은 조상들의 치아, 머리카락, 손톱, 발톱 등을 소중하게 간직하는 것과 유사하게 한국에서도 인체(人體)를 중요하게 여겨왔는데, 특히 머리카락, 손톱, 발톱 등은 조심스럽게 취급하였다. 이것은 신체의 이러한 요소들이 신체를 이루는 중요한 부분이며, 따라서 실제의 신체를 대신하여 사용되었기 때문이다. 한편 사람의 손톱을 잘 간직해야함을 보여주는 한국의 설화가 있는데, 이것을 통하여 한국과 일본에서 신체(身體)를 소중하게 여기는 풍속이 존재함을 알 수 있다. 이러한 내용을 담고 있는 한국의 설화는 다음과 같다.

옛날 한 청년이 산사에서 공부를 하고 있었다. 그는 항상 절 앞을 흐르는 계곡으로 나가 목욕을 하였다. 목욕을 할 때, 그는 언제나 손톱을 자르고 또 오줌을 누는 것이었다. 그런데 그때 쥐 한 마리가 뒤에서 나타나 그의 손톱을 먹고 오줌을 핥았는데 청년은 그것을 눈치채지 못하였다. 집을 떠날 때 가족과 약속한 3년 공부 기한이 끝났기에 청년은 괴나리봇짐을 준비하고 출발하였는데, 약속한 날보다는 조금 늦게 집에 도착하였다. 그런데 자신의 집에는 이미 자기와 완전히 똑같은—얼굴이나 옷은 물론이고 목소리와 동작마저도 꼭 닮은—청년이 있어, 그 청년을 집에서는 친자식으로 여기고 있었다. (……) 아무리 이야기를 하여도 집에서는 먼저 온 청년을 친자식으로만 생각하고 그를 받아주지 않았다. 아내가 옷을 조사하여 보았지만 양쪽 모두 그녀가 만들어 준 것이었다. 몸의 특징이 있는 부분을 조사해 보았지만, 역시 똑같은 특징을 지니고 있었다. 가족들의 나이를 두 사람에게 말하게 해 보았지만, 두 사람 모두 맞추었다. 가족들이 어렸을 때의 이야기를 여러 가지 물어 보았는데, 또 모두 똑같았다. 마지막으로 어머니는 "우리 집에 밥그릇과 접시가 몇 개 있는지 말하거라. 이것을 맞추는 사람이 진짜 내 자식일 것이다"라고 말하였다. 가짜 자식은 그것을 맞추었지만, 진짜 자식은 그것을 맞출 수가 없었기에 하는 수 없이 청년은 방랑의 길을 떠났다. 어느 날 청년은 깊은 산 속에서 길을 잃어 인가를 찾고 있었다. 어둠이 깃들었을 때 호롱불을 켠 한 집을 겨우 발견하고 문 앞에서 하룻밤 쉬어갈 것을 애원하자, 한 여인이 나와서 그를 맞이하였다. 그날 밤 여인은 "당신이 오실 줄 알고 있었습니다. 당신이 괴로워하고 있는 이유도 잘 알고 있습니다"라고 하면서 약 한 봉지를 꺼내 청년에게 건네주면서 말을 이었다. "이 약을 갖고 집으로 돌아가세요. 그리고 이것을 당신과 당신의 아내, 이상한 청년에게 먹이세요. 그렇게 하면 모든 것이 밝혀질 것입니다." 청년은 다음 날 집으로 돌아가 시키는 대로 해 보았다. 그랬더니 이상한 청년은 즉사하여 한 마리의 쥐로 변해 쓰러졌다. 아내는 복통을 일으키더니 이윽고 여러 마리의 쥐

새끼를 낳았지만, 쥐새끼들은 모두 죽어서 태어났다. 청년만은 무사하였다. 그래서 그 청년은 겨우 이상한 쥐를 물리치고 친자식이 되었던 것이다. 원래 이것은 청년이 버린 손톱과 오줌으로 인하여 청년의 정기가 그것들을 먹거나 핥은 쥐로 옮겨졌기 때문이다. 청년의 정기를 받은 쥐였기 때문에 그 쥐는 청년과 똑같은 사람으로 변할 수가 있었다. 그래서 손톱을 깎으면 그 것을 하나하나 모아서 콧김을 불어 반드시 요강단지 속에 버리지 않으면 안 된다.

_ 1927년 6월 2일 경남 마산군 표동 명주영 군의 이야기

위의 설화는 손진태(2000)가 1927년 경남 마산의 표동에서 수집한 이야기인데, 손톱을 함부로 버리면 안 된다는 내용을 담고 있다. 즉 살아 있는 사람의 손톱도 함부로 다루면 안 되듯이, 죽은 사람의 손톱을 포함한 머리카락 등도 잘 다루어야 하는 것이 한국의 장례에서 보이는 특징이다. 즉 한국의 장례 과정 중에는 조발낭(爪髮囊)이라고 하는 조그만 주머니를 만들어서 죽은 사람의 손톱과 머리카락을 잘 수습하여 넣어 두기도 한다.

장례 습속과 관련해서 한국과 일본 문화 속에서 찾을 수 있는 효의 내용을 좀 더 살펴보면 다음과 같다. 우선 한국 사회를 먼저 예를 들어 보면, 전통적으로 적절한 장송 의례(葬送儀禮)는 보통 3년 동안 지속된다. 특히 죽은 사람의 자식들은 3년 동안 장례 의식을 치러야만 했던 것이다. 자식의 입장에서 부모의 장례가 3년이 된 이유는 부모가 자식들을 길러준 기간을 상징적으로 나타낸다고 볼 수 있다. 즉 아기가 태어나면 혼자서 자고 먹거나 화장실에 갈 수가 없다. 그래서 한국인들은 갓 태어난 아기가 스스로 자고, 먹고, 화장실에 가려면 최소한 3년이 걸린다고 말한다. 다시 말해서 태어나서 3년 동안은 부모의 도움을 받아서 자고, 먹고, 대소변을 가릴 수 있는 것이다. 따라서 부모가 돌아가시면 3년 동안 장례를 치르는 것은 자식이 부모의 은혜에 대하여 보답하는 "최소한"의 기간인 셈이다.

화장장에서 유골을 수습하는 상황을 재현하는 장면으로, 현대 일본의 장례 문화를 보여 준다. 이럴 때에는 특별히 제작된 나무젓가락으로 유골을 집어서 수습한다.

한편 일본의 경우 요론도에서는 돌아가신 조상에 대하여 매년 의례를 33년 동안 행하는 33주기(週忌)가 중요하게 자리 잡고 있다. 즉 33주기 이후에는 죽은 이의 영혼이 인간이 닿지 않는 곳으로 올라가기 때문에 33년동안은 최대한 정성을 드려서 진정으로 조상들을 숭배하게 된다. 설날과 오봉 날, 그리고 돌아가신 날인 제삿날에는 음식을 정성스럽게 장만해서 조상에게 올린다. 이러한 의례를 통하여 조상과 후손 사이의 끈끈한 유대가 형성되며, 후손들은 조상의 은혜를 생각하면서 일상생활에서도 적극적으로 효를 실천하게 된다.

그 다음으로 친족의 상징을 통한 한국과 일본의 장례 습속과 효의 연관성을 알아보면 다음과 같다. 인류 사회에서 친족을 나타내는 상징 중에서 가장 중요한 것은 뼈, 피 그리고 살이며, 레비스트로스(Lévi-Strauss, 1969:374)는 이러한 친족의 상징이 티베트와 인도에서뿐만 아니라 몽골, 시베리아, 중국, 그리고 러시아에 거주하는 터키족에게서도 보인다고 주장한 바 있다. 특히 몽골에서는 시체를 뼈로 기술하기도 하는데, 이것은 인체를 구성하는 요소인 뼈,

피, 살 중에서 뼈가 가장 오랜 시간 동안 남아 있기 때문이다(Park:1997:129). 그러므로 뼈는 보통 강하고 오랜 시간 동안 지속되는 부계(父系) 친족을 나타낸다. 즉 뼈는 부계 친족과 연계된다면, 피와 살은 모계(母系) 친족과 연관되어 있는 셈이다. 이러한 연관성은 친족의 구성 요소와 색깔 상징으로 분석하기도 한다. 가령 예를 들어서 아버지의 정자는 흰색으로 흰색인 아기의 뼈를 만들어내는 반면에, 아기의 피와 살은 붉은색으로 한 달에 한 번씩 월경(월경의 색깔은 붉은색임)을 하는 어머니의 자궁에서 만들어지는 것이다(Vreeland: 1954).

이러한 친족의 상징을 분석해 보면 한국과 일본의 장례 습속에는 상징적인 유사성이 발견된다. 예를 들어서 한국과 일본에서 돌아가신 부모를 위한 어떠한 의미를 나타내기 위하여 상징적인 나무가 사용된다. 즉 한국의 장례에서는 돌아가신 아버지를 위하여 대나무가 사용된다면, 돌아가신 어머니를 위해서는 오동나무를 사용한다. 다시 말해서 돌아가신 아버지를 위한 장례 의례에서 자식들을 중심으로 하여 가까운 친척들은 대나무 지팡이를 짚게 되는데, 이것을 통하여 아버지의 장례임을 상징적으로 보여 준다. 전통적인 한국 사회에서 대나무는 태양과 같이 둥글고 하늘과 같이 높음을 상징한다. 그러므로 대나무는 상징적으로 아버지를 나타내는 것이다. 반면에 오동(梧桐)나무의 경우 오동나무를 나타내는 동(桐)의 한국식 한자(漢字) 발음이 "같음"을 나타내는 동(同)과 유사하다. 그러므로 아버지의 장례와 비교해서 어머니의 장례를 구별해야 하지만, 역시 아버지와 마찬가지로 중요하게 다루어야 하기 때문에 아버지의 장례와 "같음"을 상징적으로 의미한다고 볼 수 있다.[2]

한국의 장례 습속에서 흔히 보이는 죽은 자와 가까운 친척들이 대나무 혹은 오동나무 지팡이를 짚는 것은 또한 누구의 장례인지를 확연히 나타내는 기능을 하기도 한다. 보통의 경우 상갓집을 찾아오는 문상객들은 누구의 장

---

2 정종수(2003: 37) 참조.

레인지를 알지만, 급히 연락을 받고 와서 경황이 없는 경우에는 문상객들은 밖으로 잘 드러나 있는 상징을 통하여 정확하게 누구의 장례인지를 알 수 있는 것이다.

한국의 장례와 비교해서 일본의 장례의 경우 친족의 상징을 또한 볼 수 있다. 특히 화장의 경우에는 한국과 같은 나무 지팡이를 사용하지는 않지만, 나무로 만든 젓가락을 사용한다. 그런데 재미있는 사실은 화장에서 사용되는 장례 의례용 젓가락의 한쪽은 대나무로 만들고 다른 한쪽은 삼나무로 만든다는 사실인데, 대나무로 만든 젓가락이 삼나무로 만든 것보다 조금 더 긴 것이 특징이다. 한국의 장례에서 나무 지팡이를 죽은 사람의 자식들을 중심으로 가까운 친척들만 사용하는 것과 마찬가지로, 일본의 장례에서도 화장을 하게 되면 죽은 사람의 자식을 중심으로 가까운 친척들만이 나무로 만든 젓가락을 이용하여 죽은 사람의 유골을 수습하게 되는 것이다.

V. 나오는 말

이제까지 언급한 바와 같이 일본에서는 장례 습속의 한 부분으로 화장이 점점 더 대중화되고 있다. 그럼에도 불구하고 일본의 일부 지역, 특히 오키나와의 요론도에서는 여전히 전통적인 방식의 매장 습속을 행하고 있다. 여기서 말하는 전통적인 방식의 매장 습속에는 이중장제를 포함하고 있다. 예를 들어서 요론도에서는 사람이 죽으면 먼저 시체를 땅속에 가매장 형식으로 매장을 하고, 그 위를 나무로 만든 상징적인 집인 간부타로 덮는다. 이렇게 해두고는 몇 해(보통은 3년에서 5년 정도)가 지나서 시체가 육탈하게 되면 뼈를 땅속에서 드러낸다. 뼈를 다시 땅속에 매장하기 위하여 정성을 다하여 세골을 하고, 또한 정화 의례를 거행하여 뼈를 정화시키고는 유골 항아리 속에 뼈를 넣어 둔다. 즉 유골 항아리 속에 뼈를 넣어서 그 유골 항아리를 땅속에 묻는데, 유골 항아리의 윗부분에 있는 뚜껑을 조금 더 지상으로 나오도록 해서 땅에 묻는다. 일본의 요론도에서 보이는 이중장제의 매장 습속이 한국의 청산도에서도 보이는 것은 재미있는 현상인데, 청산도에서는 오늘날에도 지역 주민들에 의하여 초분의 형태로 여전히 전승되고 있다.

한국과 일본의 일부 지방에서 전승되는 이중장제의 전통은 다소 복잡한 과정을 가지고 있는 듯 보이지만, 결국은 죽은 조상들을 향한 효의 실천으로 중요한 의미를 가지고 있다. 또한 이러한 매장 습속은 죽은 조상이 정신적인 세계와 다음 세계로 평화롭게 옮겨지는 진행 과정을 상징적으로 보여 준다.

필자는 한국과 일본의 장례 습속과 관련해서 비교민속학적인 연구를 해 보았는데, 유사한 점도 있었고 조금 차이나는 점도 있었다. 그중에서 한 가지 특징적인 사실은 이중장제가 행해지고 있는 지역이 두 나라에서 모두 본토와는 다소 떨어져 있는 도서 지방이었다는 사실이다. 아마도 이러한 결과는 본토에서 멀리 떨어져 있는 도서 지방이 본토보다는 좀 더 오랜 시간 동안 전통 문화를 전승할 수 있는 여건이 잘 조성되어 있기 때문에 가능한 것 같다. 즉 육지에서 지리적으로 떨어져 있는 도서 지방은 본토에 비하여 외부로부터 들어오는 대중적인 경향에 덜 영향을 받는다고 볼 수 있다.

한국과 일본에서 모두 화장이 점차로 대중화되고 있는 추세이다. 이러한 사회적인 현상의 결과로 전통적인 매장 습속도 이전의 상태로 지속되기가 어려워지고 있다. 그러나 한국과 일본의 일부 도서 지방에서는 주민들이 나서서 자신들의 고유한 매장 습속을 여전히 계속해서 지켜 나가려고 노력하고 있다. 지역 주민들의 말을 빌리자면 "모든 사람은 죽지만 영혼은 근처에서 영원히 남는다"고 한다. 이러한 말의 의미는 조상들의 뼈를 잘 간직하고 잘 취급하면, 후손들에게 큰 축복이 내린다는 것이다. 특히 전통적인 매장 습속은 또한 풍수와 밀접하게 연계되어 있어서 좋은 땅을 조상들의 매장지로 선택하기도 하기 때문에 후손들에게 베풀어질 축복도 많은 것이다. 그러므로 정화된 뼈로 상징되는 조상들의 영혼은 풍수에 의하여 정해진 좋은 땅에 머무르면서 후손들에게 축복을 내리는 것이다. 이러한 민속적인 믿음이 한국과 일본의 일부 도서 지방에서는 여전히 믿어지고 있기 때문에 이중장제의 전통은 최근에 대중화되고 있는 화장의 영향에도 불구하고 당분간은 좀 더 지속될 것 같다. 더욱이 효의 실천으로 상징화되는 이중장제의 전통은 비록 일부 지방이지만 한국과 일본 사회에서 여전히 중요한 문화 기호를 가지면서 조상 숭배에 대한 하나의 필수적인 과정으로 받아들여지고 있는 것이다.

참고 문헌

강정원, 「민속학과 현대사회, 도시」, 『한국문화연구』 7호(경희대학교 민속학연구소, 2003).

_____, 「도시 동제의 창출과 지속 – 노량진 장승제 사례 연구」, 『제2차 학술대회발표논문집』(경인민속학회, 2009).

_____, 「비이동성 도시화와 공동체 민속」, 『제4차 학술대회발표논문집』(경인민속학회, 2010).

경인민속학회 편, 『서울 민속의 현재와 미래』(민속원, 2010).

국립민속박물관 편, 『아현동 사람들 이야기』, 도시 민속조사보고서 1(국립민속박물관, 2008a).

_____, 『김종호 · 김복순 부부의 물건 이야기』, 도시 민속조사보고서 2(국립민속박물관, 2008b).

권순정, 「몽골 나담 축제 경기 복식에 관한 연구」, 『한국의류산업학회지』 3권 2호(한국의류산업학회, 2001).

김기선, 「몽골의 나담 축제와 낙타 축제」, 김선풍 외, 『아시아인의 축제와 삶』(민속원, 2001).

_____, 「蒙古秘史에 나타난 몽골인의 장례습속」, 『몽골학』 13호(한국몽골학회, 2002).

_____, 「몽골비사의 알타이적 지명요소와 관련된 한국 및 대마도 지명 연구」, 『몽골학』 14호(한국몽골학회, 2003a).

_____, 「몽골비사의 터럭(나룻)과 관계된 몽골과 중앙아시아인들의 세계관」, 『몽골학』, 15호(한국몽골학회, 2003b).

김기설, 「몽골의 나담 축제 고찰」, 김선풍 외, 『몽골민속현장답사기』(민속원, 1998).

김명자, 「송파의 세시 풍속」, 『한국민속학』, 15집(민속학회, 1982).

김명자, 「도시생활과 세시풍속」, 『한국민속학』 41호(한국민속학회, 2005).

김미영, 『일본의 집과 마을의 민속학』(민속원, 2002).

김병모, 『허황옥 루트 인도에서 가야까지』(역사의 아침, 2008).

김선풍 외, 『동작구의 민속문학』, 한국민속문화 연구총서 7(중앙대학교 한국민속학연구소, 1997).

김열규, 『한국민속과 문학연구』(일조각, 1998).

김영순 외, 『여가와 문화』(역락, 2006).

김영진 엮음, 『한국의 불교설화』(삶과 벗, 2010).

김은희, 『여성무속인의 생애사』(신아출판사, 2004).

김의숙, 「몽골의 민속 생활 의례 고찰」, 김선풍 외, 『몽골민속현장답사기』(민속원, 1998).

김이숙, 「몽골 세시풍속연구」, 김선풍 외, 『몽골민속현장답사기』(민속원, 1998).

김정하, 「한국 도시 민속학의 연구방법론 정립에 대한 연구」, 『시학과 언어학』 1호(시학과 언어학회, 2001).

김종대, 『한국의 학교괴담』(다른세상, 2002).

_____, 「도시에서 유행한 '빨간 마스크'의 변이와 속성에 대한 시론」, 『한국민속학』, 41집 (한국민속학회, 2005).

_____, 『도시, 학교, 괴담』(민속원, 2008).

_____, 「도시에서 새로이 만들어진 마을신앙의 기능과 속성」, 『한국민속학』, 49집(한국민속학회, 2009).

김천호, 「Mongol秘史의 飮食文化」, 『몽골학』 15호(한국몽골학회, 2003).

김태곤, 『한국민속학원론』(시인사, 1984).

김현경, 「여고생 속신연구」(중앙대학교 대학원 석사학위논문, 2008).

남근우, 「도시 민속학에서 포클로리즘 연구로」, 『한국민속학』 47집(한국민속학회, 2008).

남질, 테, 『몽골의 가정예절과 전통』, 이안나 옮김(민속원, 2007).

도슨, 리처드, 임돈희 옮김, 「민속학 연구의 현 위치: 미국의 경우」, 『제9회 국제학술대회 강연회 논문집』(대한민국학술원, 1981).

랴자노프스키, V. A .,『몽골의 관습과 법』, 서병국 옮김(혜안, 1996).

매칼, 로버트(McCarl, Robert), 「직업민속」, 오링, 엘리오트(Oring, Elliott) 엮음, 『민중과 민속의 장르』, 나경수 옮김(전남대학교 출판부, 2004).

매컬처(Mckercher, Bob), 크로스(Cross, Hilary), 『문화유산 관광자원관리론』, 조명환 옮김 (백산출판사, 2008).

박계홍, 「일본의 도시 민속학」, 『한국민속학』, 16집(한국민속학회, 1983a).

_____, 『한국민속학개론』(형설출판사, 1983b).

박완서, 『엄마의 말뚝』(일월서각, 1982).

_____, 『엄마의 말뚝 2, 3』(맑은소리, 2007).

박원길, 『북방민족의 샤마니즘과 제사습속』(국립민속박물관, 1998a).

_____, 「몽골의 오보(oboo) 및 오보 제(祭)」, 김선풍 외, 『몽골민속현장답사기』(민속원, 1998b).

_____, 「몽골 나담에 관한 역사·민속학적 고찰 상(上)」, 『몽골학』 10호(한국몽골학회, 2000).

_____, 「몽골 나담에 관한 역사·민속학적 고찰 하(下)」, 『몽골학』 11호(한국몽골학회, 2001a).

_____, 「몽골 축제: 할흐 몽골의 씨름에 대하여」, 김선풍 외, 『아시아인의 축제와 삶』(민속원, 2001b).

_____, 「몽골비사에 나타난 몽골족의 기원설화 분석」, 『몽골학』 13호(한국몽골학회, 2002).

_____, 「몽골비사 195절의 표현방식을 통해서 본 13-14세기 몽골군의 전술」, 『몽골학』 14호(2003).

박원길 외, 『몽골비사의 종합적 연구』(민속원, 2006).

박환영, 「경제적인 측면에서 본 현대 몽골의 실제적인 친족과 네트워크」, 『역사민속학』 8집 (역사민속학회, 1999).

_____, 「히말라야의 평화스러운 나라: 부탄」, 『考古와 民俗』, 3집(한남대학교 박물관, 2000a).

_____, 「사회·경제적인 측면에서 본 현대 몽골의 가족과 민속에 대한 일고찰」, 『한국문화인류학』, 33집 2호(한국문화인류학회, 2000b).

_____, 「현대 부탄(Bhutan)의 민속에 대하여」, 『아시아 문화 아시아 음악』, 아시아음악학 총서 1(아시아음악학회, 2001a).

_____, 「현대 부탄(Bhutan)의 불교축제(tshechu)에 대하여」, 『중앙민속학』 9호(중앙대학교 한국민속학연구소, 2001b).

_____, 『부탄의 문화민속 엿보기』(민속원, 2001c).

_____, 「몽골의 야스(뼈)와 초스(피)」, 『비교문화연구』, 7집 1호(서울대학교 비교문화연구소, 2001d).

_____, 「사회공동체를 통한 민속보기」, 김선풍 외, 『우리 민속학의 이해』(월인, 2002a).

_____, 「몽골 샤머니즘에 나타나는 색깔상징에 대한 일 고찰」, 『한국무속학』, 5집(한국무속학회, 2002b).

박환영, 「부탄은 히말라야의 고구려」, 『주간조선』, 1731호(조선일보사, 2002c).

박환영, 「도시와 민속의 현장: 경기 지역의 축제를 중심으로」, 『한국문화연구』, 6집 (경희 대학교 민속학연구소, 2002d).

_____, 「속담과 수수께끼 속에 보이는 가족과 친족의 민속학적 고찰」, 『강원민속학』, 17집 (강원도 민속학회, 2003).

_____, 「1980년대 영국민속학의 동향에 관한 연구」, 『강원민속학』, 18집 (강원도 민속학 회, 2004a).

_____, 「蒙語類解에 나타난 친족어휘의 민속학적 연구」, 『알타이학보』 14호 (한국알타이 학회, 2004b).

_____, 「전통문화와 대중문화」, 『人文學硏究』 37집 (중앙대학교 인문학연구소, 2004c).

_____, 「부탄의 불교축제(tshechu) 속의 종교적인 춤(chham)과 가면에 대한 민속학적 연구」, 『제7차 국제학술대회 발표논문집』 (국제아세아민속학회, 2004d).

_____, 「영국의 도시 민속학 경향에 대한 연구」, 『한국민속학』 41집 (한국민속학회, 2005a).

_____, 「'왕꽃선녀님'의 드라마 소재와 구성의 학문적 적확성 고찰」, 『한국의 민속과 문 화』 10집 (경희대학교 민속학연구소, 2005b).

_____, 『몽골의 유목문화와 민속 읽기』 (민속원, 2005c).

_____, 「도시생활 속의 세시풍속」, 『중앙민속학』 11호 (중앙대학교 한국문화유산연구소, 2006a).

_____, 『도시 민속학』 (역락, 2006b).

_____, 「탈사회주의 몽골에서 과거의 이해와 친족관계」, 『한국문화인류학』 39집 1호 (한 국문화인류학회, 2006c).

_____, 「몽골비사'에 보여지는 가족과 친족의 민속학적 연구」, 『몽골학』 20호 (한국몽골 학회, 2006d).

_____, 「몽골의 나담 축제와 유래담」, 『구비문학연구』 24호 (한국구비문학회, 2007a).

_____, 「엄마의 말뚝'에 나타난 민중들의 일상적인 생활문화 고찰」, 박현수 엮음, 『영 화나 소설은 어떻게 생활을 보여주는가』 (눈빛, 2007b).

_____, 『한국민속학의 새로운 지평』 (역락, 2007c).

_____, 『몽골의 전통과 민속보기』 (박이정, 2008a).

_____, 「한국 도시 민속학의 연구동향」, 『민속학연구』 23호 (국립민속박물관, 2008b).

_____, 「몽골의 유목문화 속의 세시풍속 고찰」, 『몽골학』 24호 (한국몽골학회, 2008c).

_____, 「다문화 속의 에스니시티와 유목성 고찰: 재한 몽골인을 중심으로」, 『비교문화 연구』, 15(1) (서울대학교 비교문화연구소, 2009a).

_____, 『영상콘텐츠와 민속』 (중앙대학교 출판부, 2009b).

박환영, 『현대민속학연구』(역락, 2009c).

_____, 「한·몽 출생 의례의 비교민속학적 고찰」, 『비교민속학』 40집 (비교민속학회, 2009d).

_____, 「'몽골비사' 속에 반영된 몽골의 전통의례(傳統儀禮) 고찰」, 『중앙아시아연구』 15권 (중앙아시아학회, 2010a).

_____, 『몽골유목문화연구』(역락, 2010b).

_____, 「'몽골비사'에 반영된 동물의 민속학적 고찰」, 『알타이학보』 20호 (한국알타이학회, 2010c).

_____, 『나무의 전설 및 유래 현지 조사』(국립수목원, 2010d).

_____, 「여가문화와 농촌문화관광의 민속학적 고찰」, 『한국사상과 문화』 56집 (한국사상문화학회, 2010e).

빠르따사라띠, 『비단황후』, 김양식 옮김(여백, 2007).

반겐넵, 『통과의례』, 전경수 옮김(을유문화사, 2000).

발터 하이시이, 『몽골의 종교』, 이평래 옮김(소나무, 2003).

벨 캐서린, 『의례의 이해: 의례를 보는 관점들과 의례의 차원들』, 류성민 옮김(한신대학교 출판부, 2009).

서문성, 『사찰이야기: 한국불교설화를 찾아서 1』(미래문화사, 2006).

서울역사박물관 편, 『보광동 사람들, 보광동 1』(서울역사박물관, 2008a).

서울역사박물관 편, 『보광동 사람들, 보광동 2』(서울역사박물관, 2008b).

소가르마, 「나담 축제의 가치 연구: 스포츠와 문화를 중심으로」(경기대학교 대학원 석사학위논문, 2009).

손대현, 『한국문화의 매력과 관광 이해』(백산출판사, 2000).

손진태, 『한국민화에 대하여』, 김헌선 외 옮김(역락, 2000.)

송현동, 「한국 민속학계의 연구 경향과 과제: 방법론을 중심으로」, 『한국민속학』 47집 (한국민속학회, 2008).

송효섭, 『설화의 기호학』(민음사, 1999).

신현덕, 『신현덕의 몽골풍속기』(혜안, 1999).

심효윤, 「재한몽골인 에스니시티와 몽골 축제 연구: 서울 광진구 나담(Naadam) 축제를 중심으로」(중앙대학교 대학원, 석사학위논문, 2010a).

_____, 「도시의 다문화축제 연구-재한 몽골인 나담(naadam) 축제를 통하여」, 『차세대 인문사회연구』 6호(한일차세대학술포럼, 2010b).

야마시타(Yamashita, S.), 『관광인류학의 이해』, 황달기 옮김(일신사, 1997).

오링, 엘리오트, 「민속의 개념」, 오링, 엘리오트 엮음, 『민중과 민속의 장르』, 나경수 옮김(전남대학교 출판부, 2004).

오세정, 『설화와 상상력』(제이앤씨, 2008).

오순환, 김대우, 『한국의 여가문화』(일신사, 2004).

오출세, 『한국 불교 민속문학 연구』(집문당, 2008).

웨더포드, 잭, 『칭기스칸, 잠든 유럽을 깨우다』, 정영목 옮김(사계절, 2005).

유승훈, 「도시 민속학에서 바라본 달동네의 특징과 의의」, 『민속학연구』, 25호(국립민속
박물관, 2009).

유원수, 『몽골비사』(혜안, 1994).

_____, 「'몽골비사' 몽골어의 친족용어」, 『中央아시아研究』 1호(중앙아시아학회, 1996).

유원수 엮음, 『세계민담전집: 몽골편』(황금가지, 2003).

유원수 역주, 『몽골비사』(사계절, 2004).

유철인, 「구술된 경험 읽기: 제주 4·3관련 수형인 여성의 생애사」, 『한국문화인류학』 37집
1호(한국문화인류학회, 2004).

윤택림, 『문화와 역사연구를 위한 질적연구 방법론』(아르케, 2004).

윤희숙, 「나담 축제의 스포츠 문화적 의미」(한국교원대학교 교육대학원 석사학위논문,
2007).

이건욱, 「도시 민속조사 방법론과 실제」, 『제179차 연례학술대회 발표논문집』(한국민속
학회, 2007).

_____, 「도시 민속조사에 대한 경험의 공유」, 『민속학연구』 23호(국립민속박물관,
2008).

이광규, 『한국인의 일생』(형설출판사, 1985).

이기태, 『읍치 성황제 주제집단의 변화와 제의 전통의 창출』(민속원, 1997).

_____, 「'청계천 사람들'의 과거에 대한 이해와 청계천 복원」, 『한국문화연구』 7호(경희
대학교 민속학연구소, 2003).

이두현, 「영미의 민속학」, 성병희, 임재해 편저, 『한국민속학의 과제와 방법』(정음사,
1986).

이복규, 『한국전통문화의 이해』(민속원, 2003).

이상구 외 편저, 『지리산권 불교설화』(심미안, 2009).

이상일, 「현대 민속학의 대상과 과제」, 『한국민속학』 4집(한국민속학회, 1971).

이상현, 「독일 도시 민속학의 이론적 체계와 응용성」, 『비교민속학』 22집(비교민속학회,
2002).

이승수, 「'나담 축제'에 보는 문화변용」, 『비교민속학』 18집(비교민속학회, 2000).

이안나 편저, 『몽골인의 생활과 풍속』(울란바토르 대학, 2001).

_____, 『몽골인의 생활과 풍속』(첫눈에, 2005).

이안나, 『몽골민간신앙 연구』(한국문화사, 2010).

이익섭, 『방언학』(민음사, 1987).

이정재, 『지역민속연구』(경희대학교 출판부, 2004).

_____, 「독일민속학의 연구 경향」, 『한국민속학』41집(한국민속학회, 2005).

이평래, 「몽골 유목민의 죽음에 대한 인식」, 『아시아의 죽음 문화 – 인도에서 몽골까지』 (소나무, 2010).

인권환, 『한국전통문화의 현대적 모색』(태학사, 2003).

일연, 『삼국유사』, 최호 옮김(홍신문화사, 1999).

임경택, 「이벤트성 외래축제를 통해서 본 일본의 소비문화 양상」, 『비교문화연구』12권 2호(서울대학교 비교문화연구소, 2006).

임돈희, 『조상제례』(대원사, 1990).

임재해, 「민속학 연구방법론 전개」, 최인학 외, 『한국민속연구사』(지식산업사, 1994).

_____, 「민속학과 도시 민속학」, 김선풍 외, 『한국민속학의 새로운 인식과 과제』(집문 당, 1996a).

_____, 「민속학의 새 영역과 방법으로서 도시 민속학의 재인식」, 『민속연구』6집(안동 대학교 민속학연구소, 1996b).

_____, 「민속학의 새 대상과 방법으로서 도시 민속학의 인식」, 『한국민속학과 현실인 식』(집문당, 1997).

_____, 「왜 지역적 특수성을 묻는가」, 실천민속학회 편, 『민속문화의 지역적 특성을 묻 는다』(집문당, 2000).

_____, 「도시 속의 민속문화 전승양상과 도시 민속학의 새 지평」, 『실천민속학연구』9 호(실천민속학회, 2007).

장장식, 『몽골민속기행』(자우, 2002).

_____, 『몽골유목민의 삶과 민속』(민속원, 2005).

_____, 「한국과 몽골 설화의 비교연구: 비교연구의 현황과 몽골설화의 특징을 중심으 로」, 『비교민속학』33집(비교민속학회, 2007).

장장식, 을지바트(Ulziibat, D.), 「'몽골비사'에 나타난 숫자의 상징성 – 3과 9를 중심으 로」, 『비교민속학』44호(비교민속학회, 2011).

장철수, 『한국 전통사회의 관혼상제』(한국정신문화연구원, 1984).

정종수, 「한국의 상장례」, 국립민속박물관 편, 『동아시아의 조상』(국립민속박물관, 2003).

정형호, 「20C 용산지역의 도시화 과정 속에서 동제당의 전승과 변모 양상」, 『한국민속 학』41호(한국민속학회, 2005).

_____, 「개인생애사를 통한 도시 민속학의 접근 방법의 모색」, 『실천민속학연구』9호

(실천민속학회, 2007).

정형호,「도시 민속 연구의 문제점과 방향성」,『제1차 학술대회발표논문집』(경인민속학
회, 2009).

_____,「경인민속학회의 지향과 과제」,『한국민속학』51집(한국민속학회, 2010).

조정호,『무속 현지조사방법과 연구사례』(민속원, 2002).

주강현,『북한의 민속 생활 풍습』(민속원, 1999a).

_____,『한국민속학연구방법론 비판』(민속원, 1999b).

_____,『북한의 우리식 문화』(당대, 2000).

주영하,「출산 의례의 변용(變容)과 근대적 변환(變換): 1940-1990」,『한국문화연구』7호
(경희대학교 민속학연구소, 2003).

주채혁,『몽고의 민담』(정음사, 1984).

중앙대학교 한국문화유산연구소,『흑석동의 과거와 현재』(중앙대학교 한국문화유산연구
소, 동작구청, 2009).

천진기,「도시민의 세시풍속」,『도시의 민속 생활』(경희대학교 민속학연구소 춘계학술대
회, 2003a).

_____,「세시풍속의 미래전설」,『한국문화연구』7호(경희대학교 민속학연구소, 2003b).

체렌소드놈,『몽골 민간신화』, 이평래 옮김(대원사, 2001).

출템수렝,「처인성 전투를 바라보는 몽골학자의 시선」,『한·몽 교류협력과 처인성의 역
사적 의의』(천안: 단국대학교 몽골학연구소, 2010).

최기호 외 옮김,『몽골비사 역주 1』(두솔, 1997).

최길성,『한국의 조상숭배』(예전, 1986).

최서면,『최서면 몽골기행』(삼성출판사, 1990).

최인택,「일본의 조상제사」, 이종철 외,『동아시아의 조상』(국립민속박물관, 2003).

최원오,「살아 있는 자들의 배열 공간, 골목길에 대한 문화론적 접근」,『제179차 연례학술대
회 발표논문집』(한국민속학회, 2007).

_____,「도시 민속지에 대한 비판적 검토」,『도시 민속 연구의 현재와 미래』(제1회 경인
민속학회 학술발표회, 2009a).

최원오,「도시 민속지 만들기와 도시 민속학의 가능성」,『민속학연구』, 25호(국립민속박물
관, 2009b).

편무영,「일본인의 인생 의례」, 한국일본학회,『일본 민속의 이해』(시사일본어사, 1997).

_____,『한국불교 민속론』(민속원, 1998).

하자노프,『유목사회의 구조: 역사인류학적 접근』, 김호동 옮김(지식산업사, 1990).

함한희,「구술사와 문화연구」,『한국문화인류학』33집 1호(한국문화인류학, 2000).

허혜정, 『처용가와 현대의 문화산업』(글누림, 2008).

황경숙, 「영업용 차량 운전자들의 자동차 고사와 속신」, 『한국민속학』 42집 (한국민속학
　　회, 2005).

홍윤식, 「불교 민속의 범위와 성격」, 홍윤식 외, 『불교 민속의 세계』(집문당, 1996).

홍정민, 「몽골 나담 축제 복식에 관한 연구」, 『복식』 52권 7호 (한국복식학회, 2002).

Akim, G., *Pearl Rosary of Wisdom*(Ulaanbaatar, 1995).

Altangerel, D., *How did the Great Bear Originated*(Ulaanbaatar: State Publishing House,
　　1987).

Armington, S., *Bhutan*(London : Lonely Planet, 1998).

Bat-Ochir, Ts., *eriin gurvan naadam*(Ulaanbaatar, 1996).

Bausinger, H., "Folklore Research at the University of Tübingen", *Journal of the Folklore
　　Institute,* vol. 5 (1968).

Bayarsaikhan, B., *Travelling by Mongolian Horse*(Ulaanbaatar, 2005).

Bawden, C., *Mongolian-English Dictionary*(London: Kegan Paul, 1997).

Bell, Catherine, Ritual Theory, Ritual Practice(New York: Oxford University Press, 1992).

Bloch, M., *Prey into Hunter: The politics of Religious Experience*(Cambridge: Cambridge
　　University Press, 1992).

Bold, Sh. and Ambaga, M., *History and Fundamentals of Mongolian Traditional Medicine*
　　(Ulaanbaatar, 2002).

Bold, Sh., *Insight into the Secrets of a Mongolian Healthy Lifestyle*(Ulaanbaatar, 2007).

Bold, Ts., *Some Short Stories from Mongolia*(Ulaanbaatar: State Publishing House, 1988).

Brauen, M., 'A Village in Central Bhutan' in C. Schicklgruber and F. Pommaret(eds.)
　　Bhutan: Mountain Fortress of the Gods(London: Serindia Publications, 1997).

Butters, C., 'Introduction', in Chris Butters and Sigmund K. Saetreng(eds.) *The Treasure
　　Revealer of Bhutan*(Kathmandu: EMR, 1995).

Carmichael, P., *Nomads*(London: Collins and Brown, 1991).

Choe, Sang-Su, *Annual Customs of Korea*(Seomun-dang, 1983).

Damdinsüren, Ch. D., *Natsagdorj - zohioluud*(Ulaanbaatar: uls'in hevleliin hereg erhleh
　　horoo, 1961).

Damdinsüren, Ts., *myangan jiliin haritsuulsan hüsnegt*(Ulaanbaatar, 1995).

Dariimaa, A., *mongol hünii neriin tol'*(Ulaanbaatar: MUISiin hebleh üildber, 2008).

Dashdondog, J., *eriin gurvan ülger*(Ulaanbaatar, 2006).

Dashdondov, Ts., *ulamjlal*(Ulaanbaatar, 1988).

_____, *Mongolian Tradition at a Glance*(Ulaanbaatar, 2009).

Dashdorj, J. and Renchinsambuu, G., *mongol tsetsen ügiin dalai I*(Ulaanbaatar, 1964).

Dondog, Ch., *shireenii lablah*(Ulaanbaatar, 1994).

Dorjgotov, N., *angli mongol züilchilsen tol'*(Ulaanbaatar, 2008).

Dorji , C. T., *History of Bhutan Based on Buddhism*(Delhi: Prominent, 1994).

Dorson, Richard, "Is There a Folklore in the City", *Folklore: Selected Essays*(Indiana University Press, 1972).

_____, "Introduction", in Richard Dorson(ed.) *Folklore and Folklife: An Introduction* (Chicago: The University of Chicago Press, 1982).

Dulam, S., "mongol belgedel züin togtoltsoo tüünii chanaryg taillan unshih n", *mongol belgedliin sudalgaa: erel haiguul hetiin tölöv*(Ulaanbaatar: mongol ulsyn ih surguuli, 2009).

Eberly, Susan, "Fairies and the Folklore of Disability: Changeling, Hybridity and the Solitary", *Folklore*, vol. 99 : 1(1988).

Falassi, A., "Festival" in Thomas Green(ed.) *Folklore: An Encyclopedia of Beliefs, Customs, Tales, Music, and Art*, Vol. 1(Santa Barbara: ABC-Clio, 1997).

Finc, G. A., "The Kentucky Fried Rat", *Journal of the Folklore Institute*, vol. 17(1980).

Gaadamba, Sh., *Mongolyn nuuts tovchoo*(Ulaanbaatar: uls'in hevleliin gazar, 1990).

Gans, Herbert, *The Urban Villagers: Group and Class in the Life of Italian-Americans*(Erich Lindemann Free Press, 1962).

Hangin, J. G., *A Modern Mongolian-English Dictionary*(Bloomington: Indiana University Press, 1986).

Hann. C. M.(ed.), *Postsocialism: Ideas, Ideologies and Practices in Eurasia*(London, New York: Routledge, 2002).

Hartog, Leo, *Genghis Khan: Conqueror of the World*(London: I.B.Tauris & Co. Ltd., 1989).

Humphrey, C., "Inside a Mongolian Tent", *New Society*(31 October, 1974).

_____, "Women and Ideology in Hierachical Societies in East Asia", in S. Ardener(ed.), *Persons and Powers of Women in Diverse Cultures*(Oxford: BERG, 1992).

_____, 'The Moral Authority of the Past in Post-Socialist Mongolia', *Religion State and Society*, 20(3 & 4)(1992).

_____, "Women, taboo and superstition of Attention", in S. Ardener(ed.), *Defining Females* (Oxford: BERG, 1993).

Humphrey, C., "Casual Chat and Ethnic Identity: Women's Second Language Use among Buryats in the USSR", in P. Burton, P. K. Dyson and S. Ardener(eds.) *Bilingual Women: Anthropological Approaches to Second Language Use*(Oxford: BERG, 1994).

ICOMOS, *Cultural Tourism Charter*(Paris: ICOMOS, 1999).

Jagchid, S. and Hyer, P., *Mongolia's Culture and Society*(Boulder: Westview Press, 1979).

Jam'yandorj, M.(eds.), *hüühed-zaluuchuud'in nevterhii tol'*(Ulaanbaatar: uls'in hevleliin gazar, 1983).

Janelli, R. L. and Janelli, D. Y., *Ancestor Worship and Korean Society*(Stanford University Press, 1982).

Jordan, R. and Kalčik, S.(eds.), *Women's Folklore, Women's Culture*(Philadelphia: University of Pennsylvania Press, 1985).

Kim, H. K., *Korean Shamanism and Cultural Nationalism*(Jinmoondang, 1999).

Lattimore, O., *Mongol Journeys*(London: Jonathan Cape, 1941).

Leach, Edmund, *Culture and Communication: The Logic by which Symbols are Connected* (Cambridge: Cambridge University Press, 1976).

Levi-Strauss, C., *The Elementary Structures of Kinship*(Boston: Beacon Press, 1969).

Magsarjav, H., *mongol ulsyn shine tüüh*(Ulaanbaatar, 2010).

Ministry for Health and Education, *A History of Bhutan-15th to 19th century*(Thimphu, 1994).

Ministry for Trade and Industry, *Bhutan-Land of the Thunder Dragon*(Thimphu, 1998).

Monger, George, "Car Boot sales", *Folk Life*, vol. 29(1991).

Narantuya, Ts., *One day of Mongolia*(Ulaanbaatar, 2002).

Onon, Urgunge, *The History and the Life of Chinggis Khan*(The Secret History of the Mongols) (Leiden: E. J. Brill, 1990).

_____, *The Secret Hisrory of the Mongols*(Ulaanbaatar: Bolor Sudar, 2005).

Orhonselenge, B., Lhagvaa, B. and Baldandorj, D., *eriin gurvan naadam*(Ulaanbatar, 1995).

Palamdorj, Sh. and Myagmarsambuu, G., *Mongolyn nuuts tovchoo*(Ulaanbaatar, 2009).

Park, H. Y., *Kinship in Post-Socialist Mongolia: Its Revival and Reinvention*, Ph.D thesis(Cambridge University, 1997).

_____, 'Remote Neighbour but Close Neighbour: Bhutanese Culture and Folklore', *The Chung-Ang Herald*, vol. XLV, no. 422(2002).

_____, "Metaphorical and Ideological Concepts of Post-Socialist Mongolian Kinship",

Inner Asia, no. 5(2003).

Park, H. Y., 'Korea' in William M. Clements(ed.), *The Greenwood Encyclopedia of World Folklore and Folklife*, vol. 2(Greenwood Press, 2006).

Pommaret, F., 'The Birth of Nation', in C. Schicklgruber and F. Pommaret(eds.) *Bhutan: Mountain Fortress of the Gods*(London: Serindia Publications, 1997).

_____, *Bhutan*(Chicago : Passport Books, 1998).

Punsag, A., *Mongolyn nuuts tovchoony sudalgaa*(Ulaanbaatar, 2008).

_____, *Mongolyn nuuts tovchoon dah'ёs zanshlyn sudalgaa*(Ulaanbaatar, 2010).

Pürev, O., *The Religion of Mongolian Shamanism*(Ulaanbaatar, 2002).

Rinchensambuu, G., *mongol züir tsetsen üg, tergüün debter*(Ulaanbaatar, 2002).

Saccone, R., *The Business of Korean Culture*(Hollym, 1994).

Seitel, P., 'Proverbs: A Social Use of Metaphor' in Dan Ben-Amos(ed.) *Folklore Genres* (University of Texas Press, 1976).

Shagdargochoo, Ts., *eriin gurvan naadam yaruu nairgiin emhtgel*(Ulaanbatar, 1961).

Simpson, Jacqueline and Roud, Steve, *Oxford Dictionary of English Folklore*(Oxford University Press, 2000).

Sneath, D., "The Oboo Ceremony among the Barga Pastoralists of Kholon Buir, Inner Mongolia", *Journal of Anglo-Mongolian Society*, Vol. XII, No. 1 &2(1991).

Sodnom, Ch., "mongol hunii neriin tuhai", *mongoliin sudlaiin zarim asuudal*(Ulaanbaatar, 1964).

Sokolewicz, Z., "Traditional Worldview in Contemporary Mongolia", Sutlive, V.(ed.) *Contemporary Nomadic and Pastoral People: Asia and the North*(College of William and Mary, 1982).

Taylor, A., *An Annotated Collection of Mongolian Riddles*(Philadelphia: The American Philosophical Society, 1954).

The Royal Goverment of the Kingdom of Bhutan, *Bhutan-Himalayan Kingdom*(Thimphu, 1979),

Tomikawa, R., "Mogolian Wrestling (Bukh) and Ethnicity", *International Journal of Sports and Health Science*, Vol. 4(2006).

Tsedev, D.(ed.), *Modern Mongolian Poetry*(Ulaanbaatar: State Publishing House, 1989).

Tserensodnom, D., mongol ard'in domog ülger(Ulaanbaatar: uls'in hevleliin gazar, 1989).

Tsevel, Ya., *mongol hernii tovch tailbar tol'*(Ulaanbaatar, 1966).

Tumurtogoo, D.(ed.), Dorjgotov, N. and Erendo, Z.(translated), The Secret History of the

Mongols(Ulaanbaatar: Monsudar, 2007).

Turner, Victor, *The Ritual Process: Structure and Anti-Structure*(Ithaca, N.Y: Cornell University Press, 1967).

UNICEF Bhutan, *Welcome to Bhutan*(Thimphu, 1998).

Uranbileg, S. and Amarbilig, E., *Chinggis Khan's Mongolia*(Ulaanbaatar, 2009).

Van Gennep, Arnold, The Rites of Passage, trans. M. B. Vizedom and G. L. Gaffee(Chicago: University of Chicago Press, 1960).

Vreeland, H. H., *Mongol Community and Kinship Structure*(New Heaven, 1954).

Worden, Robert and Savada, Andrea(eds.), *Mongolia: A Country Study*(Washington, D.C., 1991).

Yadamjav, Ts., *urianhain sur harvaa naadam*(Ulaanbaatar, 2007).

Yambuu, H., *hamgiin erhem yoson*(Ulaanbaatar, 1991).

출처 목록

I. 현대 한국의 문화와 민속

1. 박환영, 「도시 민속 연구의 방법과 영역」, 『한국민속학』 54호(한국민속학회, 2011), 155-189쪽.

2. 박환영, 「21세기 문화 관광 자원의 민속학적 고찰」, 『한국사상과 문화』 64집(한국사상 문화학회), 2012, 489-512쪽.

3. 박환영, 「엄마의 말뚝에 나타난 민중들의 일상적인 생활문화 고찰」, 『영화나 소설은 어떻게 생활을 보여주는가』(20세기 민중생활사연구단, 2007).

4. 朴奐榮 著, 倉石美都 日本語譯, 「韓國都市民俗學」, 『都市民俗硏究』 14號(都市民俗硏究會, 2008), pp. 122-130.

II. 현대 아시아 지역의 문화와 민속

1. 박환영, 「몽골비사에 반영된 몽골의 여성민속 고찰」, 『비교민속학』 45집(비교민속학회, 2011), 233-262쪽.

6. 박환영, 「몽골 나담(naadam)축제의 민속학적 연구동향과 과제」, 『몽골학』 30호(한국몽골학회, 2011), 61-87쪽.

7. 박환영, 「몽골비사 속에 반영된 몽골의 전통의례(傳統儀禮) 고찰」, 『中央아시아硏究』 15호(중앙아시아학회, 2010), 249-270쪽.

8. 박환영, 「몽골 유목문화 속의 색깔상징 고찰」, 『몽골학』 33호(한국몽골학회, 2012), 31-56쪽.

9. 박환영, 2005년 일본 아이치(愛知) 대학교 국제커뮤니케이션학부 비교문화과에서 특강 형식으로 발표한 내용

III. 한국과 아시아 지역의 문화와 민속 비교

10. 박환영, 「한국과 일본의 매장습속에 나타난 효(孝)의 비교민속학적 고찰」, 『유체(遺體)처리와 제사(祭祀)와의 관계에 관한 비교민속학적조사연구 연구성과보고서』(일본 쓰쿠바대학교 인문사회과학연구과, 2008), 113-133쪽.

찾아보기